高职高专“十三五”规划教材

应用文写作指导与口语交际

主　编　徐福义　熊　睿
副主编　范亚纳　金　晶
参　编　陆年晨　许　婧　蔡晓静
　　　　　王　涛　查里萍　郁　昀

机械工业出版社

本书共分为两部分：应用文写作指导和口语交际。应用文写作指导部分，主要从学生常用和使用的先后顺序出发，分为校园生活类应用文和社会职场类应用文。每一节从知识精讲（重点讲解相关的基础知识、理论知识）、指点迷津（主要是写作方法指导）、经典范例（较为典型的例子，供学生参考）、巩固提高（主要是形式多样的练习，供学生巩固复习用）、本节要点提示（让学生一目了然掌握重要知识点）等五个方面展开。口语交际部分，主要针对学生即将面临职场而组织教材内容，为其在职场获得更好发展打基础。本书既适合大中专院校教学使用，也可以供各类人才的自学使用。

凡选用本书作为教材的教师，均可登录机械工业出版社教育服务网 www.cmpedu.com 下载本教材配套电子教案，或发送电子邮件至 cmpgaozhi@sina.com 索取。咨询电话：010-88379375。

图书在版编目（CIP）数据

应用文写作指导与口语交际/徐福义，熊睿主编. —北京：机械工业出版社，2017.3
高职高专“十三五”规划教材
ISBN 978-7-111-56236-8

Ⅰ.①应… Ⅱ.①徐…②熊… Ⅲ.①汉语-应用文-写作-高等职业教育-教材②汉语-口语-高等职业教育-教材
Ⅳ.①H193.6②H193.2

中国版本图书馆 CIP 数据核字（2017）第 042823 号

机械工业出版社（北京市百万庄大街 22 号 邮政编码 100037）
策划编辑：赵志鹏 责任编辑：赵志鹏
责任校对：胡艳萍 陈秀丽
责任印制：常天培
北京京丰印刷厂印刷
2017 年 3 月第 1 版 · 第 1 次印刷
184mm × 260mm · 13.75 印张 · 331 千字
标准书号：ISBN 978-7-111-56236-8
定价：35.00 元

凡购本书，如有缺页、倒页、脱页，由本社发行部调换
电话服务　网络服务
服务咨询热线：010-88379833　机 工 官 网：www.cmpbook.com
读者购书热线：010-88379649　机 工 官 博：weibo.com/cmp1952
教育服务网：www.cmpedu.com
金 书 网：www.golden-book.com

前　言

随着市场经济的不断发展，经济全球化、一体化趋势更加明显。在市场经济活动中，人们更加追求高效，更注重沟通和交流的效率。身处经济快速发展中的莘莘学子掌握好应用文写作与口语交际的一些知识就十分必要了。传统的应用文写作的书籍很多，但专门讲解应用文写作知识或口语交际知识的书，从课时安排和激发学生兴趣看都不十分理想。基于此，我们把这两块内容编排在一起，以便于教师根据学校的安排灵活使用。此外，传统的应用文写作课程大都注重行政公文的学习和训练，但大专院校非文秘专业的学生毕业后大都不会从事专门的行政岗位工作，公文写作对他们来说实用性较小。因此，我们在编写中，从教学实际和学生的实用性角度出发，选取学生在学校和以后的工作岗位上常用的内容，简化了行政公文的内容，从而减轻了学生的学习负担。从体例上看，每一章既有知识的讲解，让学生明白是什么；也有学习方法的指导，让学生知道怎么样去做；还有经典的范例，让学生一目了然写作的具体样式；经典的练习题供学生巩固提高之用。每节末尾的“本节要点提示”则是对本节知识的简要概括。

本书由徐福义、熊睿担任主编，各章节具体编写分工为：

第一章　金晶

第二章　徐福义

第三章、第五章　熊睿

第四章　范亚纳

第六章　蔡晓静

第七章、第八章　许婧

附录　陆年晨、王涛、查里萍、郁昀

全书由徐福义统稿、定稿。本书在编写过程中参考、引用了大量的文献资料，由于资料的来源较为庞杂，未能对其出处一一标注，在此对各位著作权人表示深深的歉意和衷心的感谢。本书从策划到编写、出版得到了赵志鹏编辑的大力支持，在此一并致谢。由于编写时间仓促和编者水平、能力有限，书中定然还存在很多的不足之处，欢迎广大读者批评指正。

编　者

目　　录

第一篇　应用文写作指导

第一章　应用文概述

第一节　应用文基础知识

一、应用文的概念

关于“应用文”的概念，学界尚无统一严格的定义。“应”即应对、应付之意，“用”即作用、用途，“文”即文章。因此，我们可以理解为：应用文是单位或个人在处理各类事务、相互交流沟通时所形成的具有固定格式的文章的总称。

人类在长期的社会实践活动中，应用文广泛使用，它是人们传递信息、处理事务、交流感情的一种载体。有的应用文还用来作为凭证和依据。随着社会的发展，人们在工作和生活中的交往越来越频繁，事情也越来越复杂，因此应用文的功能也就越来越多。

二、应用文的分类

根据应用文的适用范围，应用文大致可以分为以下三类：

1）公文性应用文。这是以党和国家机关、社会团体、企事业单位的名义发出的文件类应用文。如布告、通告、批复、指示、决定、命令、请示、公函等。这类应用文往往庄重严肃，适用于特定的场合。

2）一般性应用文。这类应用文包括以下几种：书信、启事、会议记录、读书笔记、说明书等。

3）事务性应用文。事务性应用文一般包括请柬、调查报告、规章制度及各种鉴定等，这是在处理日常事务时所使用的一种应用文。

本书为了结合大多数学生在校和工作以后的实际情况，同时根据各种日常应用文本身的特点，将重点介绍以下几类应用文：

1）校园生活类应用文。校园学习、日常生活中，学生常常会碰到一些公事和私事需要处理，这类应用文针对性、实用性较强，可以用来沟通感情、增进友谊，规范学校管理等。较为常用的文体有：请假条、借条、申请书、倡议书、感谢信、表扬信、竞聘演讲词、邀请函、广播稿、会议记录、计划、总计、解说词、海报等应用文。

2）社会职场类应用文。随着社会文明程度的提高，社交、职场礼仪活动日益丰富。因此，步入社会之前，需要了解社会职场礼仪以及掌握各种职场所需要使用到的文体。这样学生才能更快转变角色，适应社会职场生活。掌握好这类应用文对学生今后的工作和学习将会有很大的帮助。较为常用的文体有：求职信、个人简历、劳动合同、请示、启事、聘书、就职演说词、说明书、广告、开幕词与闭幕词、调查报告、述职报告、辞职报告、实习报告、毕业论文等。

第二节　应用文写作的意义

叶圣陶先生说："大学毕业生不一定要能写小说诗歌，但是一定要能写工作和学习中实用的文章，而且非写得既通顺又扎实不可。"应用文写作在我们实际工作中是必不可少的重要交流文体，意义重大。

1. 应用文具有公关交际的作用

在当今的社会活动中，任何人、任何单位都免不了与外界接触、打交道。比如：在校学习或毕业工作后经常会用到"请假条"，入团、入党会用到"申请书"，销售产品、要策划广告、发函等，都需要用应用文联系，以此来促进业务的开展，协调各方的联系。表达清晰、准确的应用文，无疑会给企业树立良好的形象，促进企业的发展。

2. 应用文具有宣传教育的作用

党和政府通过应用文下达各种文件、法规、制度，向全社会宣传党和国家的方针政策；社会各单位、组织、团体也可通过应用文，如倡议书、演说词等进行宣传教育。

3. 应用文具有沟通联系的作用

应用文是加强上下级联系的纽带，也是与各有关方面联系的有效工具。比如上下级之间的上情下达，下情上报；各单位之间的信息交流、经验交流，以此取人之长，补己之短，互相促进，共同提高。如调查报告，就能很好地展示被调查事物、事件的性质特征，对其进行总结，方便后续加强或整改。

4. 应用文具有作凭证资料的作用

应用文中条据、合同文本、公证材料等，是业务凭证，一旦出现问题、纠纷，依靠这些凭证，可通过法律追究对方责任，维护自身利益。因此，这一作用也是应用文的重要作用之一。

第三节　应用文的特点及写作方法要求

一、应用文的特点

应用文作为一种文体，与其他文学作品的写法相比较，除具有一定的共性外，还有其独特的个性。一般来说，应用文的特点主要有以下几个方面。

1. 实用性

"实用"是应用文与其他文体文章的主要区别之一。一般文学作品的创作是"有感而发"，诗歌、散文、小说等文学作品主要是表达人们的喜怒哀乐、抒发理想、反映现实。而应用文的写作主要是为了解决实际问题，是"有事而发"，无事不发。比如要借款，就得立字据；向上级汇报工作、反映情况，要写报告；销售产品，要写广告等，这些文章都是为了解决实际问题而写的，所以应用文往往被人称为"实用文"，是"为实用而作之文"。

2. 广泛性

在日常生活、学习、工作中，人们几乎随时随地都要用到应用文来处理事务、交流沟通等。无论是党政机关、还是社会团体和个人，可以说是一切活动中都会用到应用文。因此它具有较强的广泛性。

3. 规范性

规范性指应用文的写作有其特定、惯用的格式。这些格式，有的是长期以来约定俗成、相沿成习的，有的是由国家有关部门统一制定的。不得随意标新立异，也不能像有些文学创作那样，随意编排，自由联想等。不同的文体有特定的适用范围，不能随意交换使用。

4. 针对性

应用文的写作都有明确、直接的对象。比如信写给谁、字据立给谁、报告打给谁，都有对象，即使是一些广告、启事也是针对有关消费者、知情者的，只不过对象的范围大一些。

5. 时效性

由于应用文是为了解决实际问题而写的，所以它的时间性很强。一旦出现问题，就必须及时反映，一旦拖延时间就会给生活、工作、生产带来影响。例如：会议通知就必须在开会前的恰当时间发出才有效。

6. 真实性

应用文写作必须讲究真实、客观，实事求是地反映问题，反映情况，不允许像文学创作那样，可以虚构，进行艺术再加工，否则就会歪曲事实真相，蒙骗对方，误导消费者，给社会带来不良影响。例如：产品说明就要求如实描述，并讲清楚使用方法等，不能模糊表达甚至捏造。

二、应用文写作方法及要求

1. 学习理论，钻研业务

应用文写作，是一项表达研究问题、处理工作、进行交流、解决问题的严肃工作。写作应用文要具备各方面的条件：要有鲜明的政策观念，正确的思想认识，丰富的业务知识，敏捷的思维能力，端正的写作态度。应用文写作不单纯是一个写作技巧和文章形式问题，而是“寓理之具”“贯道之器”。没有理，没有道，是难以写出文章来的。

除了学习理论知识之外，还要有丰富的业务知识，熟悉自己工作范围内的业务。知识贫乏，不熟悉业务，不深入了解情况，就不可能写出内容充实、材料精确的应用文章。特别是专业性非常强的应用文书，如经济类、法律类和科技类的事务文书，要有专门的知识和业务能力，才能正确地反映客观事物的规律。所以，写好应用文必须认真地学好理论，深入钻研业务，这是写好应用文的基本条件。

2. 加强综合素质

应用写作课是一门实践性很强的课程，不能仅仅停留在应用文写作理论知识的层面上，还要从培养适应现代社会需要的富有创造精神和竞争力人才的角度出发，通过严格的写作基本功训练，使学生将理论与实践结合，掌握写作规律，提高应用文写作的能力和水平，并在写作实践中培养健全的人格、高尚的情操、坚强的意志、认真的态度，提高综合素质。写作实践是强化写作思路的重要环节。例如写调查报告，不仅要重视理论，更重要的是要重视写作实践。在写作实践中，学生必须走出课堂，步入社会，深入实际生活，亲自实践“调查

——研究——写作”的全部写作过程，从而获得课堂上根本无法学到的实际写作技能。

3. 多读、多写、多练

多读，就是要多读书，多看报刊，这对于提高写作能力有着重要作用。它能让人开阔视野，广泛了解社会；可以增长知识，充实写作内容；可以通过阅读学习写作方法。对一些佳作名篇，要反复研读，仔细揣摩，从中领悟“应该怎么写”和“不该怎么写”。

多写，就是要进行写作实践。古人所说的“多读乃藉人之功夫，多做乃切实求己工夫，其益相去甚远”，就是强调进行写作实践的意义。写作是一种能力，如同绘画、游泳一样，光靠“听讲”和“看书”是不行的，还要靠自己去写。

多练，就是要不断地、有针对性地进行训练，把知识变成技能，把技能变成技巧。所谓熟能生巧，就是熟练地掌握某种技巧，写作也是一样，写多了，练多了，就能写出得心应手的文章来。

【思考与练习】

1. 什么是应用文？
2. 应用文有哪些特点？
3. 如何提高应用文写作？
4. 你对应用文写作课有哪些认识和体会？

第二章　校园生活类应用文

第一节　请　假　条

一、知识精讲

1. 条据类应用文

下面要讲到的请假条和借条都属于条据类应用文。顾名思义，条据类应用文包括条和据两方面的内容。我们在处理日常事务中，常常要涉及钱财和物品，为避免产生不必要的纠纷，常常让经办人办理手续而留下存根，或者是为了说明某种情况、交代某个事项而留下字据，这些能够传递信息、作为依据和凭证的字条就称为条据。常用的条据主要有请假条、留言条、一般便条、收条（据）、借条（据）等。条据类应用文一般一事一文，简单明了，且有一部分，如收条、领条、借条、欠条等具有法律效力。但留言条、便条、请假条等没有法律效力。

2. 请假条概念

在日常学习或工作中，我们常常会遇到突发事件，与已有的事务安排产生时间上的冲突。这时学生就需要用到请假条来处理这一问题。因此，请假条就是请求上级领导、老师或者其他身份、地位高于自己的人，准许自己不参加某项学习、活动或者工作的一种应用性文书。它类似于公文里面的“请示”。根据请假原因的不同，请假条主要有事假条和病假条之分。

二、指点迷津

请假条在写作中主要注意以下事项：

1）一般情况下可以直接写上“请假条”三个字，居中。

2）称谓部分顶格，一般写上“王老师”“李经理”等，后面加上冒号。

3）另起一行，空两格写正文。正文部分主要写上请假的原因、请假的具体时间（包括什么时候离开，什么时候回来等，越详细越好，便于领导掌握情况，可以统筹安排工作）。

4）正文后面可以接着写，或者另起一行写“望老师批准”“请领导批准”等字样。一般不写祝福语。

5）请假条可以不写“此致、敬礼”，但若写的话必须正确。“此致”“敬礼”各占一行，“此致”空两个字，“敬礼”在下一行顶格写。

6）落款在右下角。请假人要写在日期的上一行。

7）若请假事项可能让某一领导或部门难以做出决定时，可以用申请书的形式，陈述较足够的理由，然后由领导集体研究决定准假与否。

三、经典范例

【范例一】

请　假　条

尊敬的徐老师：

因家中父母购买了新的房产，需要我本人回去签字，明天需请假一天。晚自修之前到校，望老师批准。

此致

敬礼！

机电 2 班　李鸣

2016. 7. 11

【范例二】

请　假　条

尊敬的李老师：

因我爸爸生病住院，需要我去医院陪护，所以我不能参加运动会开幕式，故请假半天，望批准。

机电 2 班　李鸣

2016. 5. 11

四、巩固提高

1. 请假条主要是向（　　）。

A. 同事请假　B. 同学请假　C. 父母请假　D. 上级领导或者老师请假

2. 下列说法不正确的一项是（　　）。

A. 请假条正文部分需要写明请假的原因和时间。

B. 请假条可以不写祝福语。

C. 请假条必须要有“此致”和“敬礼”字样。

D. 请假条一般直接以文种做标题。

3. 找出下列请假条的不当之处。

请　假　条

尊敬的李老师：

因奶奶八十大寿，不能上课，故请假！望老师批准。

此致

敬礼！

2016. 5. 11

机电 2 班　李鸣

五、本节要点提示

1）学生要理解请假条的用途。

2）熟悉请假条写作中的注意事项。

3）熟悉请假条的主要写法。

第二节　借　　条

一、知识精讲

借条就是在借个人或公家的物品、现金时，写给对方的条子，即凭证。因借条具有一定的法律效力，因此，一般当钱物归还后，写借条的人须要回借条，或者销毁，避免产生不必要的纠纷，以保护自己的合法权益。借条在日常生活或者公务、商业活动中具有广泛的应用。鉴于借条的法律严肃性，一般在写作时，都是由借款（物）者当面严格规范书写，必要时并加盖印章。

二、指点迷津

借条的写作虽然简短，但由于字字句句都关系到当事人利益，因此，其写作必须严格遵循一定的规范，稍有不慎就有可能造成重大损失。

1）一般直接以借条、借据、收据、欠条等为标题，居中。

2）正文部分，一般以“今借到”“今收到”开始，写明借钱（物）的数量、数额、规格、币种、用途以及归还时间等，有的还要写明丢失、拖欠的惩罚措施等。在正文结束时，有时还可以写有“此据”字样。

3）落款处必须本人亲自签写。此外，落款处还可以写上见证人。

4）借条里涉及的数字必须大写，若是只写阿拉伯数字的话别人很容易改动，可能造成不必要的麻烦。若借的内容是钱时，后面必须加上币种，如人民币、美元、英镑等，且要加上“整”字样。

5）借条一旦书写，不得涂改。涂改过的借条可以视为无效。对于涂改的借条，要恢复其效力，可以重写，也可以在涂改处加盖写借条人的印章，此时则视为有效。

6）对于数额较大的借款，被借款人一定要让借款人写明借款的用途。若是被借款人明知借款人拿钱去做违法的事还坚持把钱借出，不但不受法律保护，甚至还可能承担法律责任。

7）借条的写作必须用黑色水笔或者毛笔，不能使用铅笔、圆珠笔，以防放置过久而模糊不清或者被人涂改。

8）熟人之间借用贵重物品或钱财时，借用人应主动书写借条，这能使对方更加放心，也可以避免以后出现不必要的麻烦，能够有效维护友谊。

三、经典范例

【范例一】

借　　条

今借到学校团委索尼牌摄像机壹部，型号 HDR-PJ675，及三脚架壹台，用于班级迎七一集体活动，将于活动结束后 7 月 1 日下午归还。

经办人：机电 2 班　李鸣

2016. 7. 11

【范例二】

借　条

今借到学校财务处人民币叁仟圆整，用于垫付机电2班李刚同学的医药费，于下周二（7月19日）归还。此据。

经办人：机电2班　李鸣

2016.7.11

四、巩固提高

1. 我们知道，借条中涉及的数字一般都要求大写，那么你能写出阿拉伯数字1～10，以及汉字“百”“千”对应的大写汉字吗？

2. 关于借条下列说法正确的一项是（　　）。

A. 借条是借钱时才写的，若借的是物品可以不写。

B. 写借条时，为了减少麻烦，节省时间，若正文中的数字写错时，可以直接在上面改正过来，借条涂改没关系。

C. 因为怕伤到同学之间的和气，同学之间借用贵重物品时不用写借条。

D. 借条中涉及物品数量或钱财数量时，数字必须用大写的汉字来表示，以免引起不必要的纠纷。

3. 根据下列资料，写一张借条。

借人民币850元　　被借款人：张阿姨

借款人：邻居李刚　　借款事由：用于下个月的生活费

归还日期：下个月30号　　借款日期：2016年7月12日

五、本节要点提示

1）理解借条在借钱、借物时均可使用。

2）会正确地书写借条。对于借条中的数字、币种，以及一些约定的事项，要科学详尽写清楚，以避免不必要的纠纷产生，更好地保护自己的利益。

3）在生活中，尤其是熟人之间，根据需要养成主动写借条的习惯，不断提升自己的信用。

第三节　一般书信

一、知识精讲

1. 书信的概念

书信是人们相隔较远，且暂时见不到面，或者距离较近，但不好当面表达时，传递感情，进行思想交流的一种工具。书信在我国具有悠久的历史，在世界范围内广泛使用。书信在人类的生产生活，尤其是在沟通与交流的历史中具有广泛的影响。随着互联网技术的发展，以及手机、电话等的普及，传统的书信逐渐淡出了历史的舞台，但仍旧有一部分忠实的青睐者使用传统的书信模式进行沟通和交流。科学技术的发展促使电子邮件、微信等新的

“书信”样式出现，这些样式写作时仍旧可以使用传统的书信格式，但又给书写者更多的发挥和创作的空间，这种样式的书信格式也有较大的创新。

2. 书信的分类

书信是一个统称，按照使用目的和范围，书信通常分为一般书信和专用书信两大类型。一般书信主要是指私人往来书信。专用书信是指机关、团体以及各企事业单位在特定场合联系公务，且有一定的适用范围，能够解决特定问题，具有专门用途的书信，此时，收信人一般不必复信。

二、指点迷津

传统的书信一般由信封和信笺（信瓤）两部分组成。这两部分内容，都有着独特的格式。

1. 信封

国内通用信封大小都有标准的型号，封面上主要有邮政编码、收信人地址、收信人姓名、寄信人地址及姓名四部分，如图 2-1 所示。

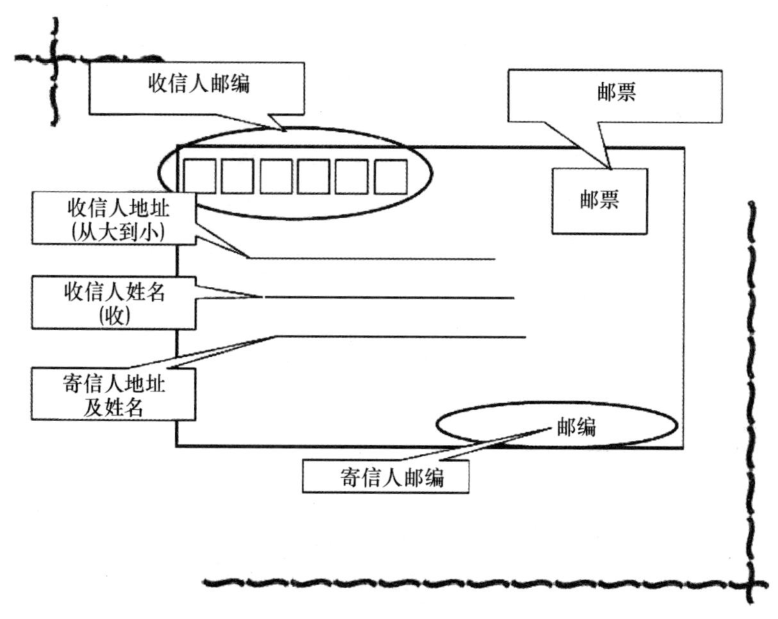

图 2-1　信封的格式

（1）邮政编码　国内标准信封一般是横式信封，在横式信封中，左上角七个方框内，填入收信人的邮政编码，右下角的方框内填入寄信人的邮政编码。

（2）收信人地址　在左上角的邮政编码的下一行写收信人的地址，写地址时，按照省份、县市、乡镇（街道）、具体住址的顺序依次书写，若一行写不下时，可以另起一行继续，但需注意，同一个地名不能横跨两行。

（3）收件人姓名　横式信封中，在收信人地址的下一行居中的位置写收信人姓名。名字之间最好有一点距离，字体可以稍微大一点。姓名后面写概称，如先生、女士、经理等，概称后写“亲启”“收”“展”“鉴”字样。

（4）寄信人地址　横式信封中，在收件人姓名的下一行（右下角）需写上寄信人的地址。这样做既方便了收信人进行回信，又可以在收信人收不到信件的情况下遍于邮局退回给寄信人。寄信人地址也要求详细填写。

2. 信笺（信瓤）

信笺的内容是写信人表情达意、传递感情的主要场所，它主要包含称呼、正文、祝福语、落款四个方面的内容。

（1）称呼　称呼写在信笺的第一行，顶格，后加冒号，表示下面都是自己要说的话。完整的称呼由修饰语、姓名、称呼三部分组成，如“尊敬的××校长”。若是写信人与收信人关系非常亲密或者私交甚好的话，称呼上也可以不拘一格。

（2）正文　正文是书信的核心，是写信人花费时间和精力最多的地方。正文一般由问候语、缘起语、主体内容、结束语组成。

1）问候语。问候语写在称呼语的下一行，空两格，主要是对收信人的问候和关怀。问候语一般简短明了，独自成段，如“最近学习紧张吗？工作很忙吧？身体健康否？”既达到问候的目的，又显示郑重。

2）缘起语。缘起语主要是说明写这封信的原因，以便引出下面的主要内容。缘起语内容不必多，简单交代一下即可。缘起语可以省略不写，但有了它书信的内在结构会更完整，写作起来也更顺理成章。

3）主体内容。主体内容的写作，一般按照要说内容的主次，依次写作说清楚。可以安排每个问题一个自然段。若写的是回信，可以按照来信提出的问题，逐一进行回答。主体内容写作时要求层次清晰、条理明白，不能杂糅一团，让人云里雾里理解不了。

4）结束语。结束语主要表示的意思是此封信写到此为止，如“到此停笔，下次再聊”，也可以是对这封信主要内容的总结，简单交代一下即可。

（3）祝福语　祝福语是最后表示对对方的祝福。如“祝身体健康，工作顺利”“顺祝安康”。在结束时，一般还会写上“此致，敬礼”字样，具体写法与上面讲述的请假条里面的要求一致。祝福语根据写信者与对方的关系，可以灵活选择内容，这里可以不拘一格。

（4）落款　落款一般包括署名和日期。二者在祝福语的下面另起一行，都在整个信笺的右下角。署名在日期的上面一行，根据与收信人的关系密切程度，可以选用适合自己的署名方式。日期即是写信的日期，在署名的下面一行。

三、经典范例

【范例】

亲爱的爸爸妈妈：

你们好！女儿离开你们进入大学已经3个月了。我不确定这3个月是否是我人生中最为难熬的日子，但可以肯定的是，独立生活的这3个月将我的人生彻底翻到了崭新的一页。

爸，妈，我觉得我是个不孝的孩子。高考结束后，我一直沉浸在深深的自责与愧疚中难以自拔。我没有考上理想的大学，没有去北京、上海这些所谓的大城市，是我让你们的期望落空，让你们的心血付诸东流。

妈妈，还记得高二那年，我数学成绩一落千丈，令您心急如焚，四处打听后，您为我报了一对一辅导班。至今交学费的场景还历历在目，两沓摞得四四方方的钞票在点钞机里飞快地闪过。看着眼前张张的百元大钞，我心疼不已。可是您，只是轻轻地撩了撩额前的碎发，连眉头也不曾皱一下。从那以后，我发现，一向爱美的您，路过商场透明的落地橱窗时，再也不驻足挑选了。不知您是否算过，每次我上课时，当表盘上的分针悄无声息地走过一圈，便花去了一件名牌衬衫的钱，这么高昂的补习费让我再也无颜嬉笑，只能埋头苦读。

在高中的 3 年里，爸爸不惜得罪领导，推掉所有应酬，风雨无阻，从不间断整整接送我 3 年。每天晚上下了晚自习，一出校门便可以看到爸爸穿着睡衣蜷曲在车里打盹等待的样子，我想笑，可是刚刚咧开嘴角，眼泪就不由自主地夺眶而出。可以说，高中 3 年是你们无私的爱给我勇气、伴我前行。

你们为我付出的每一份心血和汗水，女儿都看在眼里，铭记在心。我会加倍努力来回报父母的养育之恩。

祝爸爸、妈妈身体健康，工作顺利！

此致

敬礼！

你们的女儿　小楠

2011 年 11 月 27 日

四、巩固提高

1. 按照使用目的和范围，书信通常分为________和________两大类型。

2. 国内信封主要包括：______、______、______和______四个部分。

3. 阅读《傅雷家书》选段，回答问题。

亲爱的孩子：

昨天整理你的信，又有些感想。关于莫扎特的话，例如说他天真、可爱、清新等等，似乎很多人懂得；但弹起来还是没有那天真、可爱、清新的味儿。这道理，我觉得是“理性认识”与“感情深入”的分别。感性认识固然是初步印象，是大概的认识；理性认识是深入一步，了解到本质。但是艺术的领会，还不能以此为限，必须再深入进去，把理性所认识的，用心灵去体会，才能使原作者的悲欢喜怒化为你自己的悲欢喜怒，使原作者每一根神经的震颤都在你的神经上引起反响。否则即使道理说了一大堆，仍然是隔了一层。一般艺术家的偏于 intellectual［理智］，偏于 cold［冷静］，就因为他们停留在理性认识的阶段上。比如你自己，过去你未尝不知道莫扎特的特色，但你对他并没发生**真正的共鸣**；感之不深，自然爱之不切了；爱之不切，弹出来当然也不够味儿；而越是不够味儿，越是引不起你兴趣。如此循环下去，你对一个作家当然无从深入。

这一回可不然，你的确和莫扎特起了共鸣，你的脉搏跟他的脉搏一致了，你的心跳和他的同一节奏了；你活在他的身上，他也活在你身上；你自己与他的共同点被你找出来了，抓住了，所以你才会这样欣赏他，理解他。

由此得到一个结论：艺术不但不能限于感性认识，还不能限于理性认识，必须要进行第三步的感情深入。换言之，艺术家最需要的，除了理智以外，还有一个“爱”字！所谓赤子之心，不但指纯洁无邪，指清新，而且还指爱！法文里有个说法“伟大的心”，意思就是“爱”。这“伟大的心”几个字，真有意义。而且这个爱绝不是庸俗的，婆婆妈妈的感情，而是热烈的、真诚的、洁白的、高尚的、如火如荼的、忘我的爱。

爱你的父亲
1956 年 2 月 29 日夜

（1）结合语境，解释加粗词语的含义。

真正的共鸣：____________________

（2）作者在分析了孩子过去和现在弹奏的差别后，得出了一个结论是：____________________

（3）傅雷对儿子的教导对你有什么启发？

____

（4）选文是洋溢着父子深情的家书，耐人寻味，深切感人，和一般的讲道理的文章比较，本文的语言有什么特点？

____

4. 生活中有些当面不好讲的话，可以用书信来说。请以《向 × × × 说说心里话》为主题，写一封书信，要求表达出自己的真实想法，抒发自己真实的内心感受。

五、本节要点提示

1）书信分为一般书信和专用书信。对于一般书信，又由信封和信笺（瓤）两部分组成。

2）国内信封主要包括邮政编码、收信人地址、收信人姓名、寄信人地址及姓名四部分。

3）信笺（瓤）主要包含称呼、正文、祝福语、落款四个方面的内容。

第四节　感　谢　信

一、知识精讲

1. 专用书信结构及写法

书信分一般书信和专用书信两类。上节介绍了一般书信，下面来学习专用书信。顾名思义，专用书信是有其固定的、专门的用途。这样它们在写作上与一般书信就有一定的区别。

从结构上看，专用书信一般由标题、称谓、正文、落款四部分组成。

从写法上看，专用书信一般都有明确的标题，用来标明书信的性质，如感谢信、表扬信、介绍信、证明信等。在写作内容上，专用书信具有专门性或规定性，一份专用书信一般只写一个内容。如感谢信主要是针对某人的某件事进行感激和表示谢意，介绍信主要介绍人物的身份及相关联系事宜，证明信主要是证明某人身份或者某一事实。专用书信常常有一方或双方都是单位团体。专用书信的署名根据写作方可以是某团体。

2. 感谢信概念及结构

感谢信是一个单位或个人向帮助、关心和支持过自己的集体（如党政机关、企事业单位、社会团体等）或个人表示感谢的专用书信，它具有感谢和表扬的双重意思。当一方得到帮助或受到对方的恩惠时，应及时对对方表达谢意，以使对方得到心理或精神上的满足。

感谢信的结构一般由标题、称谓、正文、结语、落款五部分构成。

二、指点迷津

感谢信虽说是专用书信，但其写作遵循一般书信的规律，属于书信体。在写作过程中，要注意篇幅不可过长，要让大家很容易能够读完、读懂。一般200字左右即可。把对方对自己的帮助，尤其是重要的事项详细写出来，然后写一些表示感谢的话。感谢的话要合乎常理，且不可过于卑谦。具体步骤如下：

1. 标题

第一行正中写“感谢信”三个字作为标题，字体稍大。如果是写给个人的，这三个字可以不用。有时为了突出主题，还会在“感谢信”前加上一些定语，如因为什么事情、写给谁的感谢信等。

2. 称谓

第二行顶格写感谢对象的单位名称或个人姓名，姓名后面可以加合适的称呼，如“老师”“师傅”“同志”等，后面用冒号。在要感谢的对象较多时，可以把感谢对象放到正文里提及并感谢。

3. 正文

另起一行空两格写正文。在正文里要交代清楚对方在什么时间、什么地点、帮助自己做了什么事情，这些事情对自己产生了哪些好的影响和结果。还要写清楚这些事件表现了对方的哪些优良、美好的品质和思想，以及感谢的话等。最后要表明自己或单位向对方学习的态度和决心。

4. 结语

结语一般通用“此致”“敬礼”字样，也可以是再次感谢的话，如“再次表示诚挚的感谢”。当然，如果行文流畅一气呵成的话，也可以自然收尾，不用结语。

5. 落款

在右下角写上感谢者的单位或个人的姓名以及写感谢信的日期。

在写感谢信时，需要注意两点：一是感谢的事实要写清楚、详细，要真实，实事求是，不生搬硬造，不夸大溢美。感谢信在表达谢意的同时，兼具表扬的特点。二是感谢信的写作要饱含真情，言简意赅。评价对方时要切合实际，要把握好尺度，切不可无限夸张，让对方不舒服。

三、经典范例

【范例一】

感　谢　信

××××部队全体指战员：

我市的××引水工程由于资金匮乏，今年的施工进度受到了一定的影响，在这种情况下，你部全体指战员发扬了拥政爱民的光荣传统，积极为地方排忧解难，四千多官兵义务承担了工程输水管线的施工任务。在四个月的时间里，指战员们不怕苦，不怕累，顶着酷暑烈日，日夜奋战在施工第一线，终于如期完成了施工任务，为早日结束我市用水紧张的状况赢得了宝贵的时间。为此，我们代表全市人民特向你们表示衷心的感谢。

我们决心在党中央的领导下，加大改革开放的力度，进一步搞好城市建设和工农业生产，以实际行动感谢你们对我们的关心和支持，为把我市建成现代化的文明城市而努力奋斗！

此致

敬礼！

××省×市人民政府（印）

×年×月×日

【范例二】

感　谢　信

尊敬的学校领导：

我公司员工6月25日在兰雅公寓的东北菜馆里吃饭，不慎将手提包遗落在饭桌上，包里有近万元现金、钱包、信用卡、公司印章、材料等。事后我们很焦急，往返几次，都没有找到。下午4点左右，在准备将公司印章挂失进行作废说明时，公司接到电话，得知手提包被××大学的一名学生捡到，并通过公司材料中的电话号码告知公司。经核实后，我公司员工和该同学取得联系并拿回失物，包里的东西一样都不少。为表谢意，公司拿出1000元钱表示感谢，但被这名同学拒绝了，说这是应该做的。在我们再三追问下，得知这名同学叫陈实，是××大学设计艺术学院大一的学生。在此，我公司对陈实同学急人所急、想人所想、拾金不昧的崇高风尚，深表敬意和感谢，并在公司例会上，号召全体员工向陈实同学学习。同时，我们对贵校表示真心感谢，感谢贵校对学生综合素质的培养，相信贵校培养出来的学生一定德智双全，必将成为国家的栋梁之材。

最后，我公司全体员工对贵校和陈实同学表示最真心的感谢！

北京×××科技发展有限公司

2016年7月25日

四、巩固提高

1. 从结构上看，专用书信一般由______、______、______、______四部分组成。
2. 感谢信的结构一般由______、______、______、______、______五部分构成。
3. 阅读下面一封感谢信，按要求答题。

感　谢　信

尊敬的黄老先生：

首先，让我们向您致以衷心的感谢！

在我校举办周六读书活动中，您给以我们殷切的关心指导。A 您尽管光荣退休了，都还惦记着我们的课余学习。B 您经常拨冗抽出休闲时间，热心为我们讲名著里的故事和自己的读书经历，C 我们从中感到很多教益。同学们纷纷表示要不负众望，奋发进取。D 贵校的领导也十分感谢您的善举。

让我们全体师生再次向您表示诚挚的感谢和崇高的敬意！E 祝您玉体康安！

此致

敬礼

M 校学生会

2009年6月10日

（1）这封感谢信的格式有两处错误：一是____________，二是____________。

（2）找出两个错别字：________改为________，________改为________。

（3）信里有多处语病，请选三处修改。

4. 你的同事李刚在下班途中不幸遭遇了车祸，同行的一些同事急忙把其送到医院抢救，之后公司上下又为其捐款，对其进行照顾。为表示对大家的感谢，他特意写了一封感谢信。请你站在他的角度，考虑一下这封感谢信该怎么样写。

五、本节要点提示

1）从结构上看，专用书信一般由标题、称谓、正文、落款四部分组成。

2）感谢信的结构一般由标题、称谓、正文、结语、落款五部分构成。

3）感谢信在写作中，要把感谢的事实写清楚，感谢的话要适度得体。内容上要求实事求是，语言上要言简意赅。

第五节　表　扬　信

一、知识精讲

1. 表扬信概念

表扬信是对个人或者单位的先进事迹、优秀品质、模范行为进行赞美或表彰的专用书信。通过表扬，让受表扬者得到内心的精神愉悦，激发更强大的动力，也能够让更多的人看到其先进性，并产生向其学习的思想或行动。表扬信在社会主义现代化建设及弘扬精神文明的道路上发挥着重要作用。

2. 表扬信分类

从表扬双方的关系来看，可以分为：上级对下级、团体对个人进行表扬的表扬信；群众之间进行表扬的表扬信。

从被表扬者的身份来看，表扬信可分为：对集体进行表扬的表扬信；对个人进行表扬的表扬信。

表扬信与一般书信不同，它写作后处理方法很多，可以写在大红纸上张贴在被表扬的单位或个人所在地的公共场所，供大家阅读学习；可以寄给相关单位或个人；也可以寄给新闻媒体，让其进行广播宣传；也可以在表彰大会等隆重场所进行宣读。因此，表扬信的特点是：弘扬正气、褒奖善良、公开发布。

二、指点迷津

1. 表扬信结构

在结构上，表扬信与感谢信类似，也由标题、称谓、正文、结语、落款五部分组成。

（1）标题　可以直接用文种“表扬信”三个字做标题，居中，字体稍大。

（2）称谓　即被表扬的单位或个人。

（3）正文　首先交代表扬的原因，即要把人物的先进事迹详细叙述出来，发生了什么事，谁怎么样帮助解决的，结果怎么样，有什么重要意义。这里主要讲述事实，不发表议论。其次，针对前面的先进事迹对相关人员进行赞扬，并表示向其学习的决心，这里可以有适当的议论和抒情，充分展示人物事迹的先进性。最后，若表扬信是写给个人的，则可以写“你的事迹值得学习”“让我们深受感动”等内容；若是写给被表扬者所在单位的，则可以是“建议在公司大会中进行表扬”，“×××同志的优秀事迹值得我们学习，建议开展向其学习的活动”等。

（4）结语　在结尾后写上“此致，敬礼”等结束用语。但“此致”“祝”“谨表”“向你”等字写在末尾，其余的字，另起一行，顶格写。

（5）落款　落款在最后，文本的右下方，注明写表扬信的单位或个人姓名以及写表扬信的日期。

2. 感谢信与表扬信的区别

感谢信：以感谢为主；主要由受益人发出。

表扬信：以表扬为主；可以由受益人发出也可以由有关人发出。

3. 表扬信写作的注意事项

1）感谢信一般由当事者或当事者的所在单位以及亲属来写，而表扬信凡了解情况的人都能写。

2）表扬信结尾的写法有两种，如果是写给本人的，就写“值得学习”“深受感动”等方面的内容；如果是写给受表扬者的所在单位或领导的，就可以提出建议，请在一定范围内宣传、表扬受表扬者的好作风和模范事迹。

3）正文中要突出受表扬者事迹中最有教育意义的方面。

4）叙述受表扬者的模范事迹一定要实事求是，赞扬的文字要掌握分寸，切忌堆砌溢美之词，使人感到不可信，受表扬者也感到不快。

三、经典范例

【范例一】

表　扬　信

××大学：

7 月 19 日午后 4 时，我公司陈文华同志出差在哈市突发心脏病，你校机电 2 班王东东同学将他扶到人民医院治病，为陈文华同志的生命安全争取了宝贵的时间。这种助人为乐的精神使人敬佩，请贵校给予宣传、表扬。

此致

敬礼！

星河公司全体同志

2016 年 7 月 20 日

【范例二】

表　扬　信

全体同学：

2016 年 6 月 6 日下午，材料工程学院机电 2 班李刚同学在图书馆三楼科技图书借阅室借书时，发现所借图书中夹有 100 元现金，该同学当即将钱交给了图书馆值班的工作人员。李刚同学拾金不昧的精神值得全体同学学习，他的行动充分体现了工大学子高尚的道德情操和精神风貌。在提倡和谐社会的今天，拾金不昧这种精神是更值得大力提倡和鼓励的。在此，图书馆对李刚同学提出表扬，希望广大同学以此为榜样，充分发扬中华民族的传统美德！营造和谐校园，构建和谐社会。

校图书馆

2016 年 6 月 8 日

四、巩固提高

1. 下列关于应用文知识表述有错误的一项是（　　）。

A. 感谢信是对某个单位或个人的关怀、支援、帮助表示感谢的信。感谢信不仅有感谢的意思，而且有表扬的意思。感谢信的正中用较大的字体写上“感谢信”三个字。如果写给个人，这三个字可以不写。有时还在“感谢信”的前边加上一个定语，说明是因为什么事情，写给谁的感谢信。

B. 感谢信的第二行顶格写对方单位名称或个人姓名，姓名后可加适当的称呼，称呼后用冒号。

C. 感谢信第三行起写正文，正文后不用写“此致”“敬礼”，直接署名并在署名下边写日期。

D. 表扬信的格式和写法与感谢信基本相同。不过，写表扬信还需要注意几点，其中有一点是：正文中要突出被表扬者事迹中最有教育意义的方面。

2. 阅读下面的表扬信，把错误的地方改正过来。

表　扬　信

盛会中学校领导：

贵校机电（2）班高远同学助人为乐，非常值得表扬。

我的孩子李刚就读于贵校机电（2）班，一个月前因患急性肺炎住进了医院。这期间他耽误了不少功课，我们焦急万分。正在这时，高远同学主动来到我们家，热心为李刚补课。整整二十天，每天晚上都是如此，直到帮助李刚补上了落下的功课。在面临期末考试的关键时刻，高远同学牺牲自己的宝贵时间来帮助同学。这种助人为乐的精神让我们全家非常感动。我们除再次向他表示感谢之外，还要求你们当领导的在全校给予表扬。

此致

敬礼

2016 年 6 月 20 日

李刚的家长：李明杰　方丹

3. 今年夏天，我国大部分地区遭受了长时间的高温酷暑的极端恶劣天气。恰好此时你家的空调坏了，于是你联系了物业公司。工程部的刘讯先生几次三番冒着酷暑带人查找原因进行维修，且从未表现出厌烦情绪，你被他的事迹所感动，请你给物业公司写一封表扬信对其事迹进行感谢和表扬。

五、本节要点提示

1）表扬信是对个人或者单位的先进事迹、优秀品质、模范行为进行赞美或表彰的专用书信。

2）从表扬双方的关系来看，可以分为：上级对下级、团体对个人进行表扬的表扬信；群众之间进行表扬的表扬信。

从被表扬者的身份来看，表扬信可分为：对集体进行表扬的表扬信；对个人进行表扬的表扬信。

3）在结构上，表扬信与感谢信类似，也由标题、称谓、正文、结语、落款五部分组成。

4）感谢信与表扬信的主要不同点，一个是以感谢为主，一个是以表扬为主；还有就是写作的出发角度不同。

第六节 申 请 书

一、知识精讲

申请书是个人或集体向组织（机关、企事业单位或社会团体）或向有关部门及领导表述愿望、提出某种请求时使用的一种应用文书。它属于专用书信，也是表情达意的有效工具。申请书的使用范围非常广泛，是沟通个人与组织、下级与上级的重要方式。常见的有入团申请书、入党申请书、工作调动申请书等。

二、指点迷津

1. 申请书的结构

申请书一般由标题、称谓、正文、结尾、落款五部分组成。

（1）标题　申请书的标题有两种写法，一是直接以文种“申请书”做标题，另一种是在“申请书”前加上事由，如“入党申请书”“调换工作申请书”等。两种写法择需而用。

（2）称谓　顶格写明接受申请书的单位、组织或有关领导，如“尊敬的校领导”“敬爱的党组织”等。

（3）正文　正文部分是申请书的主体，首先写清楚申请的事项，其次说明申请的理由。事项要写得清楚、简洁，理由要写得客观、充分。

（4）结尾　主要表明希望自己的申请能够得到批准或给予答复，惯用语如“特此申请”“恳请领导帮助解决”“希望领导研究批准”等，也可用“此致”“敬礼”等礼貌用语表示感谢或祝颂。

（5）落款　个人申请要写清申请者姓名，单位申请写明单位名称并加盖公章，最后注明日期。

2. 申请书写作注意事项

申请书一般是写给领导或者上级部门，因此，在写作中要注意：

1）申请的事项要写清楚、具体，且事情是必要的，涉及的数据要准确无误。

2）申请的条件要符合相关政策要求，实事求是，申请的理由要充分、合理，不能虚夸和杜撰。

3）写作的语言要准确、简洁，态度要诚恳、朴实。

4）最重要的一点是，申请书是一事一申请，也就是说一份申请书只能申请一件事情。

若要申请几件事情，须要分开申请。

三、经典范例

【范例一】

申　请　书

尊敬的各位领导、老师：

你们好！我叫××，现就读于××大学政治与行政学院2015级政治与行政学专业。我来自××××××，家庭经济状况不好，主要经济来源是父母务农。

我家目前共有五口人。父母都是初中文化，常年待业在家，以务农维持着家庭运转。我外公是一名退伍军人，年近八旬，因年迈身体状况一直很差，劳动能力弱，且常年患高血压、风湿病和肩周炎等疾病，经常需要药物治疗，不仅导致收入不定而且医疗花费较高。外婆也已七旬，身体虚弱，时有病患，不能从事农业生产，所以家中一切都压在父母双肩和家中的四亩地上。

我的家乡是山区，土地少而贫瘠，农作物产量不高，而且还得靠天吃饭，所以收入偏低。今年夏天，重庆遭受特大旱情，农作物减产百分之七十以上，对我家来说，更是雪上加霜。这些年来父母为了我的学费和生活费，为了外公外婆的医疗费用四处奔波而欠下数万元借款。我身为家庭的一员，坚持着勤俭节约的美好品德，也更加希望可以为年老的父母，为贫困的家庭承担一份责任，尽自己最大的努力好好学习，减轻父母沉重的负担。在过去的学习生活中我一直没有忘记这一点，才一次一次取得了好的成绩。

感谢社会和学校有这样一个申请的机会，让我看到了为家庭减负的希望。所以，我向组织求援，请予以考虑。为了自己今后的学业，为了这些年一直不容易的父母，也为了远在千里之外的家。如果组织伸出援助之手，我将永远铭记于心，好好学习，报效社会，为祖国的繁荣发展做出自己更大的贡献。请组织审查和考虑！

此致

敬礼！

申请人：×××

2016年7月20日

【范例二】

入党申请书

敬爱的党组织：

我志愿加入中国共产党。中国共产党是中国工人阶级的先锋队，同时是中国人民和中华民族的先锋队，是中国特色社会主义事业的领导核心，代表中国先进生产力的发展要求，代表中国先进文化的前进方向，代表中国最广大人民的根本利益。党的最高理想和最终目标是实现共产主义。中国共产党以马克思列宁主义、毛泽东思想、邓小平理论、“三个代表”重要思想和科学发展观作为自己的行动指南。

我之所以要加入中国共产党，是因为只有党，才能够教育我们坚持共产主义道路，坚持一切从人民群众出发；是因为只有党，才能引导我们走向正确的发展道路，创造更快、更好、更先进的文明。因此从我就读于××大学的时候，我便开始逐渐地了解中国共产党的纲领、路线，学习毛泽东思想、邓小平理论、“三个代表”重要思想和科学发展观。在学校这充满书卷气息的环境里，我接触了许多关于党的宣传、介绍，听取了许许多多先进个人、模范党员的光荣事迹。

通过对党的基本知识，基本理论和中共党史的学习，在党组织的教育和培养下，我了解到：自 1921 年建党至今，我们的党已经经过了 94 年艰苦卓绝的奋斗历程。这几十年，中国共产党从小到大，从弱到强，从幼稚到成熟，不断发展壮大。从建党之初的 50 多名党员，逐步发展到今天这一个拥有七千多万党员的执政党。在长期的社会主义革命和建设过程中，先后把毛泽东思想、邓小平理论、“三个代表”重要思想和科学发展观写在了自己的旗帜上。中国共产党一开始便旗帜鲜明地以马克思主义的阶级斗争观点来观察和分析中国的问题，并且深入到工人中做群众工作。

中国共产党在社会主义初级阶段的基本路线是：领导和团结全国各族人民，以经济建设为中心，坚持四项基本原则，坚持改革开放，自力更生，艰苦创业，为把我国建设成为富强民主文明和谐的社会主义现代化国家而奋斗。

党的十八届四中全会，做出了《中共中央关于全面推进依法治国若干重大问题的决定》，这是党中央在新形势新任务下做出的治国理政战略部署，提升了法治地位，标志着党治国理政新的起点，具有里程碑意义。四中全会确定我们的法治建设，必须坚定不移地走中国特色社会主义法治道路，在这个法治道路上又有了新的起点。具体包括通过依法执政来提高党的执政能力和执政水平的新起点，以法治方式推进现代化建设的新起点，在法治轨道内全面深化改革的新起点，从权力反腐走向法治反腐的新起点，从法律体系向法治体系建设推进的新起点。四中全会确定的内容都具有全局性、战略性和长远性，不仅明确了依法治国的总目标是建设中国特色社会主义法治体系、建设社会主义法治国家，依法治国的基本原则是坚持中国共产党的领导、坚持人民主体地位、坚持法律面前人人平等、坚持依法治国和以德治国相结合、坚持从中国实际出发，而且还明确了全面推进依法治国的重大任务，要完善以宪法为核心的中国特色社会主义法律体系、加强宪法实施，加强和改进党对全面推进依法治国的领导等，四中全会为全面推进依法治国勾画出了清晰的框架和路线图。我认真学习了十八大四中全会的报告，深刻地了解到十八大四中全会是在全面建成小康社会的关键阶段，在全面深化改革的攻坚时期，以依法治国为主题，吹响了建设社会主义法治国家的进军号。全会通过的《中共中央关于全面推进依法治国若干重大问题的决定》，是我国历史上第一个关于加强法治建设的专门决定，是指导新形势下全面推进依法治国的纲领性文件。全会提出的新观点、新举措，必将提升国家治理体系和治理能力现代化水平，为中国特色社会主义事业提供制度框架，为中华民族伟大复兴提供法治保障。

党的十八大以来，习近平总书记发表了一系列重要讲话，多次就坚持和发展中国特色社会主义发表重要讲话，对社会主义的历史发展进程特别是我们党探索中国特色社会主义的历史进程和伟大实践，对坚持和发展中国特色社会主义需要把握的重大理论问题、战略部署等，做了全面系统深刻的阐述。习总书记在参观“复兴之路”展览时首次提出实现中华民族伟大复兴的中国梦，又先后在多个重要场合发表重要讲话，对中国梦的内涵实质、实现道路、依靠力量、历史意义等做了系统阐释。中国梦的本质是实现国家富强、民族振兴、人民幸福，中国梦归根到底是人民的梦，实现中国梦必须走中国道路、弘扬中国精神、凝聚中国力量。中国梦的提出，是马克思主义基本原理与中国实际和时代特征相结合的典范，是中国特色社会主义重大思想理论成果，丰富了中国特色社会主义的科学内涵，为推进中国特色社会主义伟大事业指明了方向，成为当今中国发展进步的高昂旋律、思想引领和精神旗帜。这些讲话精神，是高度的政治性、理论性、系统性与针对性、指导性、贴近性的有机统一，贯穿着马克思主义观点和党性原则，闪耀着历史唯物主义和辩证唯物主义的理论光芒，充满着合党心、顺民意、鼓士气的巨大感召力，体现了新一届中央领导集体对中国特色社会主义的坚定自信和对国家、对民族、对人民的责任担当，顺应了当今中国的发展大势、顺应了全体人民过上美好生活的热切期盼、顺应了世界发展进步的潮流，对指导党和国家事业发展、开创中国特色社会主义新局面具有重大现实意义和深远历史意义，必将在全党凝聚起强大的精神力量，鼓舞和激励全党全国各族人民为全面建成小康社会、实现中华民族伟大复兴的中国梦不懈奋斗。

作为新时期的一名大学生，我为自己所处的时代感到自豪和兴奋，建设中国特色的社会主义和谐社会的宏伟大业为我们展现自己的才华提供了广阔的用武之地。我十分感谢这些年来国家、社会和母校为培养我们这些学子所付出的财力、物力和精力，本人将竭尽自己所能，把自己学到的专业知识用于日常工作和社会实践，为社会主义现代化建设、建设社会主义和谐社会贡献自己的一分力量。

在我成为入党积极分子两年多以来，我努力学习与党有关的材料，不断提高自己的理论修养。因为共产党员只有具备充足的基础理论知识与基本技能，才能在群众中起到良好的模范带头作用。在学习上，我努力学好专业各门课程；在工作上，身为班委的我积极参与班级的建设，为班级与同学尽自己的一分力量，做一名合格的学生干部。作为一位班委，在生活和学习、工作中免不了要与同学们联系和接触。发现自己还是有一些缺点：

1. 政治理论学习欠缺，理论与实际脱节。只注重表面学习，没能准确把握马列主义、毛泽东思想、邓小平理论、“三个代表”重要思想和科学发展观的深刻内涵和精神实质；忽视了理论对实际工作的指导作用，导致理论学习与实际工作脱节，对待理论学习，只满足于片面地引用个别原理，而不能有效地与实际工作紧密结合起来。

2. 不能牢固时刻为同学全心全意服务的宗旨。遇到事情总想要自己一个人去解决，没有经常和他人沟通，寻求帮助，缺乏全心全意为他们服务的宗旨意识，也因此给自己或他人带来了或多或少的麻烦，有待改正。

3. 政治理论学习不够深入，对学习自觉性稍差、重视不够以及政治鉴别力缺乏。没有把理论学习放在第一位，只是粗糙、片面的学习，这是政治理论不成熟的表现。还有理论与实践隔离，忽视了理论与实践的辩证唯物关系，对一些理论的学习只满足于记住几条重要论断和几句讲话，缺乏系统性、经常性的深入学习。

发现自己的不足之处，我决心通过自身的努力去改正，加强政治理论学习，提高自己的政治敏锐性和政治鉴别力，树立科学的世界观、人生观和价值观。要以解放思想和工作中存在的实际问题为出发点，改进自己的工作作风和学习方式。发现问题、解决问题是我们党一贯坚持的处理问题的方法，因此我要继续努力改正自身存在的不足，学习他人的长处来弥补自己的短处。因此在今后的学习与生活中我会时刻向先进的党员同志看齐，争取早日入党。

我志愿加入中国共产党，要在党的组织内，认真学习马列主义、毛泽东思想、邓小平理论、“三个代表”重要思想、科学发展观和党的基本路线、理论方针政策，学习科学、文化和业务，不断地提高自己的思想政治觉悟，掌握一流的工作技巧，用业绩证明一切。我要认真地用共产党员的标准来要求自己。我一定刻苦钻研，努力拼搏，在思想和组织上争取入党，争做优秀的共产党员。如果组织没有接受我的请求，我也不会气馁，我会继续为之奋斗，争取早日成为一名共产党员。

此致

敬礼！

申请人：×××

2016 年 7 月 1 日

四、巩固提高

1. 下列关于申请书的表述错误的一项是（　　）。

A. 申请书的使用范围非常广泛，是沟通个人与组织、下级与上级的重要手段。

B. 申请书的正文部分，要写清楚申请的事项和理由。

C. 为了节约时间和纸张，可以汇集几个事项在一份申请书中集中申请。

D. 申请书要求语言准确、简洁、朴实，切忌空泛冗长和故弄玄虚。

2. 你作为学生会干部，由于面临即将实习以及学业上的压力，打算辞去宣传部部长一职，请写一份辞职申请给你的系领导。

五、本节要点提示

1）申请书一般由标题、称谓、正文、结尾、落款五部分组成。

2）申请书是沟通个人与组织、下级与上级的重要手段。它的使用范围广泛，种类繁多，可以是生活上的申请，学习上的申请，也可以是加入某个组织的申请。

3）申请书的写作一定要注意一事一申请的原则。

第七节　倡　议　书

一、知识精讲

倡议书是某一单位或社会团体、某一组织就某事或共同关心的问题向社会，或者有关部门提出建议，以期对方能够响应，从而能够促进工作预期进行或公益活动能积极展开，达到预期目标的一种专用书信。在现实生活中，倡议书的应用范围非常广泛，它能够在较短时间内充分调动广大群众或相关人员的积极性，使大家共同为完成某项工作而努力。根据倡议书的概念可以看出，倡议书具有以下特点：广泛的群众性、响应者的不确定性以及公开性。

二、指点迷津

同其他文书一样，倡议书一般由标题、称谓、正文、结尾、落款五部分组成。

1. 标题

倡议书的标题可以由文种“倡议书”直接做标题，居中；也可以是倡议的内容 + 文种的方式构成，如“把遗体交给医学界利用的倡议书”；还可以是由单位名称 + 倡议内容 + 文种的方式构成，如“××局改进工作作风的倡议书”。

2. 称谓

第二行开头顶格写。称谓一般是根据倡议的对象灵活选用，如“全体员工”“广大同胞”“广大青少年朋友”等。有时，根据行文的需要，倡议的对象会在正文中提及，此时可以不用称谓。

3. 正文

正文中主要写两部分内容：一是倡议的背景原因及目的。只有把背景和原因以及倡议要达到什么样的目的交代清楚，在实事求是的基础上，大家才能更好地自觉行动。否则，若大家不明就里，就很难从心底去认同倡议。二是要写明倡议的具体内容和要求。这是倡议的重点内容。都要做哪些事情，具体步骤是什么，它的目的和意义如何，都要写清楚。这样才能做到一目了然，让大家有所遵循。

4. 结尾

倡议书的结尾要表示倡议者的决心和希望，或者写出某种建议供大家参照。倡议书一般不在结尾写表示敬意或祝愿的话。

5. 落款

这里主要写发出倡议的机关、单位、团体等的名称以及倡议的时间。

三、经典范例

大学生环保倡议书

亲爱的同学们：

你们好！抬头望，朵朵白云依旧点缀着我们头顶的这片蓝天，可是，我亲爱的朋友，当你独自一人踏在这校园里的绿茵地时；当阵阵花香迎面扑鼻而来时；当那片片黄叶随风飘落时；当洁白的雪花扬洒在你的肩上时，你是否有些许的欣慰，抑或是淡淡的感伤，在每一天上帝赐予你的86400秒中，你是否曾舍得用其中的一秒来留意、思索一下你身边所有的一切?

来到工大，曾经的梦成为现实，但同时还有更多的梦需要我们去实现。拥有美好的校园环境，是我们的共同心愿。用心去关注环境的变化，用热情去传播环保的观念，用行动肩负起环保的重任，也是每一个工大学子的使命。

党的十七大提出，必须把建设资源节约型、环境友好型社会放在工业化、现代化发展战略的突出位置，落实到每个单位、每个家庭。在此，我们向全校同学发出以下倡议：

倡导文明行为，不随地吐痰，不乱扔脏物，不践踏草坪。

节约用电，随手关灯、关掉长时间待机的电脑。

节约资源，复印纸张双面使用，能用一张不用两张。

请随手关紧水龙头，提倡一水多用。

使用可再生材料制成的工作生活用品。

出行尽量乘坐公共交通工具或步行。

使用无磷洗涤剂，减少污染。

废旧电池请勿乱扔，要放入指定的回收箱内。

奉献社会，传递爱心，传播文明，构建和谐社会，促进社会进步。

同学们，你们知道吗？全中国每人每天节约一张纸，那么一年就可少砍伐1581666棵树，如果工大每人每天节约一张纸，那么一年就可以节约6205000张纸，一年相当于少砍

32 棵大树。

“不积小流，无以成江海；不积跬步，无以至千里”，从点点滴滴做起，将环保当作谱写生活乐章的一部分，你会不经意地发现，原来生活里这些跳动的音符又为你撑起了另一片蓝天，那里有鸟语花香，有绿树红叶……

“时尚环保，携手共创”。大家一起行动起来吧！

倡议人：校绿色协会

倡议日期：2016 年 4 月 20 日

四、巩固提高

1. 下列哪项不是倡议书的特点（　　）。

A. 广泛的群众性

B. 倡议内容的单一性

C. 响应者的不确定性

D. 公开性

2. 关于倡议书的写作，不正确的一项是（　　）。

A. 背景目的要写清楚，理由要充分。

B. 措辞要恰切，情感要真挚，同时要富于鼓动性。

C. 内容要有新的时尚和精神，要切实可行，要不违背国家的方针政策。

D. 为了把倡议的内容说清楚，倡议书的篇幅应尽可能长些。

3. 光明中学开展“共铸诚信学校”活动，进行诚信情况调查，结果如下：

（抽查人数 50 人）

	抄袭作业	考试作弊	言而无信
从来出现	20	34	24
偶尔出现	15	10	16
经常出现	15	6	10

请你根据调查结果，为“共铸诚信学校”活动写一份倡议书。

五、本节要点提示

1）倡议书具有以下特点：广泛的群众性、响应者的不确定性以及公开性。

2）倡议书的写作要求：倡议的内容要有时代感，是时代、公众关心的事情才能引起更多人积极响应。倡议的事项应切实可行，且必须清楚明白，使响应者的行动有一个明确的方向。在语言方面，要具有鼓动性、感染性、号召性。

第八节　检　讨　书

一、知识精讲

检讨书是指个人或领导在学习或工作中出现了问题或过错后，向当事人或组织，以书面形式，写出的检讨错误、并保证绝不再犯的应用书信。

二、指点迷津

检讨书的一般由标题、称谓、正文和落款四部分组成。

1. 标题

首行正中写“检讨书”三个字，也可注明所犯错误的性质、范围等，如“关于违反校规校纪的检讨书”。

2. 称谓

称谓主要是指写检讨书所呈送的组织、单位或领导。如“校团委”“公司人事部”“班主任”。

3. 正文

正文主要写三部分内容：犯了什么错误，即所犯错误的事实；对所犯错误的认识；改正错误的决心及具体措施。

4. 落款

右下角写检讨人的姓名或单位，以及成文日期。

三、经典范例

检　讨　书

尊敬的学校领导、班主任教师：

这次犯错误，自己想了很多东西，反省了很多的事情，自己也很懊悔，很气自己去触犯学校的纪律，也深刻认识到自己所犯错误的严重性，对自己所犯的错误感到了羞愧。学校一开学就三令五申，一再强调校规校纪，提醒学生不要违反校规，可我却没有把学校和老师的话放在心上，没有重视老师说的话，没有重视学校颁布的校规校纪，这些都是不应该的，也是对学校领导和老师的不尊重。

事后，我冷静地想了很久，我这次犯的错误不仅给自己带来了麻烦，耽误了自己的学习；也给学校造成了极其坏的影响，破坏了学校的管理制度，在同学们中间也造成了不良的影响。由于我一个人犯错误，有可能造成别的同学效仿，影响班级纪律性、年级纪律性，对学校的纪律也是一种破坏，而且给对自己抱有很大期望的老师、家长也是一种伤害，也是对别的同学的父母的一种不负责任。每一个学校都希望自己的学生做到品学兼优，全面发展，树立良好形象，使我们的学校有一个良好形象。每一个同学也都希望学校给自己一个良好的学习环境来学习、生活。包括我自己也希望有一个良好的学习环境，但是一个良好的学习环境靠的是大家共同维护建立起来的，而我自己这次却犯了错误，去破坏了学校的良好环境，是很不应该的，若每一个同学都这样犯错，那么是不会有良好的学习环境的，对违反校规的学生给予惩罚也是应该的。

我在家也待了一段时间了，自己想了很多，也意识到自己犯了很严重的错误。我知道，造成如此大的损失，我应该为自己犯的错误付出代价，在此错误中应负不可推卸的主要责任。我真诚地接受批评，并愿意接受学校给予的处理。对不起，老师！

我知道，老师对我违反校规也非常生气。我也知道，对于学生，不触犯校规，不违反纪律，做好自己的事是一项最基本的责任，也是最基本的义务。但是我却连最基本的都没有做到。如今，犯了大错，我深深懊悔不已。我会以这次违纪事件作为一面镜子时时检点自己，批评和教育自己，自觉接受监督。我要知羞而警醒，知羞而奋进，亡羊补牢，化羞耻为动力，努力学习。我也要通过这次事件，提高我的思想认识，强化责任措施。自己还是很想好好学习的，学习对我来说是最重要的，对今后的生存，就业都是很重要的。我现在很小，我还有去拼搏的能力。我还想再拼一次，再去努力一次，希望老师给予我一个做好学生的机会，我会好好改过的，认认真真地去学习，那样的生活充实。这样在家也很耽误课程，学校的课程本来就很紧，学起来就很费劲，在今后的学习生活中，我一定会好好学习，各课都努力往上赶。

在这一段时间里，我每天还是按时起床，想想我在学校也生活了几年了，对学校已有很深的感情。在今后，我会以新的面貌出现在学校，保证不再犯类似错误。无论在学习还是在别的方面我都会用校规来严格要求自己，我会把握这次机会，将它当成我人生的转折点，老师是希望我们成为社会的栋梁，所以我在今后学校的学习生活中会更加努力，不仅把老师教我们的知识学好，更要学好如何做人。犯了这样的错误，对于父母的期望也是一种巨大的打击，父母辛辛苦苦挣钱，让我们可以生活得比别人优越一些，好一些，让我们可以全身心地投入到学习中去。但是，我犯的错误却违背了父母的心愿，也是对家长心血的一种否定，我对此很惭愧。

对于这一切，我将进一步深入总结，深刻反省，恳请老师相信我能够吸取教训、改正错误，把今后的事情加倍努力干好。同时也真诚地希望老师能继续关心和支持我，并对我的问题酌情处理。

检讨人：机电2班　李刚

2016年6月8日

四、巩固提高

上英语课时，由于无心听课，你玩起了手机，被李老师发现。这不但影响了自己的学习，也给班级集体形象造成了影响。事后，你反思自我，写了一份诚恳的检讨书给李老师，希望能得到他的原谅，并且改正自我的错误。

五、本节要点提示

1）检讨书是指个人或领导在学习或工作中出现了问题或过错后，向当事人或组织，以书面形式，写出的检讨错误、并保证绝不再犯的应用书信。

2）特殊检讨。当遇到后果严重的特殊事件时，需要特别的检讨书。在特殊检讨中，首先认错态度要诚恳；其次，一定要勇于认错，敢于认错，将自己的错误一一陈述，分条例来说明对错误的认识，表明自己改错的决心，并请求领导（上级）原谅。

第九节　保　证　书

一、知识精讲

1. 保证书的概念

保证书是某集体、单位或个人，为响应上级部门的号召开展工作、完成任务，或做错了事、犯了错误并决心改正，以一种强烈的态度，下决心和提出保证时使用的专用书信。

2. 保证书的特征

它具有三个方面的特征：一是誓言性。保证书对立誓者具有一定的制约和鞭策，因而保证书具有誓言的特性。二是单方性。保证书一般是下级或者犯错误的部门或个人，写给上级领导或单位、组织的一种文书，上级组织或部门对保证书一般不做出回复。大都对保证的内容起着实施监督的作用。这与一般的往来书信有着明显的区别。三是书信格式特征。虽然保证书不要求回复，但在写作中仍遵循书信体的文体特征。

二、指点迷津

保证书的写作一般由标题、保证内容、落款三部分组成。

1. 标题

直接以“保证书”三个字为标题即可。

2. 保证内容

要把保证的内容详细写出，若内容较多时，可以逐条分项列出。

3. 落款

右下角写明保证人姓名或单位名称及保证日期。

三、经典范例

实习保证书

在外实习期间，我清楚地知道我既是实习单位的员工又是学校的学生，具有双重身份；我在外实习的目的是全面提高综合素质、努力练好各种技能。在外实习期间，我保证做到：

1. 摆正自己的心态，以学技术和增强适应社会的能力为目的，不盲目攀比待遇、报酬。

2. 严格遵守厂规厂纪，虚心学习。

3. 坚决做到吃苦耐劳，专心练好技术。

4. 坚决维护学校的声誉，为学校增光添彩。

5. 每月写一份实习心得（字数不少于 300 字），毕业时写一份不少于 600 字的实习文章。

6. 如有紧急事项及时向班主任或学生处反映，不私自离职。

7. 同学之间，互相团结、相互关心，在遇到困难和挫折时，相互鼓励，争取共同圆满完成实习任务。

8. 经常与父母、班主任保持联系（至少每周一次），不让父母和老师牵挂。

若违反上述条款，后果自负，情节严重时，愿意接受学校处理直至不予毕业。

保证人：机电 2 班李刚

日期：2016 年 9 月 10 日

四、巩固提高

1. 下列哪项不是保证书的特征（　　）。

A. 双向性

B. 誓言性

C. 单方性

D. 书信体式

2. 作为一名新入职的员工，在上岗之前，领导要求你写一份保证书，保证你对企业的工作流程、工作规章制度的了解，以便在工作中能遵照执行。

五、本节要点提示

1）保证书的三个特征：誓言性、单方性、书信格式。

2）保证的内容要记述详细，具有可操作性，能够容易被上级机关监督和考核。

第十节 通 知

一、知识精讲

1. 通知的概念

通知是运用广泛的知照性公文。《党政机关公文处理工作条例》明确指出，通知“适用于发布、传达要求下级机关执行和有关单位周知或者执行的事项，批转、转发公文”。通知适用于批转下级机关的公文，转发上级机关和不相隶属机关的公文；发布规章；传达要求下级机关办理和有关单位需要周知或共同执行的事项，任免和聘用干部。上级机关对下级机关传达工作、布置任务时常用通知；根据工作需要，平行机关之间有时也可以使用通知。

2. 通知的分类

通知的种类繁多，按照适用范围的划分，大概有以下6类：

（1）发布性通知 用于发布行政规章制度及党内规章制度。

（2）批转性通知 用于上级机关批转下级机关的公文给所属人员，让他们周知或执行。

（3）转发性通知 用于转发上级机关和不相隶属的机关的公文给所属人员，让他们周知或执行。

（4）指示性通知 用于上级机关指示下级机关如何开展工作。

（5）任免性通知 用于任免和聘用干部。

（6）事务性通知 用于处理日常工作中带事务性的事情，常把有关信息或要求用通知的形式传达给有关机构或群众。

二、指点迷津

由于通知的种类繁多，每一种类的写法差异较大。这里就概括介绍一下通知的基本写法。

1. 通知标题和主送机关

（1）标题 一般情况，通知的标题主要由发文机关 + 主要内容 + 文种组成。如《省交通运输厅关于召开2016年度全省交通工作会议的通知》。有时，也可以省略发文机关，而直接用内容 + 文种的形式，如《关于印发〈规范国有土地租赁若干意见〉的通知》（国土资发〔1999〕222号）。发布规章的通知，所发布的规章名称要出现在标题的主要内容部分，并使用书名号。

批转和转发文件的公文，所转发的文件内容要出现在标题中，但不一定使用书名号。如《国务院办公厅转发教育部等部门关于进一步加快高等学校后勤社会化改革意见的通知》。

（2）主送机关　通知的发文对象比较广泛，因此，主送机关较多，要注意主送机关排列的规范性。如人事部《关于解除国家公务员行政处分有关问题的通知》的主送机关是：各省、自治区、直辖市人事（人事劳动）厅（局）、监察厅（局）；国务院各部委、各直属机构人事（干部）部门、监察局（室）。由于级别、名称不同，主送机关在具体的排列中是非常复杂的，这个序列显然是经过深思熟虑后确定下来的。

2. 通知的正文

（1）通知缘由　发布指示、安排工作的通知这部分的写法跟决定、指示很接近，主要用来表述有关背景、根据、目的、意义等。

晓谕性的通知，也可参照上述写法。如《国务院关于更改新华通讯社香港分社、澳门分社名称问题的通知》，采用了根据与目的相结合的开头方式；《国务院办公厅关于成立国家信息工作领导小组的通知》，采用的是以“为了”领起的“目的式”开头方式。

批转、转发文件的通知，根据情况，可以在开头表述通知缘由，但多数以直接表达转发对象和转发决定为开头，无须说明缘由。

发布规章的通知，多数情况下篇段合一，无明显的开头部分，一般也不交代缘由。

（2）通知事项　这是通知的主体部分，所发布的指示、安排的工作、提出的方法、措施和步骤等，都在这一部分中有条理地组织表达。若内容较为复杂的，则需要分条列款。

晓谕性通知，有时需要列出新成立的组织的成员名单，以及改变名称或隶属关系之后职权的变动等。

（3）执行要求　发布指示、安排工作的通知，可以在结尾处提出贯彻执行的有关要求。如无必要，可以没有这一部分。

其他篇幅短小的通知，一般不需有专门的结尾部分。

三、经典范例

【范例一】（批转性通知）

××市环保局关于转发《××县环保局关于开展环保自检互检工作的总结报告》的通知

各县（区）环保局，各直属单位：

××县环保局是我省环保工作的先进单位，积累了丰富的工作经验。近年来，他们通过开展环保自检和互检，有效地推动了环保工作的深入开展，并取得了良好效果。他们的经验基本也适于我市。现将《××县环保局关于开展环保自检互检工作的总结报告》转发给你们，望参照执行，以推动我市环保工作的深入开展。

××市环保局

一九九九年二月十六日

【范例二】（事务性通知）

关于开展班组安全活动质量竞赛及“安全在我心中”演讲比赛的通知

局各属单位、科室：

为实现我局“一巩固、二提高、三落实”的安全管理目标，确保“五不发生”“两个控制”“三个百日”安全指标的实现，切实提高班组安全活动质量。经局研究决定，将开展班组安全活动质量竞赛和“安全在我心中”为主题的演讲比赛。现将有关事项通知如下：

一、范围及对象

局各生产班组、在册职工。

二、时间安排

1. 班组安全活动质量竞赛自发文之日起至×月×日止。

2. “安全在我心中”为主题的演讲比赛定于×月中旬举行，请各单位在组织职工开展大讨论的基础上，发动职工撰写演讲稿，并推荐一至两名职工参加局组织的演讲，参赛人员名单于×月×日前报局工会。

三、具体事项

1. 各单位接通知后，围绕“两项活动”，妥善做出安排，尽最大可能动员广大职工积极参与，避免使之成为少数人的事。

2. 机关各有关科室和单位的领导对两项活动要给予具体指导和帮助，上下联动，使之达到最好效果。

3. 局劳动竞赛委员会将在各单位自行检查考评的基础上，采用抽查和年终综合考评相结合的方法，根据实绩确定优胜班组。

4. 竞赛奖励。两项竞赛分别设立一、二、三等及优胜奖。凡在竞赛中获得优秀以上名次的，将给予一定的物质和精神的奖励（奖励方法另行通知）。

××供电局（印章）

2016 年 6 月 10 日

四、巩固提高

1. 通知常用于下行文，具有（　　）。

A. 知晓性　　B. 地域性　　C. 权威性　　D. 时间性

2. 指出下面一则通知在格式和内容上的四处错漏。

全校共青团员

经研究，定于五月二日下午五时召开团员大会，布置召开“五四”青年节纪念会的有关工作。希大家按时参加。

五月一日

升平中学团总支

3. 下列通知标题不恰当，请改正。

（1）关于夏粮入库的通知。

（2）强台风紧急通知。

（3）关于召开征购动员大会的通知。

（4）县人民政府关于转发市人民政府办公室关于转发省人民政府办公厅关于加强公共场所卫生管理的通知。

4. 阳光职业学校准备在 4 月 26 日晚召开一次职三学生的家长会议，开会地点在校体育馆，请你以学校的名义，为此事写一份通知。

五、本节要点提示

1）通知的种类较多，写法差异较大，对于学生来讲，先掌握好事务性通知，这是学习和工作中运用最多的类型，通知的具体事项要详尽，不可遗漏。

2）对于主送机关，一般都不止一个，大都会有较为严格的排序，因此，这里不可随意妄造。

第十一节　竞聘演讲稿

一、知识精讲

演讲稿，又称演说词，在校园中常用的就是学生干部的竞聘演讲。竞聘演讲稿又称竞聘报告、竞争上岗演讲稿、竞聘书，是竞聘者在竞聘会议上向与会者阐述自己的工作理念、方法、能力、优势，以及竞聘成功后的工作设想的一种应用文书。由于竞聘演讲具有一定的鼓动性，好的演讲能极大提升演讲者的成功概率，因此，演讲一定要凸显人无我有、人有我优、人优我特的竞争优势。

二、指点迷津

1. 演讲稿结构

竞聘演讲稿从结构上看，主要有由标题、称谓、正文、落款等部分组成。

（1）标题　标题主要两种方式，一是直接以文种作标题，如“竞聘演讲稿”，另一种是以竞聘的职位＋文种作为标题。如“学生会主席竞聘演讲稿”。

（2）称谓　称谓根据在场人员确定，一般是“尊敬的各位领导、同学们”。

（3）正文　开头以“大家好！首先感谢×××给了我这次竞聘的机会！”接下来介绍自己的基本情况，阐述自己的竞聘优势和劣势，对竞聘职务的认识，被聘任后的工作设想、打算等，最后是结语。

（4）落款　写竞聘者的姓名和日期，在演讲时一般不读出来。

2. 演讲稿写作要求

（1）气势要先声夺人　由于竞聘演讲具有很强的竞争性，竞争的实质则是争取听众的响应和支持。因此，这就要求演讲要有一定的气势。

“气盛宜言”。这气势不是霸气，不是娇气，不是傲气，而是浩然正气。有了渊博的才识、正大的精神和对工作的深厚感情，演讲者就不难找到恰当的语言表达形式。

（2）态度要真诚老实　竞聘演讲其实就是“毛遂自荐”。自荐，当然应该将自己优良的方面展示出来，让他人了解自己。但要注意的是，在“展示”时，态度要真诚老实，有一分能耐说一分能耐，不能为了自荐成功而说大话，说谎话。

（3）语言要简练有力　老舍先生说：“简练就是话说得少，而意包含得多。”竞聘演讲虽是宣传自己的好时机，但也决不可“长篇累牍”。应该用简练有力的语言把自己的思想表达出来。

（4）内心要充满自信　著名演说家戴尔·卡耐基曾说过：“不要怕推销自己。只要你认为自己有才华，你就应该认为自己有资格担任这个或那个职务。”当你充满自信时，你站在演讲台上，面对众人，就会从容不迫，就会以最好的心态来展示你自己。当然，自信必须建立在丰富的知识和经验的基础上。这样的自信，才会成为你竞聘的力量，变成你工作的动力。

三、经典范例

学生会主席竞聘演讲稿

大家好！首先感谢大家的支持与学校提供的这次机会，使我能参与竞争，一展自己的抱负。今天我来参与竞选的目的只有一个：一切为大家，能为大家谋利益。我自信在同学们的帮助下，我能胜任这项工作，正由于这种内驱力，当我走向这个讲台的时候，我感到信心百倍。

我认为自己很适合担任学生会主席。首先我热爱我的工作，算上小学的话，十年学生干部“工龄”已不算短了，这使我有了相当多的管理经验、领导能力。活泼开朗、兴趣广泛的我积极参加并组织开展各项活动，在活动中尽情施展自己的唱歌、跳舞、弹钢琴及演讲的才能，取得了如演讲比赛第一，英语朗诵、阅读竞赛第一等好成绩，激励着我不断向前；主持也是我不懈的追求，从高一入学军训联欢会到省武高电视台节目，及后来的首届英语节，大大小小的活动参加了不少，是省武高这方热土给我提供了机会，使我如鱼得水，不断锻炼、充实自己。此外，在活动过程中，我学习上也丝毫没有松懈，成绩现已跻身年级前茅，我认为我有着足够的时间和精力在学习之余开展活动。

假如我当选，我将进一步加强自身修养，努力提高和完善自身的素质，我将时时要求自己“待人正直、公正办事”；要求自己“严于律己、宽以待人”；要求自己“乐于助人、尊老爱幼”等，总之，我要力争让学生会主席的职责与个人的思想品格同时达标。

假如我就任此届学生会主席，我的第一件事就是召集我的内阁部长们举行第一次全体内阁会议，全面地听取他们的意见与建议，下放权力，实行承包责任制。我们将自始至终地遵循“一切为大家”的原则。在就职期间，我们将在有限的条件下，办我们自己的电视台、广播站，建立必要的管理制度，设立师生信箱。我们将定期举行各种形式的体育友谊比赛，使爱好体育的英雄有用武之地。爱好文艺的，校艺术团在欢迎你，我们将举办自己的艺术节、中秋、圣诞大联欢。如有条件来个校园形象大使活动也不错，还有书画会、文学社、中学生论坛、社会实践（包括大家感兴趣的郊游活动）……总之，我们每个人都能在学生会找到自己的位置，我们的课余生活绝对能够丰富多彩！我们将与风华正茂的同学们在一起，指点江山，发出我们青春的呼喊！我们将努力使学生会成为学校领导与学生之间的一座沟通心灵的桥梁，成为师生之间的纽带，成为敢于反映广大学生意见要求，维护学生正当权益的组织，新的学生会将不再是徒有虚名的摆设，而是有所作为的名副其实的存在！

既然是花，我就要开放；既然是树，我就要长成栋梁；既然是石头，我就要去铺出大路；既然是学生会主席，我就要成为一名出色的领航员！

同学们以前常说：“校外的世界很精彩，校内的我们很无奈。”你们如果选我当学生会主席，我一定会改变它为“校外的世界很精彩，校内的生活更多彩！”当我全面实施我的“施政纲领”时，请为我喝彩！明智的你，请投出明智的一票！我愿与大家共创美好的未来，迎接学生会辉煌灿烂的明天！

演讲者：机电 2 班　李刚

2016 年 6 月 20 日

四、巩固提高

1. 竞聘演讲稿的写作应该围绕__________做文章。

2. 竞聘演讲稿写作重点是竞聘者的优势和今后工作思路两个方面。竞聘者的优势要抓得“__________”；今后工作思路要想得“__________”。

3. 竞聘演讲的一个重要特征就是具有竞争性，而竞争的实质，是争取听众的响应和支持。而做到这一点的有效方法之一，就是要有气势，“气盛宜言”。这气势不是霸气，不是娇气，不是傲气，而是__________气。

4. 主体部分是竞聘演讲稿的核心，其常规的写作顺序一般为（　　）。

A. 陈述竞聘优势→工作打算→阐述对竞聘职务的认识→展示施政目标

B. 陈述竞聘优势→展示施政目标→工作打算→阐述对竞聘职务的认识

C. 陈述竞聘优势→阐述对竞聘职务的认识→展示施政目标→工作打算

D. 阐述对竞聘职务的认识→展示施政目标→陈述竞聘优势→工作打算

五、本节要点提示

1）演讲一定要凸显人无我有、人有我优、人优我特的竞争优势。

2）竞聘演讲稿的写作要求：气势要先声夺人、态度要真诚老实、语言要简练有力、内心要充满自信。

第十二节　邀　请　函

一、知识精讲

邀请函是邀请亲朋好友或知名人士、专家学者等参加某项活动时所发出的一种专用礼节性书信。邀请函在国内外政治经济文化交流中具有广泛的运用。尤其是在商务活动中，邀请函要扮演重要角色。随着经济文化发展，校园活动中也常常使用邀请函，以显示正规和庄重。

二、指点迷津

1. 邀请函结构

邀请函一般由标题、称谓、正文、落款四部分组成。

（1）标题　一般直接以文种“邀请函”做标题。也可以是活动内容（名称）+文种组成。有时为了彰显自己的诚信和企业文化等，还会加上一些诚挚的话语。

（2）称谓　邀请函的称谓一般较为固定，且在称谓前加上敬语，如“尊敬的×××先生/女士”或“尊敬的×××老师（校长）”。

（3）正文　正文主要是活动举办方正式告知被邀请方举办礼仪活动的缘由、目的、事项及要求，写明礼仪活动的日程安排、时间、地点，并对被邀请方发出得体、诚挚的邀请。这是邀请函的核心。正文结尾一般要写常用的邀请惯用语。如“敬请光临”“欢迎光临”等。

（4）落款　落款要写明礼仪活动主办单位的全称和成文日期。

2. 邀请函写作注意事项

1）被邀请人的姓名一定要写全称，有职务的可以带上职务名称。千万不要出现绰号或者大家不熟悉的别名。

2）活动举办的时间和地点一定要具体，不能产生歧义。

三、经典范例

【范例一】

邀　请　函

尊敬的×××教授：

为进一步促进我省教育改革和发展，交流彼此研究成果，我所决定于2016年7月17日至7月20日在南江大学学术交流中心举办××省第三届教育发展与研究理论报告会，恭请您就我省教育发展的现状与未来发表高见。务请拨冗出席，如愿之时，不胜感谢！

此致

敬礼！

××省教育科学研究所

2016年7月1日

【范例二】

校园文化艺术节邀请函

尊敬的____________：

________年是我院建校________周年之喜，我院将组织召开“校园文化艺术节”，以此庆祝这一欢庆的时刻，届时我们诚挚地邀请贵校的参与，借此契机促进兄弟院校友好合作的交流，更好地促进高校社团联合会的发展。

________社联、学生会、大学生艺术团全体同仁届时将在我院广场欢迎贵校组织的光临，愿与你携手共同发展青年学生之精神，挥洒青春活力，诠释友谊的真挚与内涵，热切期盼贵组织的参与！

地点：________管理专修学院

签到地点：图书馆

签到时间：15：30

联络人员：

附：如各学院有任何关于本次活动的疑问或来校乘车路线咨询请与以上人员联系，您将得到详尽的答复。

________管理专修学院社团联合会

________/________/________

四、巩固提高

1. 下面这则邀请函有三处语言表达不得体，请找出来并加以改正。

邀请函

贵校第五届艺术节将于10月15日~20日举行。我们向教育系统的各位领导、教师及各位家长、校友发出鼎力邀请。届时，您会欣赏到花的绽放，舞的优雅；您会聆听到琴的悠扬，歌的高亢。这里洋溢着青春的激情，激荡着创造的魅力；这里是心灵驰骋的原野，这里是放飞梦想的蓝天。

同行在热情相邀，孩子在期待，母校在召唤，恭候您的惠顾！

湄潭中学

2012 年 10 月 10 日

2. 下面这则邀请函，在语言、格式及标点使用等方面有多处错误，请找出五处并修改。

邀请函

为了弘扬民族文化，丰富中学生的业余文化生活，我校拟定于下周下午 3 点在六楼礼堂举办《文化达人》知识竞赛，要求各校领导、老师积极参加。

届时，您会了解到同学们深厚的文化底蕴，您会感觉到他们在文化交流时的激情与魅力，您更能感受到新一代中学生在我们中学校园里的历练与成长。我们恭候您的光临！

此致

敬礼！

2011 年 4 月 2 日

× ×学校

（1）把________改为________。

（2）把________改为________。

（3）把________改为________。

（4）标点错误：________改为________。

（5）格式错误：________改为________。

五、本节要点提示

1）邀请函一般内容简短，事项要交代清楚，尤其是时间和地点要详尽，不能产生歧义。文中一些谦辞、敬辞的使用要恰当。

2）被邀请人的姓名一定要写全称，有职务的可以带上职务名称。千万不要出现绰号或者大家不熟悉的别名。

第十三节　广　播　稿

一、知识精讲

简单地说，广播稿就是为了广播的需要而准备的稿件，然后通过声音或配合图像而进行新闻传播的工具。广播在社会发展中扮演着重要角色，它凭借受众对象广泛、传播迅速、功能多样、感染力强等特点而备受关注。

二、指点迷津

广播稿自身的特点，决定了广播稿在写作中与一般的应用文有所不同。广播稿写作中要注意以下方面。

1. 口语化

1）为了便于听众的理解，广播稿一般多用短句写作，尽量少用或不用长句。

2）尽量使用大家都懂的规范化语言，少用方言、土语以及大部分人都不熟悉的一些简化词和事物的简称。

3）少用文言词汇、书面词汇和单音词，尽量避免使用产生歧义的同音词。

4）不宜使用表解释说明等的标点符号，如破折号、冒号、括号、省略号等，以及表特殊含义的引号等。若有使用这些的地方均须用文字表述。

2. 结构简洁

由于广播稿主要是以听为主，因此，在结构上不能过于复杂，不用倒装句，不用倒叙、插叙叙事手法。要突出句子的主干，用词要准确。

3. 内容生动

多采用事实来证明自己的观点。写作上可以多用一些排比、对偶、设问等句式。

此外，广播稿的写作还要注意音调上的平仄使用，达到抑扬顿挫、和谐悦耳的效果。

三、经典范例

怎样学习

学生进入初中阶段，随着知识范围的扩大，学习内容的加深，学习方法也较小学有很大改动。要适应初中的学习，必须有科学的学习方法，今天我们和大家来谈谈“作为一名中学生应该怎样学习”。

首先，我们应该培养学习的兴趣，这是学习好的基础。平时应该看些课外书，扩大知识面，多读书，读好书，这样就会逐渐被科学的魅力所吸引。我们要对《十万个为什么》《宇宙起源》等自然科学产生兴趣，按书上内容动手做了许多小制作、小实验后，就会被自然科学的魅力深深吸引，在对科学由喜欢到热爱的过程中，我们的物理、化学成绩也会取得很大进步。

其次，学习重在课堂，课堂45分钟所达到的效果是家教、培训班等所不能比拟的。上课要认真听，还要讲究上课效率。对于老师讲的知识点首先要听懂，对于不懂的问题，不能用课堂时间去想，应做上记号，课后再思考。对老师讲的例题，我们不主张题题都记，应选择重点、难点尤其是易错的题目记。当然，在课堂上，老师有时只构建了一个知识的框架，对这个框架的充实还靠课外。正如上面所说，有了对知识的兴趣，平时充实这个框架也就更加丰富多彩。“框架”中有对知识的理解，有重点、难点，有错例分析，还有课堂知识的补充。把这些东西记下来，适时温习，等于自己又巩固了一遍，复习时也方便得多。

学贵有疑，学习中最重要的是会提问题。一是不会做的题，二是对概念理解不清的地方。对于第一种问题，我们一般不轻易提出。也就是说，对于一道难题如果你不会做，但仍要自己思考，把自己的思路写下来，哪怕求不出答案，甚至导出矛盾。直到实在无法解决，才去问老师同学。把思路写下来有助于缩短向老师说清问题的时间，同时易于让老师指出谬误，可以说这样做一题胜过做百题。对于第二种问题，对概念理解不清的地方才是真正要问的。对要领理解不清无疑是学习上最大的障碍。我们要把新学的知识与旧的知识相比较，用新的要领来解决旧的问题，看是否能顺利解决。经过思考不能解决再去问老师。

在学习过程中，科学用脑也十分重要。在长时间做一门作业后，换一种作业做也是一种休息。初中作业多，难度大，时间紧，我们在做作业时用这种方法效果会很好。

最后再谈谈考试心理问题。我们不主张考前“临时抱佛脚”，应轻松复习，减少压力，多看概念多思考，少做习题。考试还要有一颗平常心，要自信、冷静、细心、沉着。

同学们，学习是一件苦事，也是一件乐事。只要努力，对自己充满信心，并掌握科学的学习方法，就能学好。明天的“状元”就是你、我。

四、巩固提高

1. 下边是一篇广播稿中的一段话，读后答题。

升学考试快要到了，我①逐渐越来越感到时间不够用，一心只想多读点书。②只有好好学习，才能取得好的成绩。我首先想到的是，自己的语文水平太低，肚里没几个词儿，于是③拼命读小说、散文。④然而，⑤我看书只是从兴趣出发，一目十行，走马观花，光看故事大意，不⑥注意提高分析能力和积累词汇，所以收获很小。后来，⑦我才发现这种做法并非有问题。

（1）应删去的一个词是（　　）（填序号），重复、累赘。

（2）应删去的一个句子是（　　）（填序号），脱离中心，上下不衔接。

（3）有一个词不符合口语表达的要求，这个词是（　　）（填序号），应改为：________（广播稿要求口语化）。

（4）有语病的一句是（　　）（填序号），应删掉“________”（否定之后，语意正相反）。

2. 食品安全是校园安全的重要一环。请你给校广播站写一则广播稿，来讲一讲关于水果的安全知识。

五、本节要点提示

1）由于广播稿的传播途径等特点，写作时要注意语言的使用，语言要规范化，少用文言词语，不使用带有解释说明性质的标点符号。

2）演讲稿结构要简单，让人容易理解。不用倒装句，不用倒叙、插叙叙事手法，突出句子主干。

3）从内容上看，演讲稿追求一定的艺术性和感染力，能够吸引听众。

第十四节　会 议 记 录

一、知识精讲

1. 会议记录的概念

会议记录是由会议的组织方在会议期间，指定专人如实、准确地记录会议的组织情况、会议内容以及会议召开期间各方面情况的一种事务性文书，在较为重要的或者正式的会议上，一般均要做好会议记录。

2. 会议记录的特点

会议记录具有真实性（不提炼、不删减，如实记录）、原始性（未经整理、未经综合）、完整性（会议的所有基本情况，以及每人的发言要点均要记录）、备考性（以备查阅之用）的特点。

二、指点迷津

1. 标题

一般直接以文种“会议记录”做标题即可，为便于查阅，也可以以单位名称 + 会议内容 + 文种的方式构成标题。

2. 正文

1）准确写明会议的名称、开会时间、地点、会议性质等。

2）详细记下会议主持人，出席会议应到和实到人数，缺席、迟到或早退人数及其姓名、职务，会议记录者姓名。若是参与人数众多的群众性会议，可以只记录参与人数，以及参加会议的主要领导即可。若参加会议者来自不同的地区、不同的部门时，要设置签名簿，让其签上姓名、单位、职务等。

3）会议内容。会议内容是记录的重点，一般情况下主要记录发言者的基本观点、主要事实、结论等。由速记人员担任记录者。若会议非常重要，可采用录音和记录相结合的方式，会后进行整理。会议记录一般不公开发表。会议记录一般有固定的专用记录纸张。

写会议记录一定要注意两点：一是发言者的观点，尤其是重要观点不遗漏、不添加，做到实事求是。二是记录者的态度要做到始终如一，不能带有主观感情进行记录。此外，要做好会议记录，还必须提前做好准备工作，事先详细了解会议的相关情况。书写做到规范整洁，对于用特殊符号表明的，要及时整理，做好说明。

三、经典范例

会 议 记 录

时间：20××年4月6日上午

地点：管委会会议室

主持人：李四（管委会主任）

出席者：杨××（管委会副主任）、周××（管委会副主任管城建）、李××（市建委副主任）、张××（市工商局副局长）、陈××（市建委城建科科长）建委、工商局有关科室人员

列席者：管委会全体干部

记录人：邹××（管委会办公室秘书）

讨论议题：

1. 如何整顿城市市场秩序。

2. 如何制止违章建筑，维护市容市貌。

杨主任报告城市现状：

我区过去在开发区党委领导下，各职能单位齐心协力，齐抓共管，在创建文明卫生城市方面取得了一定成绩，城市秩序有一定进步，市容街道也比较美观。可近几个月来，市场秩序倒退了，街道上小商贩逐渐多了起来，水果摊、菜担、小百货满街乱摆……一些建筑施工单位沿街违章搭棚、乱堆放材料，搬运泥土洒落大街……这些情况严重破坏了市容市貌，使

大街变得又乱又脏，社会各界反应强烈。因此今天请大家来研究：如何整顿市场秩序？如何治理违章建筑、违章作业，维护市容？……

讨论发言：

肖××：个体商贩不按规定到指定市场经营，管理不力、处理不坚决，我们有责任。这件事我们坚决抓落实：重新宣传市场有关规定，坐商归店，小贩归市，农民卖蔬菜副食到专门的农贸市场……工商局全面出动抓，也希望街道居委会配合，具体行动我们再考虑。

罗××（工商局市管科科长）：市场是到了非整治不可的地步了。我们的方针、办法都有了，过去实行过，都是行之有效的，现在的问题是要有人抓，敢于抓，落到实处……只要大家齐心协力，问题是能够解决的。

秦××（居委会主任）：整顿市场纪律居委会也有责任。我们一定发动居民配合好，制止乱摆摊、乱叫卖的现象。

李××（建委副主任）：去年上半年创建文明卫生城市时，市上出了个7号文件，其中规定施工单位不能乱摆"战场"。工场、工棚不得临街设置，更不准侵占人行道。沿街面施工要有安全防护措施……今年有些施工单位不顾市上文件，在人行道上搭工棚、堆器材。这些违章作业严重影响了街道整齐、美观，也影响了行人安全。基建取出的泥土，拖斗车装的过多，外运时沿街散落，到处有泥沙，破坏了街道整洁。希望管委会召集有关施工单位召开一次会议，重申市府7号文件，要求他们限期改正。否则按文件规定惩处。态度要明确、坚决。

陈××：对犯规者一是教育，二是严肃处理。我们先宣传教育，如果施工单位仍我行我素不执行，那时按文件严肃处理。

周××：城市管理我们都有文件，有办法，现在是贵在执行，职能部门是主力军，着重抓，其他部门配合抓。居委会把居民特别是"执勤老人"都发动起来，按7号文件办事，我们市区就会文明整洁美观。

…………

与会人员经过充分讨论、协商，一致决定：

1. 由工商局牵头，居委会及其他部门配合，第一周宣传，第二周行动，监督落实，做到坐商归店，摊贩归点，农贸归市，彻底改变市场紊乱状况。

2. 由管委会牵头，城建委等单位配合，对全区建筑工地进行一次彻查，然后召开一次施工单位会议，对违章建筑、违章工场限期改正。一个月内改变面貌。过时不改者坚决照章处理。

散会（××时×分）

主持人：（签名盖章）

记录人：（签名盖章）

四、巩固提高

1. 以下关于会议记录的描述，正确的一项是（　　）。

A. 会议记录中主持人的名字应在最后面。

B. 会议记录应详细记录下会议所有的内容。

C. 及时是会议记录的要求之一。

D. 会议记录一经签名，任何地方都不能再修改。

2. 语文课上学习完《丑石》这一内容后，班级召开了一次关于“丑石”形象的讨论会，你作为讨论会的记录者，请给大家展示一下你的会议记录。

五、本节要点提示

1）会议记录具有真实性、原始性、完整性、备考性的特点。

2）做会议记录时，要提前做好各项准备工作，熟悉会议基本情况。记录时要记录下会议的基本情况，以及每人的发言要求，不提炼、不删减，记录者不能有主观偏见，要实事求是记录。要快速记录，且尽可能书写整齐规范，以备今后整理查阅。

第十五节　计　　划

一、知识精讲

1. 计划的概念

计划是机关、企事业单位、社会团体或个人为完成某一任务，或实现某项目标，预先对今后一定时期内的工作、活动所做的安排、构想、规划等。计划是一个泛称，我们常见的“纲要”“安排”“打算”“意见”“方案”“设想”“要点”等都属于计划的范畴。

一般来说，时间较长、范围较广、内容较为概括的计划称为“纲要”或“规划”，如《××市5年发展规划》。内容较为单一的计划叫“安排”或“打算”，如《××学校第八周工作安排》。对某项工作详尽而全面地，列出了目的、要求、方法步骤、进度等的安排叫“方案”（实施方案）。当然，只是对一个时期的工作提出指导原则和总的要求的可以称之为“要点”；那较为粗略的打算或安排可以用“设想”。

2. 计划的特点

（1）目标性　制订任何计划，都是要完成某一些目标。因此，目标是伴随计划的制订而产生。计划都是紧紧围绕这一目标而展开。

（2）预见性　计划是事先对活动的安排和打算，但由于未来的不确定性，在制订计划时，必定要尽可能全面地预见未来可能出现的一些情况，以及相对应的应对措施，确保计划的顺利进行。

（3）规范性　任何计划的写作，基本离不开做什么、怎么样做，以及相应时间的配备，因此，写作起来相对具有一定的规范性。

3. 计划的分类

计划的种类繁多，根据不同的标准，有多种分类方法：

按范围分，可以是全国计划、省市计划、全厂计划、班组计划、个人计划等。

按时间分，可以是长期计划、中期计划、短期计划（年度计划、季度计划、周计划等）。

按内容分，可以是生产计划、工作计划、科研计划、教学计划、学习计划等。

按形式分，可以是条文式计划、表格计划、综合式计划。

按效力分，主要有指令性计划和指导性计划。

二、指点迷津

1. 计划的结构

无论何种格式的计划，一般情况下，一份完整的计划应包含：标题、正文、落款三部分。

(1) 标题　完整的计划标题由计划者+时限+内容+文种组成，如《××大学2016年教学工作计划》。当然，标题的这些要素有时候根据实际需要可以进行省略或者简化。如《××大学改革方案》《2016年度学生工作计划》等。

(2) 正文　正文一般由前言、主体、结语三部分组成。

1) 前言。简要介绍计划制订的背景、依据、目的、意义、指导思想，也可以分析一下前期工作的完成情况，评估当下的基本情况，在此基础上制订下一步计划。前言的写作应简明扼要，常用“为此，特制订以下工作计划”等语句过渡到主体部分。

2) 主体

目标与任务是计划要达到的要求，要具体明确。

方法与步骤是完成计划任务、达到目的的强力保证，包括各种人力、物力等资源安排，以及组织领导、措施实施等。要做到切实可行。

步骤与时限是指计划的进度安排和时间要求。时间与计划步骤应具体，每一时间段做哪些事情要写详细。这里采用条款式一目了然。

3) 结语。可以简略地写检查办法、执行要求、注意事项等，也可以写对计划的展望，表决心等。

(3) 落款　制订计划的部门、个人和时间。若计划要报送或传达，尾部还应加上主送、抄送单位，以及加盖公章等。

2. 计划写作注意事项

(1) 计划的制订要切实可行　计划的内容和事项，执行者通过一定的努力能够完成，若根本无法完成就失去了制订计划的意义。

(2) 计划在执行中要灵活　由于计划在执行中可能会遇到很多不确定因素，因此，具体执行中要根据实际情况做出科学的调整和修改。

(3) 计划的内容要具体明确　计划的目标、措施、步骤要明确具体，具有可操作性。计划需要便于执行，也便于检查考核。

三、经典范例

【范例一】

大学生学习计划

常言道：“凡事预则立，不预则废”，新学期几门新功课来到了我们的面前，需要我去探索研究，为了更好地学习新知识，获得长足的进步，我特此制订一份学习计划。

一、主要目标

争取获得优良成绩，能切实在大学里学到丰富的专业知识和基础常识。增加文化素养，提升自身能力，端正学习态度，培养积极勤奋的学风。做学习计划来自我敦促，自我勉励。

二、具体安排

1. 坚持预习，坚持在上课前先预习一遍课文，在上课之前对所上的内容有所了解，能提高听课效率。并且在老师上完一章的内容后，能够主动复习。温故而知新。

2. 每周抽一天时间早起背诵英语课文。

3. 每周坚持到校晚自习。

4. 坚持去校图书馆借书阅书，坚持超额完成老师布置的读书任务，并且做好读书笔记。

5. 对于课程知识，要多想多问，并且把其中有收获的部分记入笔记之中。

6. 每个月进行一次学习总结，反思自己这个月是否达成了学习计划，有哪些做得不足的地方，下个月要注意改进。

7. 订阅英语辅导报，自学报纸上出现的一些英语单词，并且完成报纸上的练习题。

8. 身为一个汉语言文学专业的学生，对文字的敏感和写作能力是非常重要的，所以应该坚持在平时多写一些练笔。

9. 多学习一些例如《文心雕龙》《易经》之类的中国古文化典籍。

10. 争取利用周末时间多学一门外语。

学习是要靠自觉的，在已经经历过高考进入大学的我们而言，也许很多人都会放纵自己，但是我们要坚信，如果在大学里没有养成好的学习习惯，那么我们的大学四年生活就等于是浪费了，这是人生的黄金时光，我们应该努力多学点东西。因此要坚决执行此计划，鼓励自己，学有所成！

机电 2 班李鸣

2016 年 × 年 × 日

【范例二】

2010～2011 学年第一学期班级工作计划

五（4）班

指导思想	以“坚持以人为本，尊重少年儿童主体地位”为目标，坚守胡锦涛总书记的“勤奋学习，快乐生活，全面发展”的目标，彰显吴健雄精神特质引导学生树立正确的思想道德观。竭诚为少年儿童健康成长服务，积极发挥学校少先队的主阵地作用，深化争当“四好少年”活动，努力培育德智体全面发展的中国特色社会主义事业的可靠接班人。以读书活动、爱国主义教育、好习惯的养成为主线，开展丰富多彩的教育活动。
工作重点	1. 发挥学校少先队的主阵地作用，加强少先队基层组织建设，以重大节日、纪念日和重大事件为契机，结合本校实际，开展一系列丰富多彩的少先队活动。 2. 紧紧围绕新的历史条件下少先队的根本任务开展工作，对少年儿童开展做人的基本品格、素养的教育。重点是灌输培养少年儿童对党和社会主义祖国的朴素感情。
班级情况分析	全班共 41 人，其中男生 25 名，女生 16 名。大部分同学头脑灵活，活泼好动，机灵聪明，这对于学习来说是件好事，可对于班级管理却造成难度。通过学校开展“争章评星”活动以来，班中学生的精神面貌有了较大的改变，基本上能在班干部的带头作用下做好在校的任务。但是也有部分学生不能自觉遵守《中小学生守则》《小学生日常行为规范》中的要求，经常调皮捣蛋，不守纪律。
各月安排	9 月份：1. 制订少先队工作计划，健全中队组织，制订班级工作计划。 2. 组织队员学习《中小学生守则》《小学生日常行为规范》，加强对学生的常规教育和安全教育。 3. 做好班干部的改选工作，推荐学生参加红领巾值日岗。 4. 暑假活动资料收集，“三会学习”小报、世博书画比赛明信片、世博小建议、在感恩中成长、读书心得的征集。

（续）

各月安排	5. 鼓励学生多向红领巾广播站和班级博客投稿。 6. 继续完善“争章评星”细则。 7. 建立班级图书角及读书交流园地，开展丰富多彩的读书活动。 8. 宣传法治教育思想。 10 月份：1. 深入开展国庆爱国主义教育系列活动，进行思想道德宣传教育。 2. 庆祝建队节 61 周年活动，开展少先队队史知识、礼仪知识教育。 3. 重阳节孝敬长辈活动。 4. 学习吴健雄精神，结合实践谈谈自己的感受。 11、12 月份：1. 做好学生常规教育。 2. 主题班会展示活动。 3. 第三届经典诗文诵读活动。 4. 组织学生积极参加“畅想世博、拥抱太湖”征文、书画大赛。 5. 开展安全法治教育活动。 6. 庆祝元旦文娱活动。 1 月份：1. 组织学生收集法治教育材料，进行法治教育班级总结。 2. 组织学生进行复习方法交流。 3. 做好考试前心理紧张疏导工作，评选“三好学生”“健雄少年”等。 4. 班级工作总结及学生寒假生活安排。
备注	9 月学规范、懂礼仪，10 月爱祖国、孝长辈 11 月润书香、学知识，12 月迎接新一年

××学校五（4）班

2016 年×月×日

四、巩固提高

1. 计划是对未来的规定，难免有预测不到的地方，因此，计划在写作时要求（　　）。

A. 留有余地　　B. 实事求是　　C. 模糊不清　　D. 论证充分

2. “为搞好安全生产……特制订本计划”是一则计划的开头，这种开头属于（　　）。

A. 根据式　　B. 目的式

C. 情况式　　D. 由总结前段情况引入式

3. 计划的主要内容包括（　　）（多选）。

A. 目标和任务　　B. 时限和步骤

C. 措施和办法　　D. 对前一段工作情况的说明

4. 请你总结一下计划的写作方法，并结合自己的实际情况制订一份新学期的学习计划。

五、本节要点提示

1）计划用途广泛，种类繁多。在制订计划时，要灵活选用计划的形式。

2）计划在写作中除了遵循标题、正文、落款三部分基本结构外，还要注意要切实可行，不可好高骛远，也留有一定的调整变通的余地，且各项目标、措施、时间都要明确具体，具有可操作性。

第十六节　总　　结

一、知识精讲

1. 总结的概念

总结是本单位或个人对过去一定时期已经完成的工作或学习进行回顾、分析、反思、评价，从理论高度概括出经验、教训，得出规律性的认识，以此来指导和推动今后工作和实践的一种事务文书。我们日常所说的回顾、小结、经验、做法、心得、体会等都属于总结的一种。

2. 总结的特点

（1）回顾性　总结是对过往一段时间的工作情况的提要和经验的升华，是对过去工作的回顾。

（2）实践性　总结是基于过去工作的实践而进行的讨论和研究，而检验总结是否科学有效的标准仍然是今后工作的实践。

（3）指导性　总结出来的经验教训，以及升华出来的理论和规律性的东西，对今后的相似工作具有积极的指导意义，这也是总结的目的所在。

（4）时效性　总结是对一定时期内工作的总结，因此，任何总结都是针对一定的时间段。

3. 总结的分类

从不同的角度，总结有多种分类方法。从性质上可以分为：综合性总结和专题性总结两大类。

综合性总结又称为全面总结，是对某一时期工作全面系统地回顾与检查，尤其是对具有特点和成绩突出的内容给予重点总结，以此反映工作的整体情况。如《××学院 2016 年度工作总结》。

专题性总结，也称为单项总结，是围绕工作中的某一方面或某一个问题而进行的专门性的提炼总结，尤其以经验推广为多。如《××学院学生工作总结》《××市环保工作总结》。

二、指点迷津

总结与计划的结构类似，也是由标题、正文、落款三部分构成。

1. 标题

（1）公文式标题　一般由单位名称 + 时限 + 内容 + 文种构成，如《××学校 2016 年教学工作总结》，当然，在实际操作中有的要素可以适当省略。

（2）文章式标题　这里又有单行标题和双行标题之分。单行标题是概括主要内容、基本观点，一般不出现总结的字样，如《我们是如何做好新时期学生工作的》。双行式标题，又称为新闻标题，由正标题和副标题构成。正题点明主旨，副题具体说明总结的相关情况，如单位、时限、内容以及文种，如《从细处着手，实施精细化管理——××学校 2016 年学生工作总结》。

2. 正文

正文一般由开头、主体、结尾三部分组成。

（1）开头　开头一般介绍总结的背景、依据、基本情况等，也可以概括总结的主要内容。开头部分力求简洁，尽快进入正题。

（2）主体　主体是总结的核心部分，写作时主要包含以下几个方面。

1）基本情况。力求全面、简要地说明某一时期所做工作的全部或某项工作的各个方面的内容。要突出重要事项，但能展现整个工作的开展过程。

2）取得的成绩。这是总结的重要内容，在前面基本情况的基础上，重点概括工作中取得的主要成绩以及经验，这里要力求实事求是，依据真实工作，做出合理评价。

3）存在的问题。对于工作中应该解决，但由于某些原因而未能解决的问题进行说明，对存在的问题一般写得较为简略、中肯、有针对性。这里要灵活掌握，有时可以不写。

4）今后的打算。总结的目的是为了更好地指导下一步工作，因此，写作的最后，一般要对下一步工作进行展望，这样也可以把不同阶段的计划贯穿成一个整体。写今后的打算时坚持宜粗不宜细、宜大不宜小、宜简不宜繁的原则。

（3）结尾　结尾一般要求简洁利索，可以是归纳主题、指出今后努力的方向，也可以是提出改进的意见，以及表决心等。

3. 落款

写作总结的单位和日期，一般在文末右下角。有时也可以在标题的下面。若单位名称出现在标题中时，署名可以不写。

三、经典范例

【范例一】

学生干部个人总结

我叫×××，是×××专业2012级的学生，现任班级团支书，院学生会组织部干事、心理健康协会活动部部长，管理学部管理科学、涉外旅游管理、应用心理学专业学生第一党支部学生党员负责人。自入学以来，我一直从事学生干部工作并取得了一定成绩。我在日常生活中始终严格要求自己，在政治思想、学习成绩、学生工作等方面力争上游，努力使自己成为全面发展的有志青年。

脚踏实地，力争上游

思索这一年来的学生干部工作，其中有苦有乐，有失去，但更多的是获得！以下就自己在学习、生活、工作等方面的表现做个人总结。

一、思想上，积极进取，向先进看齐

我认真学习马列主义、毛泽东思想、邓小平理论、“三个代表”重要思想和科学发展观，学习十八大文件精神，结合习近平总书记提出的“中国梦”，积极改造自己的世界观、人生观、价值观。积极向党组织靠拢，接受党的考验，于2012年12月正式成为一名光荣的共产党党员。我严格要求自己，搞好师生与同学关系，以党章规定的党员标准严格要求自己，以实际行动来展现在党的教育下的当代大学生的风采。

二、学习上，积极上进，刻苦钻研

我深知学习的重要性。我勤学苦练，不放松对专业知识的学习，还不断地巩固自己已学的知识，做到温故而知新。每学期的成绩都能保持在班级前40%。因为在这个充满竞争的社会里，我很清楚，只有不断地充实自己，才能使自己融入这个社会，适应这个社会。而且我也可以很好地处理工作与学习的关系，做到学习工作两不误。在课外之余，我经常参加学院举办的各项文体活动并取得了一定的成绩，如学院“十八大”主题演讲比赛三等奖，学院“感恩，诚信”征文比赛二等奖等，增强自信，扩宽视野。

三、工作中，尽职尽责，锻炼自我

担任班长，尽心尽力，配合班主任老师完成教育教学、班级管理、学风建设工作；服务同学，经常组织同学开展集体活动，如班级排球赛、圣诞文艺晚会等，既丰富了同学们的课余文化生活，又加强了班级凝聚力，并在学院举办的各项比赛中荣获佳绩，如2013年广西大学行健文理学院手语操比赛第一名，2013年广西大学行健文理学学院班级特色活动二等奖。担任院学生会组织部干事，积极响应院团委的号召，积极参加学生会各项工作。担任学生党支部学生党员负责人，一丝不苟，认真完成好党务办的每一项工作。在这一年多来的学生工作生活中，我的自身素质和工作技能不断提高，为今后能够顺利就业打下了坚定的基础。

四、生活方面，平淡为真，简单为实

我是一名贫困学子，时刻保持艰苦朴素的生活作风，不攀比物质享受。生活中乐于助人、团结同学，尊师重教。性格乐观开朗、真诚自信的我在一年多的大学生涯里建立了比较好的人缘关系。尽量与舍友、同班同学搞好关系。

憧憬未来，永往前行

思索过去，把握现在，挑战未来，我信心百倍！请相信：自信、乐观和拼搏定会使生命绽放光彩、硕果累累！

学习生活之余，我还积极参加各种社会实践活动。今年暑假，我有幸参加了全区百万大学生“关爱农村留守儿童”志愿者活动并担任分团团长，组织分团40名大学生志愿者深入自治区级贫困村开展“关爱农村留守儿童”及“美丽乡村”活动，我们与留守儿童结成帮扶对子，汇聚爱心，为孩子们带去了学习和生活用品，指导他们完成暑假作业等，分团事迹有幸刊载于千千网。

走进行健学院这个知识的殿堂，无论是哪一方面我都从严要求自己，做事做人都恪守自己的准则！一直以来，我遵守学院的各项规章制度，具有良好的思想道德素质和较强的集体荣誉感和工作责任心。作为一名党员，我思想进步、遵守社会公德、积极投身社会实践和关心国家大事，争取做一名社会有用之才，实现自我人生价值！我还有很多不足，但也不乏潜力，我相信通过不懈的努力，自己的整体素养和综合实力定会再创新高！

人的一生，没有最高层次的目标，只有更高层次的追求，人只有不断向着更高层次目标不懈追求，才会不断发展、进步。

总结过去是为了提醒自己把握现在和未来。过去的荣誉是用来鼓励现在的，我会更努力进取，取得更辉煌的成绩。每一次的总结，都是一个新的起点。放远目光，坚定信心，保持乐观积极的态度、严谨的工作作风认真地对待每一件事，努力地提高自己的综合素质。只有这样，才会活得更精彩，更充实，更有价值！

机电2班×××

20××年×月×日

【范例二】

社联20××年度工作总结

本学期，在校学工处、校团委的领导与支持下，在社联全体干部的共同努力下，社联领导班以“服从领导、团结同学、勇于创新、扎实工作”为准则，认真完成了老师安排的各项工作任务，班子成员自身的工作水平和综合能力等都有了很大提高。现将本学期的工作情况以及今后的努力方向总结如下。

一、恪尽职守，认真做好本职工作

本学期，社联领导班认真履行岗位职责，较好地完成了各项工作任务。

一是认真负责地做好社联干部招新、社团招新活动、社团档案整理登记事务，成功策划组织了“社团大家族”的成果展示与交流活动，迎接全国百位校长光临。二是富于创新地完成了社团文化节的工作。本学期，在第五届社团文化节的举办面对重重阻力的情况下，社联组织了社长动员会议、社联干部会议、社团活动申请文件整理、会演组织安排、社团活动全程监察等各项服务协调工作，积极主动地为学校和社团之间建立了沟通的桥梁，推动调整了学校与社团的关系，解决社团活动中遇到的各种问题，并促进了社团在学校内影响力的提高。三是积极主动地完成了社联橱窗的制作、宣传栏规则起草和社联工作准则的起草等办公室工作和老师交办的其他工作任务。

二、严于律己，不断加强干部作风建设

本学期，社联领导班对自身严格要求，始终把服务人民、舍得付出、艰苦奋斗作为自己的准则，始终把作风建设的重点放在严谨、细致、扎实、求实、脚踏实地、埋头苦干上。在工作中，以制度、纪律规范自己的一切言行，严格遵守各项校规、工作准则，团结同学，谦虚谨慎，主动接受来自各方面的意见，不断改进工作；并规范社联干部的作风，使工作能够顺利开展，使社联合会的干部作用更加具象，有利于往后工作的开展和社团主流意识的建设。

总之，本学期，社联领导班做了一定的工作，也取得了一些成绩，但距老师和同学们的要求还有不少的差距，主要是对社团活动的前后期宣传力度欠缺、社团活动条件的争取不足和社联组织效率不够高。同时对于各个社团发展的指导、监察及管理也有待进一步的完善。在下学期，领导班将着力培养干部团体整体素质与能力；贯彻一般号召与个别指导，完善督促各个社团健康、高速发展；加强外联交流宣传工作，打造华师一流品牌社团并推广至其他学生群体。

在今后的工作中，社联领导班将发扬成绩，克服不足，以对工作高度负责的精神，脚踏实地，尽职尽责地做好各项工作。进一步强化职责意识，在培养社联干部上下功夫，增强事业心和责任感，认真做好职责范围内和老师交办的工作任务，埋头苦干，奋发进取，追求卓越，充分发挥社联干部的带头作用，努力创造一流的工作业绩。培养下一代合格的社联干部，不辜负老师和同学们们对我们的期望。

××大学社联

20××年×月×日

四、巩固提高

1. ____________是工作开始前对将要开展工作所做的安排、打算。

__________是工作结束后对工作完成情况的回顾、评价。

2. “××省教育系统 2016 年工作总结”属于（　　）。

A. 文件式标题　　B. 文章式标题　　C. 双标题　　D. 单标题

3. “强化综合治理，搞好社区服务——××市城管委街道管理工作总结”，这个标题属于（　　）。

A. 公文式标题　　B. 论文式标题　　C. 单标题　　D. 新闻式双标题

4. 一般情况下，总结的正文最重要的部分是（　　）。

A. 基本情况　　B. 成绩与经验　　C. 问题与教训　　D. 今后的努力方向

5. 写一篇学习方面的总结（题目自拟）。

五、本节要点提示

1）我们日常所说的回顾、小结、经验、做法、心得、体会等都属于总结的一种。

2）总结不是对之前工作流水账式的简单复述，而是通过总结找出工作中带有规律性的东西，即能够揭示出事物的本质和内在规律，能够发挥指导的意义。

3）总结的写作要从众多的工作和材料中，在认真研究分析的基础上，进行归纳和总结，使之上升到理论高度，确定观点，明确结论。列出提纲，准备完毕，然后再进行写作。

第十七节　解　说　词

一、知识精讲

1. 解说词的概念

解说词是结合事物的图像、实物等，对人物、画面、展品或旅游景观进行解释、说明、介绍的一种应用文体。它采用口头或者书面的形式，对事物进行准确描述，生动渲染，或介绍人物的经历、身份、所做出的成绩、社会对其的评价等，或就事物的性质、特征、形状、成因、关系、功用等进行说明。解说词应用的范围非常广泛，可以是对影、视、剧进行解说，对文物古迹进行解说，对展览进行解说，对商品进行解说，也可以是对某一事件进行解说等。

2. 解说词的特点

（1）文艺性　解说不等于乏味的说明，它需要以富有感染力和形象的语言对解说对象进行描绘，把看似平淡无奇的事物和画面变得震撼人心，给听者以美的享受。一篇优秀的、文艺性的解说词往往能够调动观众的积极性，使之对解说对象产生美好意向。

（2）大众化　由于解说词的听众、观众几乎是所有人，因此，解说词必须追求让多数人能够听懂、读懂，它的文字既不能低级趣味，也不能阳春白雪，而是雅俗共赏，让所有人都能喜闻乐见。

（3）实用性　解说的目的是让听众、观众了解解说对象的信息，加深对其认识。

二、指点迷津

1. 解说词的结构

解说词一般分标题、开头、主体、结尾四个部分，其结构原则与一般文章的结构原则大致一样。主要的几种写作形式有。

（1）描述型　以时间的先后作解说的顺序，对说明对象进行内在或外部的描述。人物、产品介绍、生产流程等解说多采用这种方法。

（2）说明介绍型　按照事物空间存在的形式，或从外到内，或从上到下，或从前到后，或从整体到局部，把事物的名称、功用、类型、特点、关系等依次解释明白，使观众、听众了解、熟悉。

（3）分析型　按照事物的内在逻辑关系安排顺序。这种内在的逻辑关系或为因果，或为递进，或为主次，或为总分，或为并列等。其基本方法是从一般原理到特点结论，或从一系列事实抽提出一般原理。所遵循的写作思维方式是演绎、归纳或对比。

（4）一般认识型　按照人们认识事物的规律和习惯，一般总是由浅入深、由近及远、由抽象到具体对事物体进行解释说明。

2. 解说词的写作要求

（1）了解解说对象，搜集有关素材　这是解说词写作的准备阶段，大量地收集有关材料，深入了解解说对象的有关知识，对其做全方位的研究，是对解说对象精确介绍、生动描述的前提。

（2）抓住被解说对象的特征和本质　对被解说的事物，应认真地进行分析研究，准确地抓住它的特征、本质和意义。在解说中应恰当地运用对比联想、点面结合、由此及彼、由表及里等多种方法，来突出事物的特征、揭示事物的本质、说明事物的意义。这是保证解说质量的一个关键。如果解说内容流于一般，缺乏特色，则失去解说的意义。如：在进行人物解说时，要抓住感人至深的一面；在对一些实物进行解说时，则突出其最有价值、最受人称道之处；在进行旅游解说时，则注意景物的生态意义、观赏意义以及旅游价值，让旅游者感到不虚此行。

（3）富有审美意义　发挥宣传作用。优美的文字能愉悦心情，净化心灵，说者娓娓道来，听者（看者）如痴如醉，这就要求写作者对解说对象的认识要有真知灼见，对所解说的事物，或褒或贬，爱憎分明。对赞扬的事物，要充满爱的感情，对否定的事物，要有切肤之恨的感情，这样的解说才能感染听众，收到预期的宣传教育效果。

（4）运用准确、生动的语言　解说的概念、判断要准确；解说的用语，力求将抽象的事理形象化、高深的知识通俗化、复杂的程序简单化、静止的事物动态化、枯燥的东西趣味化等；解说中还可以用一些修辞方法，以增强语言的生动性和感染力。在此强调，解说词不同于纯理论描述的教科书或论文，它主要是以听觉形式进行信息传播的，所以应当在解说词中多增添文学色彩。

三、经典范例

【范例一】

电视片《壮丽的长江三峡》解说词

这三个峡各有其特点。瞿塘峡以宏伟雄壮著称。巫峡以其幽深秀丽而闻名。西陵峡则是滩多险峻惊人。三峡胜景丰富多彩。更有许许多多的名胜古迹，流传着奇妙动人的神话故事，令人无限神往。古往今来，多少诗人画家、名士高人慕名而来，为其吟诗作画，描绘和赞美它的千姿万态。游览三峡，饱览奇光异景，是一种非常美妙的享受。

【范例二】

运动会《拔河》解说词

集体的努力，众人的配合，在一阵阵呐喊与掌声中化作无穷的动力，参赛的同学纵情地投入着。运动会现场，气愤热烈而高涨，助威声此起彼伏，跃动的倩影形成了一道美丽的风景线，衬出靓亮的青春。这个以娱乐为主的竞技场，同学们尽情地张扬个性，为班集体争光争荣誉。成败与否的结果并未影响同学的热情，赛场上展现地更多的是同学们相互鼓励、理解和包容的热情。

四、巩固提高

1. 下列关于解说词的写作说法不正确的一项是（　　）。

A. 必须充分了解写作对象

B. 要抓住被解说对象的特征和本质

C. 写作要富有审美意义

D. 为了便于理解，解说词只能运用通俗语言

2. 请你为自己班级写一份运动会开幕式上的解说词。

3. 请为你所在的城市写一份解说词，来介绍它的特点。

五、本节要点提示

1）解说词应用的范围非常广泛，可以是对影、视、剧进行解说，对文物古迹进行解说，对展览进行解说，对商品进行解说，也可以是对某一事件进行解说等。

2）写作解说词时解说的概念、判断要准确；解说的用语，力求将抽象的事理形象化、高深的知识通俗化、复杂的程序简单化、静止的事物动态化、枯燥的东西趣味化等；解说中还可以用一些修辞方法，以增强语言的生动性和感染力。

第十八节　海　　报

一、知识精讲

1. 海报的概念

海报是单位、机关、团体向广大群众公布有关体育、文艺、学术报告、展览以及各种活动等信息的一种招贴式的告知文书。

2. 海报的特点

（1）宣传性　海报的目的是希望社会公众或者告知对象的广泛参与，从这一意义上讲，它是广告的一种特殊形式。为了吸引公众，一般的海报在追求语言的幽默、活泼、简练外，还增加海报画面的优美感和震撼力，以期从视觉上呈现一定的冲击。海报大都张贴在人们容易看到的公共场合，或者在报纸、电视等新闻媒体上进行宣传。

（2）商业性　现在很多的海报都是演出类海报，而演出大多数都具有商业性质和行为，因此，商业性是海报的一个重要特点。当然，像学术类的海报一般没有商业性。

3. 海报的分类

海报种类，从内容上看，主要有戏剧海报、影视海报、体育比赛海报、展览会海报、歌舞文艺表演海报等。从形式上看，有文字海报和文字与美术画面相结合的美术海报两类。

二、指点迷津

海报的写作形式相对简单，只要把信息交代完整，达到吸引、宣传的效果即可。海报的写法大致如下。

1. 标题

标题写在正文上方居中，力求醒目。可以是活动的内容或名称为标题，如《师生运动会》；也可以单位 + 活动内容组成标题，如《交通学院“移动杯”师生足球赛》；还可以直接用文种为标题《海报》。

2. 正文

正文主要交代清楚活动的目的、内容、时间、地点、参加对象、方式，以及注意事项等。同时还要注明购票方式、票价、售票时间等。在结尾处，还可以根据海报的内容写一些鼓动性、祈请性的词语，但不可失实。

3. 落款

文本右下方注明举办单位和日期。

三、经典范例

海　　报

为了进一步推动大学生科技活动的开展，校团委特邀著名力学家××教授来校作“大学生如何从事科技活动”的报告，希望全体学生踊跃出席。

时间：2016 年 6 月 20 日

地点：学院报告厅

××学院学生会

二〇一六年六月十八日

四、巩固提高

1. 下列关于海报的说法错误的一项是（　　）。

A. 海报要张贴在显眼的公共场所。

B. 海报对广大读者不具有约束力。

C. 为了达到宣传效果，海报可以超越事实本身，大量使用鼓动性语言。

D. 有的海报如演出性的，往往具有商业性。

2. 2017 年省元旦文艺晚会准备于元月一日晚 7：30 在××大剧院拉开帷幕，晚会邀请了省会各文艺团体，名角、新秀同台演出，节目精彩，内容丰富，有小品、相声、歌舞、杂技等，舞台效果美轮美奂。本次晚会票价有 100、200、300 元不等，观众可于 12 月 10 日 ~ 30 日，8：00 ~ 20：00 在××大剧院一楼售票处和会展中心 107 房购买，售票热线 84455828，82233611。省会元旦文艺晚会筹备组于 2016 年 12 月 8 日开始宣传，请你代为出一张海报。

五、本节要点提示

1）海报是单位、机关、团体向广大群众公布有关体育、文艺、学术报告、展览以及各种活动等信息的一种招贴式的告知文书。

2）海报具有宣传性和商业性特点。

3）海报的写作中要求真实，语言要通俗易懂、生动活泼，要点要详尽，若配有美术画面，不能影响正常文字信息的表达。

第三章　社会职场类应用文

第一节　求　职　信

一、知识精讲

1. 求职信的概念

求职信是求职者向用人单位自我推荐的书面材料，是所有求职材料中至为关键的支柱性文件，目的是让对方了解自己、相信自己、录用自己，它是一种私人对公并有求于公的信函。求职信的格式有一定的要求，内容要求简练、明确，切忌模糊、笼统、面面俱到。

2. 求职信的特点

（1）针对性强　求职信要针对求职目标，针对用人单位的性质、特点和需求，突出自己某方面的特点和潜力，不说与求职无关的话。

（2）态度谦和　求职信要充分展示自己的才智，但不能给人高傲自大的印象，但也要避免过分谦恭谨慎，给人信心不足的印象，要不卑不亢，大方得体。

（3）突出个性　求职信要力求具有个性特征。在能力方面，要突出特长，展示自己与众不同之处；在语言表达和构思上，要匠心独运，展示文采和个人魅力。

3. 求职信的种类

求职信可分为自荐信和应聘信两种。

1）自荐信，即求职者以书信的方式自我举荐、表达求职愿望、陈述求职理由、提出求职要求的一种信函。求职者可以向用人单位展示自己的工作能力、知识水平和人格魅力，从而建立起与用人单位之间的联系，为择业的成功打下良好的基础。

2）应聘信，是求职者在已经获知某单位用人的前提条件下写的具有高度针对性的求职信。其称呼一般是针对特定单位的人，内容主要是针对用人单位提出的条件，表述才智特长，具有较强的目的性。

二、指点迷津

求职信格式一般分为标题、称呼、正文、附件和落款五部分。

1. 标题

求职信的标题通常只有文种名称，要求醒目、简洁、庄雅。要用较大字体在用纸上方标注“求职信”三个字，显得大方、美观。

2. 称呼

这是对主送单位或收件人的呼语。如用人单位明确，可直接写上单位名称，前面加上“尊敬的”予以修饰，后以领导职务或统称“领导”落笔，如单位不明确，则用统称“尊敬的贵单位（公司或学校）领导”领起，最好不要直接冠以最高领导职务，这样容易引起第一读者的反感，反而难达目的。

3. 正文

正文是求职信的核心，开头应表示向对方的问候致意。主体部分一般包括简介、求职目标、条件展示、愿望决心和结语五项内容。

1）简介是个人情况的概要说明，包括求职人的姓名、性别、民族、年龄、籍贯、政治面貌、文化程度、校系专业、家庭住址、任职情况等要素，要针对求职目的做简单说明，无须冗长繁琐。

2）求职目的要写清信息来源，求职意向，承担工作目标等项目，要写得明确具体不能要求过高又不能模棱两可，给人以自负或自卑的不良印象。

3）条件展示是求职信的关键内容，主要应写清自己的才能和特长。要针对所求工作的应知应会去写，充分展示求职的条件，从基本条件和特殊条件两个方面解决凭什么求的问题。基本条件应写清政治表现和学习活动两方面内容。

4）愿望决心部分要表示加盟对方组织的热切愿望，展望单位的美好前景，期望得到认可和接纳，自然恳切，不卑不亢。

5）结语一般在正文之后按书信格式写上祝语或“此致，敬礼”“恭候佳音”之类相应词语。

4. 附件

求职信附件主要包括个人简历，证书及文章复印件等。需要附录说明的材料，也可作为附件一一列出。

5. 落款

落款处要写上“求职人：×××”的字样，并标注规范体公元纪年和月日。随文处要说明回函的联系方式、邮政编码、地址、信箱号、电话号码等。如打印复印件署名处则要留下空白，由求职人亲自签名，以示郑重和敬意。

三、经典范例

求　职　信

尊敬的领导：

您好！

首先，向辛勤的工作的您致以深深的敬意！同时也感谢您在百忙之中阅读我的自荐材料。在此，请允许我向您毛遂自荐。

我叫×××，毕业于××大学××系××专业。在四年的学习期间，我深知理论知识与实践能力的重要性，所以我努力系统地学习了计算机网络相关专业课程的理论知识和基础、专科操作，各科学习成绩优良。本人现已很熟练地掌握了计算机硬、软件的组装和维护，办公软件操作、网络安全的管理、企业网站的开发，同时也尽可能地了解专业外的知识，以充实自己，拓展视野。

我严格要求自己，遵守学校的规章制度，从未有过违纪现象。在课余时间，我积极参加学院、社团的活动。在班上作为班干部的我对工作认真负责，能积极配合其他班委开展活动。我尊敬老师，团结同学，关心热爱班集体，有着强烈的集体责任感。强烈的集体荣誉感和奉献激情又使我积极、热情、务实地投入到一些有益的社会活动中。在假期中，我认真参加了社会实践，多次在校外参加各种兼职（网络管理、办公室助理/文员、销售）。家教、志愿者工作等不断地丰富我的业余生活，使我学到了在书本上学不到的知识，尽管时间很短，但体会颇深。无论是我的业务能力，还是社交能力，都有一定的提高，具备了一定的工作经验。

在完成学业和实践活动的过程中，我不断地加强自己的思想道德修养，要求自己既要学会做事，又要学会做人，恪守“有所作为是人生的最高境界”的人生信条，积极奉献，乐于助人，多次参与社会捐赠和公益活动。我出生于一个农民家庭，艰苦的生活磨炼让我更懂得付出才有收获。所以我自幼养成勤俭节约，勤奋刻苦，谦虚谨慎，认真务实的生活态度，并懂得感恩生活。

现已大学毕业，但是大学毕业不是终点，而是人生的又一个起点。昨天，已经过去；今天，需要您给我机会；明天，我自信将会更好。盼望您的答复能圆我心中的梦，您的任何形式的答复我都视为关怀！

如蒙贵公司录用，给我一个发展的机会，我将以兢兢业业的精神扎根贵公司，并以实际行动来报答贵公司的知遇之恩，不辜负贵公司对我的期望和厚待。

最后，衷心祝愿贵公司事业发达、蒸蒸日上！

此致

敬礼！

求职者：×××

××××年××月××日

四、巩固提高

（一）填空题

1. 求职信是______为了达到______的目的而撰写的自我介绍和自我推荐的书信。可划分为______和______两种。

2. 求职信具有______、______和______三个特点。

3. 求职信一般由五个部分组成，即标题、______、正文、______和落款。

4. 在求职信的信末需加上______以增强证明力和真实性，还必须留下______。

（二）判断题

1. 求职信中开头部分写缘由的目的是出于对对方公司的仰慕、向往，引起对方的兴趣和注意。（　　）

2. 求职信的结尾应当写上联系地址和附上所有证明材料。（　　）

3. 求职与应聘都是有求于对方，所以写求职信与应聘信的态度应尽量谦卑，从而达到受聘的目的。（　　）

4. 简历写作时要求简明、短小，但在写求职信时应该尽量发挥，把自己的各方面才能都展示出来。（　　）

（三）选择题

1. 求职信的称谓一般是指公司或单位的负责人，故可称其为（　　）。

A. 亲爱的××经理　　B. 尊敬的××经理

C. 我最尊敬的××经理　　D. ××经理您好

2. 求职信的语气应该（　　）。

A. 谦卑、摇尾乞怜　　B. 炫耀、趾高气扬

C. 冷漠、难于接近　　D. 自信、自然朴实

3. 为了保证简历和求职信能吸引别人，应该（　　）。

A. 采用艺术字体或花体字　　B. 画上花纹以增加美感

C. 选用仿宋体或楷体　　D. 采用彩色纸张

4. 下列语句中不适合写入求职信的是（　　）。

A. 如果贵单位同意，请立即给我回信　　B. 我盼望您的回音

C. 我希望能和您有面谈的机会　　D. 我将静候佳音

（四）病句修改

1. 指出下面这封求职信的问题并修改。

××服装厂：

前天接到我的老同学××的来信，说贵厂公开招聘生产管理员。我是××学校企业管理专业的毕业生，在校读书时，学习成绩优秀，爱好体育运动，是学校篮球队的成员。贵厂就设在我的家乡，我想调回家乡工作正合我的心意，而且生产管理员的职务，也和我所学的专业对口。不知贵厂是否同意，请立即给我回信。

此致

敬礼

××谨上

××××年××月××日

2. 以下这封求职信在结构上存在问题，请指出并修改。

求　职　信

尊敬的李经理：

我是××学院电子商务专业的应届毕业生，经过三年的刻苦学习和业余自修、假期外企打工实践，现已熟悉地应用国际互联网、电子通信工具进行商务运作，熟悉国际、国内贸易法规和商务活动规范，具备电子营销、电子支付等商务活动知识与能力。在学校，我是系学生会学习部长和模拟期货市场主持人。在家里，我是家电维修工。我性格稳重，容易与人相处。学校给我的评语是“学习刻苦，思维敏捷，成绩优秀，有较强的动手能力。工作热情高，责任心强，踏实肯干。为人友善，但不够活跃。”

谢谢您看完这封信，祝您工作顺利！

此致

敬礼

应聘人：×××

××××年××月××日

电话：……　　手机：……

地址：……　　邮编：……

（五）写作

1. 根据你所学专业和理想，给某公司或某单位负责人写一封求职信。

2. 下面是无锡某服饰制作有限公司在无锡人才网上发布的一则招聘信息，请合理虚构

自己毕业时的个人学业、持证数量及能力素质情况，向该企业投递一封求职信。有关个人情况、材料可作附件。

单位简介：(略)　　所在地点：无锡

单位性质：有限责任公司　　招聘岗位：市场策划（1 名）

工作地点：无锡××区　　发布时间：××××年××月××日

岗位要求：大专　全职

1）大专以上文化，策划及相关专业优先；

2）最好有相关工作经历；

3）熟悉电脑，具有团队精神。

联系电话：0510—××××××××

传真：0510—××××××××　　联系人：××

五、本节要点提示

1）要善于收集信息。一是从“正式的渠道”来收集，如多看报纸杂志，密切关注有关企业的报道，有关的招聘广告等；二是从“非正式的渠道”来收集，如通过走访同学、熟人、朋友、亲戚等，获得相关企业和求职单位的情况。这样，就可以使自己的求职目标更为明确、具体，保证求职信的“命中率”。

2）求职信要写得简短。求职信的读者是求职单位的领导，对你长篇大论的自我介绍不感兴趣，他也没有那么多时间去欣赏你的“大作”，因此，写作时应开门见山，简明扼要，不要转弯抹角、战战兢兢地说一大堆大话、套话、恭维话。求职信的篇幅一般不要超过 400 个字（附件除外）。

3）求职信的措辞要讲究分寸。你在表现自己是有主见、能干、有创造力的同时，千万不要忘了你是在和一个成熟的富有经验的领导讲话，他能判断得出你是诚实、踏实能干的，还是在自吹自擂。因此，你措辞要十分小心，既要实事求是，又要恰到好处。

4）求职信的字迹一定要工整洁净。要知道洁净秀丽的字体本身就是一封最好的“介绍信”，读信的人由此可以想见你严谨的态度、踏实的作风、精益求精的品质，再看你的条件、你的优势，这样，不知不觉中你就在他的心里占有了一个难得的位置。

第二节　个 人 简 历

一、知识精讲

1. 个人简历的概念

个人简历是求职者说明个人基本情况、教育背景、工作经历、所获荣誉等的书面材料。个人简历是对过去生活经历的精要总结，在一定程度上是一个人过去经历的浓缩。简历通常作为求职信的附件，一起呈送给用人单位，求职者希望借此让用人单位全面了解自己，从而为面试创造机会，最终达到就业目的。简历的真正作用是求职的“敲门砖”，很多企业都是通过简历来初步筛选所需人才。另外，简历中的表达、书写方式也能反映出一个人的思维模式和社会观念，客观上也能反映求职者的表达能力，这也是企业考察一个人是否符合公司和岗位要求的重要标准之一。

2. 个人简历的特点

（1）真实性　真实性是指写简历时一定要客观理性地总结自己的经历，做到真实、准确、不夸大、不缩小、不编造，这样才能取信于人，具有保存的价值。

（2）正面性　正面性是指内容以展示求职者优点和长处的材料为主，负面的内容要远离简历。

（3）精练性　精练性是指个人简历要简明扼要，在大多数情况下，一两页即可。

3. 个人简历的种类

个人简历有两种典型的形式。

（1）时间型个人简历　按照时间先后顺序排列出自己的个人经历，以及在学习或社会实践活动中取得的成就，应重点强调近几年的情况。它的优点是使最近的经历一目了然，容易看懂，这是普遍采用的形式。

（2）实用型个人简历　实用型个人简历是把个人取得的成就分别列在不同的实践活动名称下，将具体日期写上，把它们作为辅助资料。也就是说，把你认为最重要的成就排列在前面。这种简历可以掩饰你就业经历不足的劣势，可以针对你最感兴趣的职位目标组织个人经历背景。

简历在形式上可以采用条文式，也可以采用表格式。采用何种简历，应视个人的需要和目标而定，看哪种形式最能展现你的优点和长处。

二、指点迷津

个人简历的写作格式一般由 7 个部分组成，即标题、个人基本情况、求职意向、学习经历、工作经历、所获得的各种奖励和证书、自我评价等。

1. 标题

可以直接标明文种“简历”“个人简历”，首行居中位置。

2. 个人基本情况

个人基本情况包括姓名、性别、出生年月、籍贯、民族、教育程度、专业、职务职称、政治面貌、婚姻状况、健康状况、身高、兴趣爱好、性格以及自己的联系方式（通信地址、电话、E-mail 等）等。这一部分放在最前面，联系方式一定要写清楚，便于用人单位取得联系。另外，根据工作的性质要求，有些求职者需要在简历中准备个人照片。有些职位比如文秘、公关、销售，对外貌有一定要求，这些需要灵活处理。

3. 求职意向

求职意向即求职目标或个人期望的工作职位，用简短的话表达自己的求职意向，让用人单位一目了然地看到你的求职意向正是他们所急需的。

4. 学习经历

这是介绍求职人受教育的情况。按倒序时间来写自己的学习过程，通常写到高中（大专），高学历者（硕士、博士）可以从大学写起。要写清学习的起止时间、毕业的学校、专业。重要的学习经历可以列上主要的、有特色的专业课程及成绩，尤其是要体现与你所谋求的职位有关的教育科目、专业知识。要突出重点，有针对性，使用人单位感到你的学历、知识结构与其招聘条件相吻合。

5. 工作经历

写工作经历，要突出与求职目标相关的工作经历；一定要说出最主要，最有说服力的资历、能力和工作经历。写工作经历时，时间要倒序，最近的工作情况要放在最前面。在每一项工作经历中先写工作日期，接着是工作单位和职务。对于初出校门的大学生，工作经历可以改为社会实践和实习经历，包括在学校、班级所担任的职务、勤工助学、课外活动、义务工作、参加各种团体组织、实习经历和实习单位的简要评价等。

6. 所获得的各种奖励和证书

所获得的各种奖励和证书包括发表的论文、社团成员资格、奖励和获得承认的计算机技能、英语等级、语言技能等一些资格证书，有关个人兴趣爱好的荣誉证书也可以针对求职意向有选择地列举两三项，让用人单位了解求职者的工作、生活情况。这部分内容主要是向用人单位证明自己的应聘资格，用人单位比较重视这一部分的内容，所以应该认真对待。

7. 自我评价

自我评价帮助用人单位更全面地了解你，如果概括真实、重点突出、简洁得当，也是很能够帮助求职者从众多求职者中胜出的。在求职者书写自我评价时，千万不要有虚假成分，例如夸大自己的能力、优点或工作经验等。经验丰富的招聘者很容易通过求职者的措辞判断求职者是否中肯而踏实，一旦语句让人感觉到浮夸，招聘者往往会不露声色地把求职者的简历淘汰出局。另外，要学会找到自己真正的闪光点，如果自我描述没有重点，与你求职的岗位没有任何联系，或者过于大众化，就难以突出自我的优势。

三、经典范例

【范例一】

姓名：×××

性别：男

公司电话：×××××××××

出生日期：19××年××月××日

家庭电话：×××××××××

地址：某省科技职业学院××××#

手机：××××××××××

邮编：×××

求职意向：××××

◆专业技能：接受过全方位的大学基础教育，受到良好的专业训练和能力的培养，在地震、电法等各个领域，有扎实的理论基础和实践经验，有较强的野外实践和研究分析能力。

◆外语水平：××××年通过国家大学英语四级考试。××××年通过国家大学英语六级考试。有较强的阅读，写作能力。

◆计算机水平：熟悉 DOS、Windows 操作系统和 Office、互联网的基本操作，掌握 FORTRAN、Quick-Basic、C 等语言。

◆主要社会工作：

中学：班长，校学生会主席，校足球队队长。

大学：班长，系学生会主席，校足球队队长，校园旗班班长。

◆兴趣与特长：

☆喜爱文体活动，热爱自然科学。

☆小学至中学期间曾进行过专业单簧管训练，校乐团成员，参加过多次重大演出。

☆中学期间，曾是校生物课外活动小组和地理课外活动小组骨干，参加过多次野外实践和室内实践活动。

☆喜爱足球运动，曾担任中学校队，大学系队、校队队长，并率队参加多次比赛。曾获吉林市足球联赛（中学组）“最佳射手”称号并参加过“98嘉士伯”北京市大学生足球联赛。

◆个人荣誉：

中学：××优秀学生。××优秀团员，三好学生，优秀干部。××英语竞赛×等奖。

大学：校优秀学生干部。××××年度三等奖学金与××××年度二等奖学金。

◆主要优点：

☆有较强的组织能力、活动策划能力和公关能力，如：在大学期间曾多次领导组织大型体育赛事，文艺演出，并取得良好效果。

☆有较强的语言表达能力，如：小学至今，曾多次作为班、系、校等单位代表，在大型活动中发言。

☆有较强的团队精神，如：在同学中，有良好的人际关系；在同学中有较高的威信；善于协同“作战”。

◆自我评价：活泼开朗，乐观向上，兴趣广泛，适应力强，勤奋好学，脚踏实地，认真负责，坚忍不拔，吃苦耐劳，勇于迎接新挑战。

◆求职意向：胜任应用××××及相关领域的生产、科研工作。也可以从事贸易、营销、管理及活动策划、宣传等方面工作。

【范例二】

个　人　简　历

<table>
<tr><td>姓名</td><td>××</td><td>性别</td><td>男</td><td>出生年月</td><td>××××年××月</td><td rowspan="3">贴照片处</td></tr>
<tr><td>籍贯</td><td>××·××</td><td>民族</td><td>汉</td><td>身体状况</td><td>健康</td></tr>
<tr><td>政治面貌</td><td>团员</td><td>身高</td><td>××</td><td>外语程度</td><td>××××××</td></tr>
<tr><td>所在学院</td><td>××××</td><td>学历</td><td>大专</td><td>曾任职务</td><td colspan="2">××××××</td></tr>
<tr><td>所学专业</td><td colspan="3">××××</td><td colspan="2">特长</td><td colspan="2">××××××</td></tr>
<tr><td>毕业时间</td><td colspan="3">××××年</td><td colspan="2">联系电话</td><td colspan="2">×××××××××××</td></tr>
<tr><td rowspan="3">家庭住址</td><td colspan="3" rowspan="3">××××××</td><td colspan="2">邮政编码</td><td colspan="2">××××××</td></tr>
<tr><td colspan="2">个人网站</td><td colspan="2">××××××××</td></tr>
<tr><td colspan="2">E-mail</td><td colspan="2">××××××××</td></tr>
<tr><td>个人简历</td><td colspan="7">××××年，××××××××××××××××；
××××年，××××××××××××××××；
××××~××××年，××××××××××××××××；
××××~××××年，××××××××××××××××。</td></tr>
</table>

（续）

个人特点	本人性格开朗、稳重、有活力，待人热情、真诚；对待工作认真负责，善于沟通、协调，有较强的组织能力与团队精神；活泼开朗、乐观上进、有爱心并善于施教并行；上进心强、勤于学习，能不断提高自身的能力与综合素质。在未来的工作中，我将以充沛的精力，刻苦钻研的精神来努力工作，稳定地提高自己的工作能力，与企业同步发展。
社会实践经历	经历了这几年的工作，我感慨颇多，我们见到了社会真实的一面，实践生活中每一天遇到的情况还在我脑海里回旋，它给我带来了意想不到的效果，更让我懂得了忠实诚信，讲原则，说到做到，决不推卸责任；有自制力，做事情始终坚持有始有终，从不半途而废；肯学习，有问题不逃避，愿意虚心向他人学习；自信但不自负，不以自我为中心；愿意以谦虚态度赞扬接纳优越者，权威者；会用100%的热情和精力投入到工作中；平易近人。为人诚恳，性格开朗，积极进取，适应力强，勤奋好学，脚踏实地，有较强的团队精神，工作积极进取，态度认真。
相信您的信任与我的实力将为我们带来共同的成功！希望我能为咱们公司贡献自己的力量！	

四、巩固提高

（一）填空题

1. 个人简历是求职者说明个人______、______、______、所获荣誉等的书面材料。

2. 个人简历具有______、______和______三个特点。

3. 个人简历的写作格式一般由 7 个部分组成，即______、______、______、______、______、所获得的各种奖励和证书、______等。

（二）改错题

个人简历

姓名：×××

性别：男

出生日期：19××年××月××日

地址：某省科技职业学院××××#

邮编：×××

QQ：×××××××××

电子邮箱：×××××××××

求职意向：希望找一份具有挑战性并能提供职业训练的职位。

实践经历：××××.××～××××.××曾在一家公司工作，经常参加公司会议，并做会议记录；协助领导，更新部门文件。

基本技能：英语国家三级，计算机国家一级。

自我评价：热爱工作，能按时完成领导交由的工作任务。

（三）写作

请结合实际，按照简历的写作要求，为自己设计一份求职简历。

五、本节要点提示

1）语言要简洁明确。语言简洁精练，力求篇幅简短而富有感召力，要体现出明确的求职目标，内容尽量浓缩在两页之内，简历过长，会使人厌烦。

2）内容要真实客观。不能为了赢得面试机会而凭空捏造事实，随意抬高自己身价。

3）简历要重点突出。要针对所申请的空缺职位来写，有的放矢，使招聘人员觉得你各方面情况与所应聘职位的任职资格相吻合，与招聘条件相接近。

4）照片要朴实大方。简历照片一定要近照。招聘者主要还是看求职者的知识、技能，看你毕业的学校和专业，看你接受过什么样的培训，参加过哪些项目……如果求职者过分看重照片的作用，难免有“本末倒置”之嫌。

第三节　劳动合同

一、知识精讲

1. 劳动合同的概念

劳动合同是指劳动者与用工单位之间确立劳动关系，明确双方权利和义务的协议。订立和变更劳动合同，应当遵循平等自愿、协商一致的原则，不得违反法律、行政法规的规定。劳动合同依法订立即具有法律约束力，当事人必须履行劳动合同规定的义务。

根据《中华人民共和国劳动法》第十六条第一款规定，劳动合同是劳动者与用工单位之间确立劳动关系，明确双方权利和义务的协议。根据这个协议，劳动者加入企业、个体经济组织、事业组织、国家机关、社会团体等用人单位，成为该单位的一员，承担一定的工种、岗位或职务工作，并遵守所在单位的内部劳动规则和其他规章制度；用人单位应及时安排被录用的劳动者工作，按照劳动者提供劳动的数量和质量支付劳动报酬，并且根据劳动法律、法规规定和劳动合同的约定提供必要的劳动条件，保证劳动者享有劳动保护及社会保险、福利等权利和待遇。

2. 劳动合同的特征

（1）劳动合同的主体具有特定性　劳动合同的主体是特定的，其中，一方是劳动者，另一方是用人单位。只有劳动者与用人单位之间签订的合同才能称为劳动合同，其他主体之间不能签订劳动合同。

（2）劳动合同是双务、有偿合同　双务是指劳动者和用人单位双方都负有义务，不允许一方只享受权利而不履行义务，并且双方的权利义务相辅相成、密不可分；有偿是指劳动合同中必须存在劳动报酬的支付约定。

（3）劳动合同是诺成、要式合同　诺成是指劳动合同的成立只需双方当事人意思表示一致即可，无须一方或双方当事人实际履行；要式是指法律规定劳动合同必须采取书面形式。

（4）劳动合同履行过程中主体双方具有从属性　通过劳动合同确立的劳动关系是带有一定身份属性的关系，身份性主要表现在劳动者人格上的从属性和经济上的从属性。

（5）劳动合同通常涉及第三人物质利益　这一特征是由劳动力本身再生产的特点决定的。劳动合同的内容不仅限于对当事人权利义务的规定，而且还涉及劳动者的直系亲属在一定条件下应享有的物质帮助权。劳动者的直系亲属是未参加订立劳动合同的第三人，但他们往往因劳动者享有社会保险和福利待遇而享有一定的保险福利待遇。

（6）劳动合同具有较强的法定性　劳动合同的法定性一方面表现为国家对劳动合同的

诸多方面予以干预、限制，不允许合同当事人排除其适用或任意变通。另一方面是法律责任归属的法定性。由于用人单位在劳动者劳动过程中的主导地位，劳动风险也由其承担。当劳动者遭遇职业伤害时，用人单位承担法律规定的无过错责任；反之，劳动者在劳动中对用人单位造成的损害，负赔偿责任仅以主观上的故意状态为限。对于过失行为则需依照过失轻重和损害结果程度减轻或免除责任。

3. 劳动合同的种类

（1）按用人方式的不同，劳动合同可分为三种

1）录用合同，是指用人单位与被录用劳动者之间，为确立劳动关系，明确相互间的权利义务的协议。录用合同的签订应按照招工程序进行。录用合同适用于招收普通劳动者，适用范围最广，最为常见。

2）聘用合同，是用人单位与被聘用者之间，为确立劳动关系，明确相互间权利义务的协议。它一般适用于招聘有技术业务专长的劳动者，如聘用经理、专家等。

3）借调合同，又称借用合同，是指为了将某用人单位职工借调到另一单位从事短期性工作，而由借调单位、被借调单位和被借调职工三方当事人依法签订的约定三方当事人之间权利义务的合同。

（2）按合同期限的不同，可将合同分为三种

1）有固定期限的劳动合同，是指当事人明确约定了合同有效的起止日期的劳动合同。劳动合同期限届满即行终止。

2）无固定期限的劳动合同，是指当事人不明确约定合同终止日期的劳动合同。订立无固定期限的劳动合同，除法律有规定外，双方当事人应当约定变更、解除、终止合同的条件。只要不出现这些条件，劳动者就可以长期在一个单位工作。这种合同适用于工作保密性强、技术复杂、生产需要长期保持人员稳定的工作岗位。

3）单项劳动合同，即没有固定期限，以完成一定工作任务为期限的劳动合同，是指用人单位与劳动者约定以某项工作的完成为合同期限的劳动合同。

二、指点迷津

劳动合同的写作格式一般由五个部分组成，即标题、立合同人、引言、主体和结尾。

1. 标题

标题即合同的名称，居中写，一般由劳动合同的性质或内容加文种两部分组成，如：《实习大学生劳动合同》《××××公司职工劳动合同》，也有的只写《劳动合同》。

2. 立合同人

立合同人即订立劳动合同的当事人名称或者姓名。应准确写出用人单位的全称、全名。

甲方：用人单位或法人（或者委托代理人）；

乙方：职工或求职者。

3. 引言（开头）

引言（开头）主要写明甲、乙双方根据《中华人民共和国劳动法》、政府的有关规定，按照平等自愿、协商一致的原则订立本合同。

4. 主体

主体包括 11 个方面的内容：

（1）合同期限　劳动合同期限可分为固定期限、无固定期限和以完成一定工作任务为期限三种情形。双方当事人可根据实际情况，按上述三种期限类型选择签订。如果有试用期限，根据《劳动法》规定，试用期限最长不得超过六个月。

（2）工作内容　工作内容是指劳动者具体从事什么种类或者内容的劳动，即指工作岗位和工作任务或职责。它是用人单位使用劳动者的目的，也是劳动者通过自己的劳动取得劳动报酬的依据。劳动合同中的工作内容条款应当明确具体，便于遵照执行。

（3）工作地点　工作地点是指劳动者从事劳动合同中所规定的工作内容的地点，它关系到劳动者的工作、生活环境以及劳动者的就业选择，劳动者有权在与用人单位建立劳动关系时了解自己的工作地点。

（4）工作时间　工作时间是指劳动者在企事业、机关、团体等单位中，必须用来完成其所担负的工作任务的时间。这里的工作时间包括工作时间的长短、工作时间方式的确定。工作时间的不同，对劳动者的就业选择、劳动报酬等均有影响。

（5）工资待遇　工资待遇是指劳动者与用人单位确定劳动关系后，因提供了劳动而取得的报酬，应写清工资的执行形式和标准，需标明试用期与试用期满的工资标准。

（6）劳动保护、劳动条件和职业危害防护　劳动保护是国家和单位为保护劳动者在劳动生产过程中的安全和健康所采取的立法、组织和技术措施的总称。劳动条件是指职工在工作中的设施条件、工作环境、劳动强度和工作时间的总和。职业危害是指劳动者在职业活动中，因接触职业性有毒、有害物质等而对生命健康所引起的危害。此项应写清甲方提供的工作场所按有关规定保障、保护乙方的健康及相关权益的措施。

（7）社会保险和福利待遇　甲方应依法为乙方办理及提供相应的社会保险、福利待遇。

（8）劳动纪律　劳动纪律指双方在规章制度的制定、遵守、履行、考核和奖惩等方面的约定。

（9）合同的变更、解除和终止　双方约定合同的变更、解除和终止的具体条件。

（10）违约情形及责任　写清甲、乙双方约定的具体的违约情形及违约责任。

（11）调解及仲裁　写清双方在履行本合同时假如发生争议，将以何种方式（如协商解决、申请调解、申请仲裁、向人民法院提起诉讼等）处理，以及在时间和程序等方面的约定。

5. 结尾

（1）必要的说明　要说明如本劳动合同的未尽事宜，将按国家和地方的有关政策规定办理；如劳动合同条款与国家、省有关劳动管理新规定相抵触的，按新规定执行；劳动合同的份数、保管及有效期；劳动合同所附的表格、图纸、实物等附件。

（2）落款　写清甲、乙双方单位全称和代表姓名，并签名盖章。写上劳动合同当事人的有效地址、邮政编码、电子邮箱、电话、开户银行、账号等。

三、经典范例

劳 动 合 同

甲方（用人单位）名称：

乙方（劳动者）名称：

根据《中华人民共和国劳动合同法》以及相关法律、法规的规定，经甲、乙双方平等自愿、协商一致，共同签订并履行本合同所列条款。

一、劳动合同期限

合同期限自　　年　　月　　日起至　　年　　月　　日止。

二、工作内容和工作地点

1. 乙方同意根据甲方生产（工作）需要，从事　　　　　　　　　　工作，甲乙双方可另行约定岗位具体职责和要求。

2. 乙方的工作地点：本公司或甲方根据生产（工作）需要安排的其他地点。

三、工作时间

1. 甲方实行每日8小时、每月按2天休息工作制。

2. 因生产经营需要，若该月未休息者，甲方按基本工资支付加班费或补息。

四、劳动报酬及社会保险福利

甲方以货币或转账形式支付乙方工资，月工资　　　人民币，于次月　日发放。

1. 试用期为2个月，工资　　　；试用期满，工资　　　。

五、劳动保护、劳动条件和职业危害防护

1. 甲方根据国家有关法律法规，建立安全生产制度。乙方应严格遵守甲方的劳动安全制度。双方严禁违章作业，防止劳动过程中的事故发生，减少职业危害。

2. 工伤养病期间按基本工资发放工资；致残、死亡等待遇，按照国家的有关规定执行。

3. 甲方根据生产岗位的需要，按照国家有关劳动安全的规定为乙方配置和完善必要的安全防护措施，发放必要的劳动保护用品。

4. 合同期内，甲乙双方应执行所在地社会保障部门的规定，依法参加社会保险。（不愿买社会保险的员工须提供承诺书）

六、规章制度

1. 甲方依法制定单位规章制度，并通过有效方式及时告知乙方。

2. 乙方服从甲方工作管理，并严格遵守甲方依法制定的规章制度。

七、劳动合同变更、解除和终止

1. 甲乙双方变更、解除、终止劳动合同依照《中华人民共和国劳动合同法》和有关法律法规执行。

2. 双方若有一方要求解除劳动合同，应提前三十日以书面形式通知另一方，甲方应在满三十日前出具解除劳动合同证明，未经甲方批准私自离厂者则扣除半个月的工资作为赔偿。

八、劳动争议处理及其他

1. 甲乙双方因履行劳动合同发生争议，应协商解决；协商不成或不愿协商的，可向当地人民法院起诉。

2. 本合同一式二份，甲乙双方各执一份。

甲方（盖章）：　　　　　　　　　　　　乙方（签名）：

合同签订日期：　　年　　月　　日

四、巩固提高

（一）填空题

1. 劳动合同，是指______与______之间确立劳动关系，明确双方权利和义务的协议。

2. 按用人方式的不同，劳动合同可分为______、______、______三种。

3. 劳动合同的写作格式一般由______、______、______、______和______五部分组成。

（二）选择题

1. 下列不属于按劳动合同期限分类的一项是（　　）。

A. 有固定期限的劳动合同　　B. 无固定期限的劳动合同

C. 聘用合同　　D. 单项劳动合同

2. 劳动合同写作的基本要求不包括（　　）。

A. 内容必须合法　　B. 条款必须完备

C. 语言必须准确　　D. 修改必须重写

（三）问答题

1. 什么是劳动合同？它有什么特征？

2. 劳动合同的正文一般是由哪些部分构成？

五、本节要点提示

劳动合同写作的基本要求具体表现为以下几个方面。

1）内容必须合法。合同所涉及的内容必须符合国家的有关法律、法规和有关部门或行业的管理规定，这样，合同的内容才可能建立在合法的基础上。

2）格式必须规范。可向当地工商行政管理机关或业务主管部门购买合同纸，也可按照示范文本格式自行印刷使用。撰写合同时，一定要按规定的文本格式和要求进行。合同的撰写要严肃认真，不得随意涂改。合同如有错误或遇到特殊情况需修改时，应将双方同意的意见作为附件附上。如在原件上修改应加盖双方印章。

3）条款必须完备。合同内容必须完备、具体、明确，不要留下缺陷，含糊笼统，造成歧义。不然，小则引起争议，不能顺利履行；大则造成重大损失。

4）语言必须准确。正确使用字词和标点。用字正确规范，不多字漏字；用词准确周密，慎用多义词；使用标点明白无误，易于辨认。因字词和标点错误损失惨重者，报端时有所见，千万要当心。

第四节　请　　示

一、知识精讲

1. 请示的概念

请示适用于向上级机关请求指示、批准，是下级机关向上级机关请求决断、指示、批示或批准事项所使用的呈批性公文。根据内容、性质的不同，请示分为请求指示的请示、请求批准的请示。

2. 请示的特点

（1）针对性　只有本机关单位权限范围内无法决定的重大事项，如机构设置、人事安排、重要决定、重大决策、项目安排等问题，以及在工作中遇到新问题、新情况或克服不了的困难，才可以用“请示”行文，请示上级机关给予指示、决断或答复、批准。所以请示的行文具有很强的针对性。

（2）呈批性　请示是有针对性的上行文，上级机关对呈报的请示事项，无论同意与否，都必须给予明确的“批复”回文。

（3）单一性　请示应一文一事，一般只写一个主送机关，即使需要同时送其他机关，也只能用抄送形式。

（4）时效性　请示是针对本单位当前工作中出现的情况和问题，求得上级机关指示、批准的公文，如能够及时发出，就会使问题得到及时解决。

3. 请示的分类

请示的分类主要是根据行文的目的和内容的不同来进行的。通常可分为两种。

（1）事项性请示　这种请示是下级机关请求上级机关审核批准某项或者开展某项工作的请示，属于请求批准性的请示。这种请示多用于机构设置、审定编制、人事任免、重要决定、重大决策、大型项目安排等事项。这些事项按规定本级机关无权决定，必须请示上级机关批准。

下级机关在工作中遇到人力、物力、财力等方面难于解决的事项，用请示请求上级机关给予帮助、支持的请示，也是事项性请示。

（2）政策性请示　下级机关往往会在工作中碰到某一方针、政策等不明确、不理解的问题，或者碰到新问题和情况。要弄清楚和解决这些问题，可用请示行文，并提出解决的意见，请求上级机关给予明确的解释和指示。

二、指点迷津

请示的格式一般由标题、主送机关、正文、落款和附注等五部分组成。

1. 标题

请示的标题一般有两种构成形式：一种是由发文机关名称、事由和文种构成，如《××学校关于××××××的请示》。另一种是由事由和文种构成，如《关于开展暑期志愿者服务工作的请示》。

2. 主送机关

请示的主送机关是指负责受理和答复该文件的机关。每件请示只能写一个主送机关，不能多头请示。

3. 正文

其结构一般由开头、主体和结语等三部分组成。

（1）开头　开头主要交代请示的缘由。它是请示事项能否成立的前提条件，也是上级机关批复的根据。原因讲得客观、具体，理由讲得合理、充分，上级机关才好及时决断，予以有针对性的批复。

（2）主体　主体主要说明请求事项。它是向上级机关提出的具体请求，也是陈述缘由的目的所在。这部分内容要单一，只宜请求一件事。另外请示事项要写得具体、明确、条项清楚，以便上级机关给予明确批复。

（3）结语　应另起段写结语，习惯用语一般有“当否，请批示”，“妥否，请批复”，“以上请示，请予审批”或“以上请示如无不妥，请批转各地区、各部门研究执行”等。

4. 落款

落款一般包括署名和成文时间两个项目内容。标题写明发文机关的，这里可不再署名，但需加盖单位公章，成文时间××××年××月××日。

5. 附注

使用请示这一文种时，应出具附注。写法是，在成文时间下一行居左空2字，加圆括号注明发文机关联系人的姓名和电话号码。

三、经典范例

关于成立××中（小）学工会组织的请示

××教育工会：

××中（小）学成立于××××年，是一所九年义务教育×年制全日制公办中（小）学，现有在编在岗教职工××人，其中男教职工××人，女教职工××人，党政领导配备××人，主管部门为××区教育局。

根据《中华人民共和国工会法》和《中国工会章程》及有关法律、法规的规定，为完善学校民主管理制度，切实维护教师合法权益，促进学校健康、持续、和谐发展，特申请成立××中（小）学工会。为做好筹备组建工作，特成立组建工会筹备组，各组人员如下：

1. 工会筹备组成员由组长×××，副组长×××，成员×××、×××等×位同志组成。

2. ××中（小）学工会委员会拟由×人组成，设主席、副主席等，工会委员会委员候选人由×××、×××等×位同志组成，差额×名。其中×××同志为工会主席候选人，××同志为工会副主席候选人。

3. ××中（小）学工会经费审查委员会由×××、×××等×位同志组成，其中×××同志为经费审查委员会主任候选人。

4. ××中（小）学工会女职工委员会由×××、×××等×位同志组成，其中×××同志为女职工委员会主任候选人。

5. ××中（小）学工会筹备组拟于×月×日召开教职工（代表）大会进行选举。

妥否，请批复。

附：××中（小）学工会各候选人简历表

××中（小）学工会筹备组（代章）

××××年××月××日

（联系人：××× 联系电话：×××××××××××）

四、巩固提高

（一）判断题

1. 为提高办事效率，同一份请示可请求指示或批准若干事项。 （ ）

2. 情况紧急可以越级请示。 （ ）

（二）选择题

1. “请示”应当（ ）。

A. 一文一事 B. 抄送下级机关

C. 可以写两个以上的主送机关　　D. 不考虑上级机关的审批权限和承受能力

2. 下列在请示中的结束语得体的是（　　）。

A. 以上事项，请尽快批准

B. 以上所请，如有不同意见，请来函商量

C. 以上所请，妥否，请批复

D. 所请事关重大，不可延误，务必于本月 10 日前答复

3. 以上请示事项（　　），请批复。

A. 如有不妥　　B. 可否

C. 可否妥当　　D. 是否不妥

（三）改错题

关于要求解决学生宿舍拥挤等问题的请示

市人民政府、市教育局：

我校今年由于住宿生急剧增加，已有的学生宿舍已无法容纳，现在住宿生基本上是一个床位两个人睡，严重影响学生的身心健康。为解决这一困难，我校决定再建一栋学生宿舍楼。另外，我校图书馆也尚未达到省“两基”标准，望上级部门给予适当支持。

特此请示，请回复。

××市××学校

××××年××月××日

（四）写作题

学校学生会想组建校舞蹈队，打算向学校团委申请批准，请你以学生会的名义，写一份请示。

五、本节要点提示

掌握撰写请示应注意的事项。

1）请示的写作首先要和“报告”文种相区别。

2）遵守“一文一事”的原则，主旨鲜明集中。

3）材料真实，不要为了让上级领导批准而虚构情况，也不要因为没能认真调查而片面地摆情况，提问题。

4）理由要充分，请示事项要明确、具体。

5）语气要平实，恳切，以期引起上级的重视，既不能出言生硬，也不要低声下气，过度客套。

第五节　启　　事

一、知识精讲

1. 启事的概念

启事是机关团体、企事业单位、公民个人有事情需要向公众说明，或者请求有关单位、广大群众帮助时所写的一种说明事项的实用文章。

2. 启事的特点

启事具有以下三个方面的特点：

（1）周知性　启事所涉及的内容必须是需要向社会大众公开陈述的有关事项。因此，周知性便成为其第一个特点。为了使有关事项在社会上得以周知，它往往采用多种多样的发布途径和发布形式，既可以抄写张贴在公共场所，也可以制成印刷品广泛传播；既可以在报刊登载，也可以利用广播、电视播放。

（2）商洽性　启事和通知、通告一类的公文虽然都具有周知性，但它不像通知、通告等公文那样具有行政的强制性和约束力。机关、单位需要向社会公众周知有关事项时，它们与告知对象之间在行政上并没有隶属关系，因而，不能以通知、通告之类的行政公文发布，而只能采用启事以商洽的语气向社会大众陈述有关事项。它不能硬性规定人们必须阅读、收看或者收听，更不能强制别人必须办理、执行。它所周知的事项，知悉者可以参与，也可以不参与。

（3）祈请性　启事的目的不仅在于向人们公开告知有关事项，而且更侧重于请求人们协助办理。

3. 启事的种类

按写作启事的目的分，启事有十多种，重要的如下：

（1）寻找类　写启事的目的是寻找遗失的物品或走失的亲人，如寻物启事，寻人启事等。寻物启事一般张贴在物品（可能）丢失的地点，或捡拾者可能出现的住处和路口。寻人启事的受文对象可能是被寻人自己，也可以是其他知情人。

（2）招领类　因发现他人遗失的物品或发现他人走失的亲人而写的启事。写启事目的是希望物归原主或走失人回到亲人身边。

（3）征求类　写启事目的是征收到某种物品或征求到某种人员，如征稿启事、征物启事、招聘启事、征婚启事等。

（4）聚会类　写这类启事的目的是邀集亲友、校友、会友、社会同仁集会到一起共同举行某种活动，如校庆启事、厂庆启事、婚礼启事、祝寿启事等。

（5）通知类　厂家、店铺、机关团体的办公地址，或者个人住址等迁移新址时，如认为有必要向社会公开告白，也常采用发表启事的方式；对已公布出的事项进行某些文字或表述上的更正，也可使用启事。

（6）声明类　这类启事用于遗失证件、支票，更换厂名、印章，社团成立、新店开张，等等。发启事告白社会有关方面，以作为作废声明或变更声明。

（7）陈情类　有些启事是陈情的，如道歉启事、鸣谢启事、祝贺启事等。用启事公开道歉更为郑重其事，用启事公开道谢更为情深意切，用启事祝贺更为热烈隆重，后二者也兼有表彰、宣传之意。

（8）海报类　海报也是一种启事，多用于宣传娱乐性活动，如说书、电影、电视、讨论、演讲、球赛、联欢会、舞会等。它的特点是娱乐性、自愿性、集体性、艺术性，一般都以张贴的形式发布。

以上 8 类，可以分作两个类型：前四类为请求协作型，写启事目的是希望得到别人的帮助和配合，这类启事的事务性、实用性很强；后四类为声明知照型，写启事的目的仅是让别人知晓某件事或某种心意，不需要别人采取相应的行为，这类启事多带有公关宣传性质。

二、指点迷津

启事的格式一般由标题、正文和落款三部分组成。

1. 标题

在第一行中间用比正文大的字写上文种“启事”或说明事项内容和文种，如“招生启事”“征稿启事”“招聘中学教师启事”等。还有一种写明启事单位名称加内容、文种，如“北京显像管厂聘请法律顾问启事”等。

2. 正文

在第二行空两格空两行写正文。正文因启事所说明的事项不同而异。总的要求是要说得有条理，清楚明白，简明扼要。正文后可以写上“此启”或“特此启事”的结束语，现在一般启事都不写这些套话了。

3. 落款

在正文后偏正右边，写上启事单位名称或个人姓名。如果单位名称已写入标题，后边就不必再写了。只写联系地址、电话号码、邮政编码、联系人、年月日。

三、经典范例

【范例一】

寻 物 启 事

本人不慎于××月××日乘×路公共汽车时，将内装身份证、驾驶证和单位业务发票数张的一黑色公文包遗失。有拾到者请与××机械局××办公室联系，必有重谢。

电话：×××××××

启事人：×××

××××年×月×日

【范例二】

××中学校庆启事

××省××县××中学定于二〇〇六年×月×日隆重举行建校60周年庆典，敬请海内外历届学子及曾在本校工作过的教职工互相转告，学校热忱欢迎各位校友届时返校同庆。

为编写校友录和便于联系，希各位校友见此启事后，尽快向学校寄信，写明姓名、性别、毕业时间（高中、初中、班名）、现工作单位、职务（称）、成就、通讯地址、电话等情况。

联系人：赵××李×

邮编：××××××

电话：(××××) ××××××××

四、巩固提高

（一）判断

1. 寻人启事属于招领类启事。　(　　)
2. 征婚启事属于征求类启示。　(　　)
3. 鸣谢启事属于声明类启示。　(　　)

（二）改错

×玩具有限公司招收助理工程师启事

本公司为生产世界名牌×××仿真模型汽车的中外合资企业，因公司发展需要现，招收下列各方面的助理工程师 5 名。

1. 锌合金玩具，塑料玩具的设计。

2. 锌合金玩具，塑料玩具产品品质稽核。

3. 锌合金玩具，塑料玩具的模具设计。

学历：中专或中专以上的有关专业。

年龄：30 岁以下

请将简要履历、回邮地址、电话、并附照片 2 张，在 5 月 31 日前用挂号信寄××市××路××号，××玩具有限公司。

收到应征信后，将在两个月内回复。一经录用，一律实行劳动合同制度，享受中外合资企业待遇。

联系人：×××　　　　　　　联系电话：×××××××

（三）写作

某学校准备出一期校庆专刊，请以此为题材写一则征稿启事。

五、本节要点提示

1）寻人启事、寻物启事要把相关人或物的特征写明。这是便于别人鉴别和验证，防止领取时出错。要着重写外在的、大家很容易注意到的特征，比如写什么颜色的包比写什么皮质的包更管用。

2）招领启事写物品特征要有所保留。招领启事中写物品特征既不能太笼统，也不能太详细。太笼统了丢失物品人就难以判断，太详细了容易被人冒领。但是，如果物品中有足以鉴别的物品，如证件，则可详细写招领物品了。

3）征招类启事要注意宣传鼓动。这类启事不能满足于说清事情，还要通过述说事件的意义等追求一种劝说效果。

4）海报要注意艺术性。海报本来就是多用于艺术活动的，所以海报在语言上也应体现艺术性。多用修辞手法，追求生动、形象、典雅的效果。

5）请求类启事要注意礼节。既然要请求别人协作，那就必须礼貌待人，否则就达不到写启事的目的。

第六节　聘　　书

一、知识精讲

1. 聘书的概念

聘书是各级机关、社会团体、企事业单位等聘请有关人员在本单位任职或承担某项工作任务时使用的、具有固定格式的文书。

2. 聘书的特点

（1）郑重性　聘书往往是以单位的名义加盖公章，按照一定的格式写成，并且常在某种公开场合由聘用单位负责人当面颁发给被聘者。

（2）证明性　聘任某人担任某职务或从事某项工作的聘书，是对其身份和业务水平以及工作能力的一种认可。

（3）约定性　被聘者接受了聘用单位的聘书，说明被聘者和聘用单位之间就存在某种约定的关系，被聘者必须按照聘用单位的要求履行其职责。

3. 聘书的种类

聘书按照其内容来划分，可分为职业聘书、职务聘书和职称聘书三大类。

按照聘任方式来分，又可以分为临时聘书和正式聘书。临时聘书是一个单位在工作、生产、科研活动中，因为自身力量不足，需要聘请外单位有关人员承担某个职务或某项工作时而使用的凭证。临时聘书由单位负责人签署，任务完成后，聘书即告失效。正式聘书一般在实行聘任制的单位中使用。这种聘书又包括专业技术职务聘书和聘约书。聘约书是单位与受聘人的协议，由双方商定协议内容并由双方签署。聘约书一经签署，双方都要履行所承担的权利与义务，期满则失效。

二、指点迷津

聘书的格式一般由标题、称谓、正文、结尾和落款等五部分组成。

1. 标题

聘书往往在正中写上“聘书”或“聘请书”字样，有的聘书也可以不写标题。已印制好的聘书标题常用烫金或大写的“聘书”或“聘请书”字样组成。

2. 称谓

聘书上被聘者的姓名称呼可以在开头顶格写，然后再加冒号；也可以在正文中写明受聘人的姓名称呼。常见的印制好的聘书则大都在第一行空两格写“兹聘请××……”。

3. 正文

聘书的正文一般要求包括以下一些内容：

1）交代聘请的原因和请去所干的工作，或所要去担任的职务。

2）写明聘任期限，如“聘期两年”“聘期自××××年××月××日至××××年××月××日”。

3）聘任待遇。聘任待遇可直接写在聘书之上，也可另附详尽的聘约或公函写明具体的待遇，这要视情况而定。

4）正文还要写上对被聘者的希望。这一点一般可以写在聘书上，但也可以不写，而通过其他的途径使受聘人切实明白自己的职责。

4. 结尾

聘书的结尾一般写上表示敬意和祝颂的结束用语，如“此致，敬礼”“此聘”等。

5. 落款

落款要署上发文单位名称或单位领导的姓名、职务，并署上发文日期，同时要加盖公章。

三、经典范例

聘　书

兹聘请××公司××同志为我校机械加工技术专业指导委员会成员，兼任机械加工技术专业“车工”实习指导工作。聘期自××××年××月××日至××××年××月××日。聘任期间享受课时工资待遇。

此致

敬礼!

××××学校（章）

××××年×月×日

四、巩固提高

（一）填空题

1. 聘书是________、________、________等聘请有关人员在本单位任职或承担某项工作任务时使用的、具有固定格式的文书。

2. 聘书的格式一般由标题、________、________、________和落款等五部分组成。

（二）选择题

1. 聘书按照其内容来划分，不正确的一项是（　　）。

A. 职业聘书　　B. 职务聘书

C. 临时聘书　　D. 职称聘书

2. 聘书的特点不包括（　　）。

A. 针对性　　B. 郑重性

C. 证明性　　D. 约定性

（三）写作题

为提高我院的科研水平，本院成立了科研项目评估委员会，特聘请朱明教授为该委员会学术顾问，指导我院的科研工作。请你以××市社会科学院学院名义写一份聘请书。

五、本节要点提示

1）聘书要郑重严肃，对有关招聘的内容要交代清楚。同时聘书的书写要整洁、大方、美观。

2）聘书一般要短小精悍，不可篇幅太长，语言要简洁明了、准确流畅，态度要谦虚诚恳。

3）聘书是以单位名义发出的，所以一定得加盖公章，方视为有效。

第七节　就职演说词

一、知识精讲

1. 就职演说词的概念

就职演说词是新任领导面对其职权范围内的所有群众或代表而发表的施政演说。就职演讲是群众对新任领导的第一印象，要想在演讲中充分展示就职者的领导素质、管理才能和人格魅力，就要认真写好就职演说词。演说词的篇幅一般都比较短小，这就要求语言必须简洁、明快，切忌夸夸其谈，拖泥带水。

2. 就职演说词的特点

（1）针对性　就职演说词的写作是在深入调查研究的基础上动笔的，是就职者面对现实生活中最需要解决的问题发表的见解，其矛头所指必须是该单位、部门的热点、焦点问题，这样才会引起听众的共鸣。

（2）真挚性　演说词中注入了演讲者强烈而真挚的感情，这种强烈的感情以适当方式表现出来，必将产生强大的感染力和号召力。

（3）简洁性　演说词必须具有简洁性。要做到主题集中、突出、层次少而有条理，语言准确简练，使听众一听就能够明白接受。

（4）真实性　就职演说词要比其他文章更给人以真实亲切之感。演讲内容要真实，要讲真话，讲实话，不能哗众取宠。

二、指点迷津

就职演讲的背景、性质、对象、范围等情况是不一样的，因而它的内容和结构也就是丰富而有变化的。一般由标题、称谓、正文、结语等四部分组成。

1. 标题

就职演讲的标题有三类。

1）文种标题，即只标“就职演说词”。

2）公文标题，由就任职务和文种构成，如《关于就任××社团主席的演讲》。

3）文章标题，可用单行标题，如《我有一个梦想》；也可用正副标题，如《求真务实积极进取——市场经营部总经济师就职演说词》。

2. 称谓

在标题下顶格书写称谓，指对现场听众的称呼。这要根据听众的不同身份而定，力求恰当、得体。演讲者面对的听众一般有三种情况：一是主管单位领导与本单位同事，称谓用“各位领导、全体同志/员工”；二是面对的是全体人民代表，称谓用“各位代表”；三是主管单位领导，所属单位员工代表，称谓用“各位领导、各位代表”。

3. 正文

（1）开头　就职演讲的开头，一般都要表达任职者的心情和对听众的谢意。开篇要注意言辞恳切自然，给听众以良好的印象和感受。

（2）主体　这是全文的主要内容。应当着重谈就职者的工作目标、打算和措施，以获取听众的信任和支持。

4. 结语

结语是演讲能否走向成功的关键，常用来总结全文，加深印象；提出希望，给人鼓舞；以表示决心，誓言结尾等方法使演讲在激动人心的结语中结束全文。

三、经典范例

就职演说词

尊敬的领导、老师、亲爱的同学们：

大家好！

金牛回春，万物复苏，在这个美好的季节，我校首届学生会成立了。我校学生会是在党支部、政教处、团委的指导下独立开展工作的学生组织，是切实为同学服务的团体。“万事开头难”，我们深知肩膀上的重任。“打好开头仗”，我们就要在新的形势下，结合学校各项管理制度和目标任务，以为同学服务为宗旨，以创建和谐校园为目标，团结和带领全体同学，严守校纪校规，提高自身素质，坚守信念，激流勇进，谦恭礼让，团结协作，以身作则，公平公正，面对目标，信心百倍，面对困难，毫不退缩，面对挑战，勇往直前，为把学生会建设成为一个民主、团结、和谐、有人情味的集体而奋斗，使学生会这个组织深入人心，成为学生中的鲜明旗帜，学校管理中的有力助手。为此，我代表首届学生会全体成员向大家表达一下工作设想和决心。

第一，做好干部培训，打造精品社团。我们的社团是学校的新生组织，我们的成员对本社团的职能及工作范畴、工作方法还不尽了解，建议学校党支部、政教处、团委对学生会干部进行业务培训。

第二，充分发挥职能，抓好基础工作。我们要不懈地抓好学生日常管理和各项基础工作，在学习、卫生、纪律、文艺、体育等各个方面查找问题，做好检查，建立、健全学生会各项章程，引领和凝聚更多的同学一起向更高、更好、更强的目标奋进。

第三，营造精神家园，丰富校园文化生活。作为学生组织，我们要在落实校团委各项工作的基础上，努力丰富同学们的精神生活，创建广大同学所喜闻乐见的校园文化，使每一名同学在良好的校园文化氛围中，奋发图强，以健康向上的心态迎接每一天的挑战。

我深深地知道：学生会是服务广大同学的集体，是同学们的家，我们每一位成员都是公仆，是志愿者。我们会珍惜老师和同学们为我们提供的这一机会，“开弓没有回头箭”，胸怀为同学服务、为学生会的发展尽一份力的愿望，在学校党支部、政教处、团委的具体指导和帮助下，在“严谨、求是、务实、创新”的校风鼓舞下，在广大同学的支持下，只要我们精诚团结、相互合作、彼此鼓励、倡导奉献，矢志不移的面对压力和挑战，我们终会成就一番事业，开创一片天地。但愿明年的今天，当我们把学生会发展的接力棒交给下一届的时候，我们会说：我们是成功的。

最后，我愿引用一句话来结束我的发言，“拧在一起，我们就是一道闪电；聚在一块，我们就是整个太阳；站在一处，我们就是用心灵结成的信念，就像打不垮、推不倒的铜墙铁壁。”只要我们携手同行，奋力拼搏，必定会使学校放出更加夺目的光芒。

谢谢大家！

四、巩固提高

（一）填空题

1. 就职演说词的特点有________、________、________、________。

2. 就职演说词就其内容来说，可分为________、________。

（二）判断题

1. 就职演说词结尾处必须注明署名和日期。　（　　）

2. 演讲是演讲者个人思想的展示，因此不必考虑听众的想法。　（　　）

（三）选择题

1. 在演讲中介绍个人情况要求（　　）。

A. 语言平实、客观　　B. 有浓厚的感情色彩

C. 引用名人名言　　D. 语言要生动活泼有新意

2. 就职演说词的要求不包括（　　）。

A. 底气要足　　B. 态度要诚

C. 语言要简　　D. 方法要奇

（四）写作题

如果你已经成功竞聘上学校文艺部部长，请你写一份就职演说词。

五、本节要点提示

1. 了解对象，有的放矢

写作之前要做好调查研究，要深入细致地了解所就职部门面对的焦点、难点、热点问题；要深入细致地了解面对的群众情况，仔细分析他们的观点、态度、希望和要求。

2. 观点鲜明，实事求是

就职演说词的写作要实事求是，通俗易懂，不能讲假话、大话、空话，也不能讲过于抽象的话；既不好高骛远，也不墨守成规，给听众留下严谨踏实又锐意进取的印象。

3. 感情真挚，不卑不亢

演讲稿中，既要有热情的鼓动，又要进行冷静的分析，给人感觉是既不打官腔，又不卑微，语言亲切感人，并适当暴露自己的缺点，以求得大家的帮助，这样才能产生强大的感染力和号召力。

第八节　说　明　书

一、知识精讲

1. 说明书的概念

说明书以应用文体的方式对某事或物来进行相对的详细描述，方便人们认识和了解某事或物。说明书要实事求是，有一说一、有二说二，不可为达到某种目的而夸大产品作用和性能。说明书要全面地说明事物，不仅介绍其优点，同时还要清楚地说明应注意的事项和可能产生的问题。产品说明书、使用说明书、安装说明书一般采用说明性文字，而戏剧演出类说明书则可以以记叙、抒情为主。说明书可根据情况需要，使用图片、图表等多样的形式，以期达到最好的说明效果。

2. 说明书的特点

说明书的特点主要有以下四点。

1）科学性。说明书必须突出科学性。内容应实事求是，形容要恰当，概念的界定要明

确，程序和方法要介绍清楚，用语要准确。对所说明的事物不仅要介绍优点，而且必要时要说明应注意的事项或可能产生的问题，以防贻误他人。

2）说明性。说明书以说明为主要表达方式，一般较少运用议论和抒情。说明书中运用的说明方法常见的有列数据、做比较、下定义等。

3）简明性。说明书大多是作为某一事物的附件而出现的，如产品说明书常常放在产品的包装盒内或直接印在包装盒上。由于以上特点，这就要求说明书的篇幅要短小，表述要简明、准确，抓住特征，突出重点，使人一目了然。

4）条理性。主要指产品说明书务必注意结构层次的条理性。要根据产品的特性，按照一定的程序逐条说明，使用户看后能准确地掌握使用方法，明确注意事项。

3. 种类

说明书按表述形式分类，可分为条款式说明书、文字图表说明书；按说明的事物分类，可分为出版说明、产品或商品说明、影视和戏剧说明、单位简介、人物简介等；按说明书所在位置分，包装和内装说明书；按表现形式分，专门式说明书和交叉式说明书。

二、指点迷津

不同种类的说明书有不同的结构形式及写作方法。下面主要介绍产品说明书、戏剧演出说明书两种说明书的结构形式及写法。

1. 产品说明书的结构和写法

（1）标题　一般是由产品名称加上“说明书”三字构成，如《VCD说明书》。有些说明书侧重介绍使用方法，称为使用说明书，如《吹风机使用说明》。

（2）正文　通常详细介绍产品的有关知识：产地、原料、功能、特点、原理、规格、使用方法、注意事项、维修保养等知识。不同说明书的内容侧重点也有所不同。一般的产品说明书分为：①家用电器类。②日用生活品类。③食品药物类。④大型机器设备类。⑤设计说明书。

（3）附文　厂名、地址、电话、电挂、电传、联系人和生产日期等。出口产品在外包装上写明生产日期、中外文对照。

2. 戏剧演出说明书

这是一种比较散文化的说明书，它的主要目的在于介绍戏剧、影视的主要故事情节，同时也是为了向观众推荐该影剧。大型的演出活动，对于演职员的介绍，节目的介绍等也是为了吸引更多的观众而采用的一种宣传式的说明文字。

戏剧演出说明书一般采用概述式结构，把颇长的剧情发展、众多的人物活动、矛盾冲突等过程，浓缩于几百字的说明书之中，使观众对剧情获得初步印象。可分三个部分：开头部分对影剧做概括性的评价；中间部分对内容、情节进行介绍；结尾部分交代主要演员的姓名（有的还点明演员的职称级别）、开演日期等情况。为了激发观众的兴趣，这类说明书还要求写得富有感情，文句优美，有时还配以剧照，以增强感染力。

三、经典范例

电热壶使用说明书

产品名称：×××牌电热壶。

产品型号：SH125——23N。
产品结构：电源底座、盛水容器。
产品功能：烧水、煮茶、煮咖啡。
产品保修期：一年。
注意事项：
1. 电源为220V-50Hz。
2. 用完立即拔出插头，以免火灾发生。
3. 远离水源，切勿在浴室等潮湿地方使用。
4. 如果发现电源线损坏，必须及时更换。
5. 切勿让小孩使用该电器。
售后服务：
服务网点：××××××××
服务电话：××××××××
生产厂家：××××××××
生产日期：××××年××月

四、巩固提高

（一）填空题

1. 说明书按说明的事物分类，可以分为______、______、______、______、______。

2. 说明书的特点有______、______、______、______。

（二）选择题

1. 某一种药物因为说明书没有标出副作用而导致服药人死亡，该说明书欠缺了（　　）特点。

A. 说明性　　B. 科学性　　C. 简明性　　D. 条理性

2. 下列说明书语句没有语病的一项是（　　）。

A. 若遇易褪色衣物，请将深浅颜色衣物分开洗涤。

B. ××手提收录机，款款精良，外形突出美观，质量可靠，设备新颖多元化，是最理想选择的手提收录机。

C. 可以说这不仅是SONY的技术成果，而是21世纪最大的科学技术成就之一。

D. ××牌磁药系列产品集磁疗、药疗为一体，具有温经通络、活血化瘀，行气止痛。

（三）问答题

强力毕那命40驱（灭）蚊药片

本品为新型的电热驱（灭）蚊片。系引进日本原药，我厂包装制造。配以我厂生产之恒温电热驱蚊器使用，能达到有效驱（灭）蚊之效能。经广东省卫生防疫站检验测试，驱（灭）蚊效果良好。长期使用对人畜、婴幼儿、病弱人等无不良影响。气味芬芳，清新舒适。

金鹿牌电蚊香片

高效无毒高枕无忧

优点：无烟、无臭、无灰粉、无刺激。使您在清香卧室中安枕达旦，免受蚊虫侵扰之苦。安全可靠，对人体绝对无害，且不玷污食品、衣物及家私。

用法：将药片放入电热器金属板上，然后接通电源，药物即开始发挥作用。室内有效药力范围15平方米。每片时效8～10小时。

如仅需要使用2～3小时，则可切断电源，下次使用时再接通电源。更换新药片时，必须先切断电源。

1. 两则说明书的标题有何不同？

2. 两则说明书的正文写法是否一样？用了什么写法？

3. 你认为哪一则写得好些？为什么？

（四）写作题

请就你所熟悉的产品（家用电器、药品等）写一份说明书。

五、本节要点提示

写说明书要注意以下四个要点。

1）实事求是，客观真实。

2）根据对象，突出产品特点。

3）语言通俗，准确简洁。

4）杜绝虚假，防止夸大。

第九节　广　　告

一、知识精讲

1. 广告的概念

广告即广而告之，是为了某种特定的需要，经过大众传播媒介，公开而广泛地向社会传递信息的一种宣传手段，它是能使人们了解某事物的语言、文字和图像。

生活中的广告有狭义和广义之分。狭义的广告是指经济广告，即商业广告；而广义的广告是指广泛地告诉公众某种事物的宣传活动，它包括经济广告和非经济广告。

2. 广告的特点

广告的特点主要有以下四点。

（1）真实性　商业广告在推介产品时，要以事实为依据，真实、健康、清晰、明白地向社会诉说商品的性能、用途及使用方法等。

（2）目的性　做广告的主要目的就是为了获得利润，销售产品和推销服务。在做广告的时候必须要牢记这一点，经济性是广告区别于其他文体的一个重要特点。

（3）艺术性　随着社会的发展、科学的进步，社会对广告也提出了越来越高的要求。除了实现经济目的外，广告也被当作一种艺术品来欣赏。在制作时，要把文字、图画、音响、实物多媒体结合在一起，这样才有较强的逼真性和艺术感染力。

（4）功利性　随着市场经济的发展，市场竞争也异常激烈，企业、商家增强竞争能力，既要靠高技术、高质量，又要借助与公共关系密切配合的、高水平的广告宣传活动。制作精良的广告既可以提高商品的竞争能力，又可以说服感染消费者，促进购买行为，为企业、商家带来良好的经济效益。

3. 种类

广告可以按各种不同的方式进行分类，而系统分类有助于对广告进行全面深入的研究。

按地域空间分有：全国性广告、地区性广告、城市广告、农村广告等。

按传播对象分有：儿童广告、妇女广告、情侣广告、青年广告等。

按企业广告策略分有：产品广告、品牌广告、企业形象广告、企业服务广告等。

按目的分有：公共服务性广告和商业性广告两大类，前者有节日庆典广告、社会保护广告、社团活动广告、个人启事广告等；后者以经济活动为主，有商品及服务广告、文化娱乐广告。

按传播媒介分有：报纸广告、广播广告、电视广告、杂志广告、户外广告、销售点（POP）广告、邮递（DM）广告、网页广告。

二、指点迷津

在一则广告中，文字（或声音）是非常重要的组成部分，往往起到关键性的作用。一则没有文字（或声音）的广告几乎不能向消费者传递其中最主要的信息。因此，在一则广告中，广告方案设计的好坏直接影响到广告的成功与否。设计广告方案要经历以下步骤：第一要充分了解广告的对象；第二要找出广告的特点；第三要围绕特点酝酿、构思。

广告的构成包括文字、视觉形象、音响等，在这里着重介绍文字广告的写作。文字广告通常包括标题、正文、随文三大基本部分。

1. 标题

广告的标题是广告内容集中体现的旗帜和眼睛，要让读者一见就被吸引，要充满魅力。广告标题的设计必须要用简洁的语言来传达最有价值的信息。标题要言简意赅，放在最醒目的位置上，以起到充分宣传的效果。

2. 正文

这里所说的正文也包括有声媒体中的声音说明和广告语。这也是广告的核心部分。首先要确立广告的主题。广告如果是处于商品的创牌期，主题就应围绕商品的特点、构造、性能等方面的新异之处展开，以便引起消费者的注意，即使其产生购买欲望和行为。如果是处于商品发展成长期，主题可确定在介绍商品更新改进情况，与同类商品相比的优点，努力培养原有消费者对广告的信任度，巩固产品的声誉，以巩固已有的市场地位。

正文的写法必须通俗，但同时又要紧扣主题，运用各种表现手法给读者留下深刻的印象。在内容上广告方案的设计要充分表现商品及服务信息，符合广告文字清晰、连贯、统一和突出重点的原则。

3. 随文

有的广告还附有随文，也就是正文之外的说明文字，比如公司的地址、电话、商品原料等。这一部分内容一般不用什么修辞手法，而采用直接叙述的手法。

三、经典范例

【范例一】

唯一能够感知您的脸形并且随之调整的剃须刀

××传感剃须刀，适合于每个男人特性的剃须刀。

它内含双层刀片，各自与高度灵敏的弹簧相连，能够连续地感觉并根据您脸部的不同曲线和独特需要而自动调整。

革新比比皆是。其精致的脊部、匀称的造型，使您能体会至深；简单的装卸系统和方便的剃刮功能皆能任您享用。

创新还在于剃刀的清洗。其新型刀片的宽度仅为一般刀片的一半——可用水自由冲涤，毫不费力。

诸多传感技术的融合，给您富有个性的脸颊一把特制的剃须刀——最贴切、最顺滑、最安全、最舒适。

男人所能选用的最佳剃须刀！

出品：××××××

地址：××市××街××号

联系人：×××

电话：××××××××

【范例二】

有了它，我再也不怕吃饭了！

您的孩子是否偏食厌食？您是否为此想尽办法、伤透脑筋？您是否在担心孩子不能有效吸收营养？

现在不用担心了，因为有了××口服液。它融合传统医学与现代科技成果，从调理脾胃入手，能有效促进食物消化和营养均衡吸收，解决儿童厌食和偏食现象，是儿童成长的好帮手。

××口服液采用纯天然药用食物，安全温和、不含激素，并有儿童喜欢的酸甜果味。孩子服了更放心，更开心。

出品：××企业集团××生物制品厂

上海医药总经销：××保健品配售有限公司

电话：××××××××

四、巩固提高

1. 下列广告中属于商业广告类别的有（　　）。

A. 求职广告　　B. 劳务广告　　C. 企业形象广告　　D. 招聘广告

2. 下列广告中属于非商业广告类别的有（　　）。

A. 产品广告　　B. 政府公告　　C. 公益广告　　D. 求职广告

3. 请你总结生活中的优秀广告语，并分析其特色。

4. 选择你家乡的一个产品或景点，为其写一份广告。

五、本节要点提示

1）广告是为了某种特定的需要，经过大众传播媒介，公开而广泛地向社会传递信息的一种宣传手段，它是能使人们了解某事物的语言、文字和图像。

2）广告具有真实性、目的性、艺术性、功利性等特点。

3）根据不同的标准，广告具有多种分类方法。

4）文字广告通常包括标题、正文、随文三大基本部分。

第十节　开　幕　词

一、知识精讲

1. 开幕词的概念

开幕词是大型会议开始的时候，由组织召开会议的机关的主要领导人向大会全体代表发表的讲话。开幕词的内容主要是阐述会议的指导思想、宗旨、重要意义，向与会者提出开好会议的要求，或对会议的成功表示祝愿。

开幕词是大会正式召开的标志，主要领导人亲临大会并发表开幕词，显示了组织者对大会的重视。开幕词所提出的会议宗旨是大会的主导思想，所阐明的目的、任务、要求等，对于会议有着重要的指导作用。会议结束之后，与会者传达会议精神时，开幕词也是其重要的依据之一。

2. 开幕词的特点

（1）宣告性　在开幕词中正式宣告会议开幕，给会议营造一种隆重气氛。如果这是具有历史意义的会议，那么其历史意义就是从这一宣告开始产生的，因而这种开幕词必将随着会议的一系列重要文件一起载入历史史册。

（2）提示性　在开幕词中明确交代会议的议题，扼要说明会议的议程、原则，交代会议的主要精神，起到点题的作用，使与会者心中有数。

（3）指导性　在开幕词中阐明会议宗旨，提出会议任务，说明会议目的、指导思想和重要意义，这对开好会议将起到重要的指导作用。

除此之外，开幕词一般要求简洁明了、短小精悍，最忌长篇累牍，言不及义，行文中多使用祈使句，表示祝贺和希望。语言应该通俗、明快、上口。

3. 种类

按内容可以分为侧重性开幕词和一般性开幕词两种。

侧重性开幕词往往对会议召开的历史背景、重大意义或会议的中心议题等做重点阐述，其他问题一带而过。

一般性开幕词则只对会议的目的、议程、基本精神、来宾等做简要概述。

二、指点迷津

开幕词一般由首部、正文和结束语三部分组成。

1. 首部

包括标题、时间、称谓三项。

（1）标题　开幕词的标题可由以下几种方式构成。

1）会议名称加开幕词构成，如《××××大会开幕词》。

2）由致辞者姓名加会议名称加开幕词构成，如《×××同志在××××会上的开幕词》。

3）只写文种，直接写“开幕词”作为标题。

4）复式标题，主标题揭示会议的宗旨、中心内容，副标题与前两种标题的构成形式相同，如《我运动，我健康，我快乐——××××学校运动会开幕词》。

（2）时间　标题之下，注明会议开幕的年、月、日，并加括号标写在标题下方正中位置。

（3）称谓　根据会议的性质及与会者的身份确定。开头顶格写称谓，应根据会议的性质和与会人身份而定，如“女士们、先生们”“各位来宾”“朋友们”或“各位代表”“各位同学”“同学们”“运动员同志们”等，如有特邀嘉宾，可写作“尊敬的××先生，各位代表，朋友们”等，并用冒号引起下文。

2. 正文

包括开头，主体两部分。

（1）开头部分

1）宣布大会或活动开幕。

2）介绍与会者的有关情况。

3）向与会者表示欢迎与感谢、对会议或活动的召开表示祝贺。

一般开门见山地宣布会议或活动开幕。也可以对会议或活动的规模及与会者的身份等做简要介绍，如“参加这次运动会的运动员有×××人，其中有来自××班级××……”，并对会议的与会人员表示欢迎，对会议或活动的召开表示祝贺。需要说明的是，开头部分即使只有一句话，也要单独列为一个自然段，将其与主体部分分开。

（2）主体部分　这是开幕词的核心部分，包括三项内容：一是阐明会议或活动的意义，通过对以往工作情况的概括总结，和对当前形势的分析，说明会议或活动是在什么形势下，为了解决什么问题和达到什么目的召开或举行的；二是阐明会议或活动的指导思想，提出大会或活动的任务，说明会议或活动主要议程和安排；三是为保证会议或活动顺利举行，向与会者提出会议的要求和希望。主体部分要概括说明，点到为止；行文则要明快、流畅，评议要坚定有力，充满热情，富于鼓舞力量。

3. 结束语

简短、有力，有号召性和鼓动性。一般都是“预祝大会圆满成功”等祝愿性语言。一般另起一段。

三、经典范例

××××学校春季运动会开幕词

（××××年××月××日）

各位运动员、裁判员，老师，同学们：

××××学校第××届校园体育周暨××××年春季运动会，经过前期的谋划即将开幕，我代表学校对这次运动会的隆重举行表示热烈的祝贺！

今天的校园格外美丽，绿树红花，彩旗飘飘，如诗如画！一张张笑脸映着阳光，一声声号令震撼蓝天，“我运动，我健康，我快乐”是我们花儿少年的心声，展示了我们积极向上的风貌。

体育是跳动的音符，体育是舞动的旋律，体育是我们生命中的太阳。我校坚决执行“一课两操”的要求，积极开展快乐大课间活动，让学生在课间走出教室，在丰富多彩的体育活动中增强体质，培养信心，领略体育的魅力，体会运动的快乐。这次运动会，既是对同学们身体素质的一次大检阅，也是对同学们坚强意志和拼搏精神的一次考查。

希望参赛的小选手们秉承“团结、友谊、进步”的时代主题，在运动会上敢于争先，展示集体意识、竞争意识、团队合作精神、顽强拼搏精神，希望我们各班级能赛出友谊、赛出风格。同时也希望全体工作人员严肃认真，忠于职守，热情服务，保障安全。

让我们共同努力，办出一届“安全、文明、圆满”的运动盛会。并以此为契机进一步推动校园阳光体育运动的发展，进一步提高我校体育运动水平！

预祝本次运动会圆满成功！谢谢大家！

四、巩固提高

（一）选择题

1. 下列关于开幕词的表述错误的一项是（　　）。

A. 开幕词是在会议开始时，由会议主持人或主要领导人向大会所做的开场白。

B. 开幕词是人际交往表达美好愿望的重要工具。

C. 开幕词有对上级的关怀、来宾的支持表示尊敬和感谢的意思。

D. 在会议或活动现场宣读开幕词，一般不念标题、署名和日期。

2. 下列表述符合开幕词特点的一项是（　　）。

A. 开幕词的宣告性表现在它可以载入历史史册。

B. 扼要说明会议议程、原则，交代会议精神，是指示性的表现。

C. 阐明会议宗旨，提出会议任务，对会议有指导作用。

D. 致辞人在致开幕词时，语气上有明显的鼓动性和号召性。

（二）改错题

巨臣股份有限公司股东大会开幕词

总经理　杨　过

各位先生，各位女士，各位朋友：

欢迎前来参加这个盛大的聚会。今年是20世纪最后一年，也是本公司快速成长的一年，在此，请允许我代表董事会向为此付出了辛勤劳动的全体员工表示感谢。正是由于全体员工的不懈努力，本公司在过去五年中克服了亚洲金融危机等因素带来的困境，业绩增长了40倍，股票价格上涨了800%。

在过去的几年中，本公司为迎接中国加入WTO做出了不懈努力，在技术积累和人力资源储备开发方面取得了长足进步，为公司的下一步发展奠定了坚实基础。我相信，在全体员工的不懈努力之下和各位股东的鼎力支持下，本公司在不远的将来一定能实现跻身世界同行500强的目标。各位股东也将获得丰厚的回报。

但是还应看到，机遇与风险并存。IT产业属于高成长、高风险的行业，技术创新投入巨大，市场环境瞬息万变，本公司的发展也将面临众多的困难和挑战。董事会有信心领导企业，迎接挑战，开拓前进，取得新业绩。

各位先生、各位女士，最近传闻本公司出现了财务问题，这是毫无根据的。谣言是不攻自破的，我们这次股东大会的召开，就是要向各位股东澄清这一点。现在，我宣布巨臣股份有限公司股东大会开幕。

（三）写作题

学校要求每个班级召开主题为“青春我做主，拒做低头族”的班会，请你为这次班会活动写一份开幕词。

五、本节要点提示

写开幕词要注意以下四个要点。

1）篇幅要求简短，快速切入正题，内容切忌重复、啰唆。

2）要简洁明了、短小精悍，最忌长篇累牍，言不及义，多使用祈使句，表示祝贺和希望。

3）语言要求口语化、富有感情色彩，又要求生动活泼；语气要热情、友好。

4）语言应该通俗、明快、上口。

第十一节　闭　幕　词

一、知识精讲

1. 闭幕词概念

闭幕词与开幕词相对应，是会议结束时由主要领导人向全体会议代表所做的总结性讲话。致闭幕词的领导人，跟致开幕词的领导人一般不是同一人，通常与致开幕者身份相当或略低。闭幕词的主要内容是对会议做概括性的评价和总结，并向与会者提出贯彻落实大会精神的要求，向与会单位提出奋斗目标和希望。

办任何事情都不能虎头蛇尾，大会有一个隆重的开头，也应该有一个郑重的结尾。会议是否能给人圆满的印象，闭幕词起着重要的作用。

2. 闭幕词特点

（1）总结性　闭幕词是在会议或活动的闭幕式上使用的文种，要对会议内容、会议精神和进程进行简要的总结并做出恰当评价，肯定会议的重要成果，强调会议的主要意义和深远影响。

（2）概括性　闭幕词应对会议进展情况、完成的议题、取得的成果、提出的会议精神及会议意义等进行高度的概括。因此，闭幕词的篇幅一般都短小精悍，语言简洁明快。

（3）号召性　为激励参加会议的全体成员实现会议提出的各项任务而奋斗，增强与会人员贯彻会议精神的决心和信心，闭幕词的行文应充满热情，语言坚定有力，富有号召性和鼓动性。

（4）口语化　闭幕词要适合口头表达，写作时语言要求通俗易懂、生动活泼。

二、指点迷津

闭幕词一般由标题、署名、日期、称呼、正文、结尾五部分组成。

1. 标题

闭幕词的标题，跟开幕词的写法类似，常见的写法是《××××大会闭幕词》或《×××在××大会上的闭幕词》。偶尔也有主副标题的写法，将主要内容或主要观点概括成一句话做标题，再用“××大会闭幕词”做副标题。

2. 署名

署名即署上致闭幕词的领导人的姓名，置于标题下一行居中位置。

3. 时间

时间即致闭幕词的时间，放在标题署名之下居中位置。

4. 称呼

根据会议的性质及与会者的身份确定。开头顶格写称谓，应根据会议的性质和与会人身份而定，如“女士们、先生们”“各位来宾”“朋友们”或“各位代表”“各位同学”“同学们”“运动员同志们”等，如有特邀嘉宾，可写作“尊敬的××先生，各位代表，朋友们”等，并用冒号引起下文。

5. 正文

一般先简要回顾大会的议程，有关报告人讲话的要点，肯定大会的成绩或收获。

主体部分需要总结大会取得了什么成果、达到了什么目的、会议的基本精神和会议的影响等。有些闭幕词还分析当前形势、指出今后任务等。

主体部分结尾提出贯彻落实大会精神的号召、希望和要求；表示祝愿；宣布大会胜利闭幕；对保障会议顺利进行的有关单位和个人表示感谢。

6. 结尾

结尾一般就一句话：“现在，我宣布，××××会议闭幕。”

三、经典范例

上海世博会高峰论坛闭幕词

（俞正声）

（2010 年 10 月 31 日）

尊敬的蓝峰主席，尊敬的沙祖康副秘书长，尊敬的各位来宾、女士们、先生们：

本届世博会高峰论坛圆满完成了各项议程，即将落下帷幕。这是一场令人振奋、充满智慧的交流。中华人民共和国国务院总理温家宝亲临现场，发表了精彩的演讲，2000 多位海内外嘉宾出席了本次论坛，在此，我谨代表中国 2010 年上海世博会组委会和执委会，向出席本次论坛的各位嘉宾和各界代表，向给予本次论坛大力支持的联合国和国际展览局表示真诚的感谢。

女士们、先生们，世博会论坛直接演绎世博会的主题，为了更好地促进文明的对话和相互的交流，本次世博会创设了系列论坛的品牌，包括公众论坛、主题论坛和高峰论坛，总计 60 余个。在论坛讲台上，大家围绕科技创新、低碳经济、绿色发展、宜居城市、文化传承、和谐互动等新理念和新课题深入探讨，深刻诠释，为解决现实的难题提出了种种设想和方案，为实现美好的城市梦想提出了各种可能的途径。我相信，本届世博会有关城市话题所取得的丰硕成果必将有助于丰富世界遗产的瑰丽的宝库，必将对各国城市的和谐发展提供有益的帮助。

女士们、先生们，刚刚发表的《上海宣言》倡导，通过创新来建设和谐城市，是城市可持续发展的解决之道。致力于建设生态环境友好、经济集约高效、社会公平和睦的和谐城市，是实现城市光荣与梦想的有效途径。城市既是环境问题产生的主要根源，也是各类环境风险的直接受害者，在全球环境治理中，城市承担着不可回避的道德责任和行动义务。城市一直都是人们社会活动的主要载体和组织的典范，调整城市的发展之路，创新体制机制，促进经济发展方式的转变，实现经济的包容性增长，始终是城市可持续发展的永恒课题。

居民是城市的主人，人们来到城市是为了更加有尊严地生活，我们必须坚持以人为本，促进社会的公平与正义，缩小贫富差距，这是构建宜居社区、和谐城市的要义所在。

女士们、先生们，我们有幸共同分享了世博盛会带来的喜悦，这些美好的体验和记忆必将长久地留存在我们的心中。本届世博会对上海、对中国、对世界将是重要和深远的，在这个意义上说，高峰论坛的结束、上海世博会的谢幕，意味着一个新的开始，衷心祝愿世博魅力永续，我们的友谊永存。

最后，我宣布，中国2010年上海世博会高峰论坛闭幕。

四、巩固提高

1. 闭幕词的特点主要有______、________、______、________。

2. 闭幕词的篇幅一般都短小精悍，语言简洁明快，这表明了闭幕词具有（　　　　）的特点。

A. 总结性　　B. 概括性　　C. 号召性　　D. 口语化

3. 学校于元旦当天举行了迎新年晚会，请以此为题材拟写一篇闭幕词。

五、本节要点提示

写闭幕词要注意以下四个要点。

1）跟踪会议进程，掌握全面情况。

2）注意和开幕词前后呼应。

3）补充会议内容，适当深化和发挥。

4）高度综合概括，富有鼓动性和号召力。

第十二节　调查报告

一、知识精讲

1. 调查报告的概念

调查报告是针对某一现象、某一事件或某一问题进行深入细致的观察或调查，对获得的材料进行认真的梳理和分析，在理解的基础上试图解释所研究的现象、矛盾或问题，以文字、图表等形式把调查研究的过程、方法、主要内容、理论思考及解决问题的对策呈现出来的书面报告。

2. 调查报告的特点

调查报告的特点主要有以下四点。

1）针对性。明确提出所针对的问题，分析出问题的症结所在，提出具体可行的建议和对策。

2）真实性。调查报告的内容必须真实，作者写作时要力求客观。事实是调查报告的基础，实事求是地分析评价，得出符合客观实际的结论。否则，没有真实性，调查报告也就失去了应有的作用。

3）典型性。所揭示的问题是否具有普遍性，所运用的材料是否具有代表性，是调查报告成败的关键。

4）论理性。调查报告的重点在于表述调查所得的材料和结果，同时要从中得出结论和意见，这就决定了它要以叙述为主，同时辅以必要的议论。它的主要内容是叙述事实，说明情况，在此基础上进行必要的分析综合，而无须完整的论证过程。

3. 调查报告的种类

从调查目的和对象出发，结合最终形成的书面报告的内容综合评价，将调查报告分为应用性调查报告和学术性调查报告两大类。

（1）应用性调查报告

1）总结典型经验的调查报告。这类调查报告的写作应着重说明其产生的历史条件，叙述其发展经历和过程，着重介绍在发展过程中遇到的问题和解决这些问题的具体做法以及所取得的成绩和指导意义。

2）反映基本情况的调查报告。这类调查报告又分为两种情况：一种是反映具体情况的个案性质的调查报告；另一种是反映基本情况的调查报告，调研范围相对宽广，报告内容主要供决策时做参考，也可说明某种客观现象，某一学术观点。

3）揭露问题的调查报告。写作这类调查报告不仅要如实地揭露问题，而且要客观地分析原因，准确地判明性质，既要指出问题的严重性和危害性，也要提出解决问题的办法和处理问题的具体建议。

4）介绍新生事物的调查报告。这类调查报告比较全面完整地反映新生事物的发展过程和成长规律，揭示它的现实意义和社会作用。它多在“新”字上下功夫，重在扶持和促进新生事物的成长壮大。

5）查明真相的调查报告。这类报告多针对社会和群众反映强烈的问题和事件进行调查，以披露真相，还其本来面目，消除人们的疑惑。它一般只叙述说明事实，不做过多的议论。这类调查报告的对象还包括未曾显露真相的历史事实，其目的仍然是还其本来面目，还历史以真实。

（2）学术性调查报告　学术性调查报告是以学术或学科研究为出发点，主要以专业研究人员为读者对象，着重于对社会现象的理论探讨。绝大多数学术性调查报告重在调查、分析各种社会现象之间的相互关系和因果关系。目的是通过对实地调查资料的分析，或归纳、提出、证明学术学科的某一理论观点，或就某一学术观点提出质疑或补充，或揭示某一事物、某一社会现象的本质和发展规律。

二、指点迷津

调查报告没有固定不变的格式，不同调查报告的写作要求，主要依据调查的目的、内容、结果以及调查报告的读者对象和主要用途来决定。但一般来说，各种调查报告在结构上都可分成标题、前言、主体、结尾和附录五部分组成。

1. 标题

标题是引起读者注意的关键因素。标题要求简明、醒目、针对性强、能打动和吸引人。

一般可分为单标题和双标题两类。所谓单标题，就是一个标题。其中又有公文式标题和文章式标题两种。

（1）公文式　由单位名称、事由、文种组成，单位名称通常省略。如《关于当代大学生消费问题的调查报告》。

（2）文章式　标题中不用"调查""调查报告"等文种名称。如《湖南农民运动考察报告》。

双标题由主题、文体组成。如《我的地盘我做主——××学院学生微信朋友圈的调查》。

2. 前言

前言又称引言或导语，前言是调查报告的开头部分，在调查报告中有十分重要的地位。它确定文章基调，清理材料，作为报告的起点，前言应开门见山，干净利落，简明扼要而又重点突出。

前言内容应包括：

1）交代调查的时间、地点、目的、对象、范围等；调查团队的组成、分工情况说明。

2）概括调查方法、调查的主要内容、主要收获。

3）交代调查工作的背景、文献综述以及通过调查所获得的结论等。

常见的前言有：

1）简介式前言，即对调查的课题、对象、时间、地点、方式、经过等做简明的介绍。

2）概括式前言，即对调查报告的内容（包括课题、对象、调查内容、调查结果和分析的结论等）做概括的说明。

3）交代式前言，即对课题产生的由来做简明的介绍和说明。

3. 主体

主体也就是调查报告的正文。主体部分要求详细而具体地展开全文内容，要有情况，有分析，观点鲜明，材料确凿，层次分明。主体部分结构的安排要根据调查的内容来确定。要表现什么样的材料，要说明什么样的问题，报告主体部分就要努力为这两者服务。

各类调查报告主体的写作要注意四点：

一是要确定好主题，做到主题集中、深刻；二是要安排好结构，既可按问题性质归类，列出小标题，逐点逐层报告，又可按时间先后顺序或事件发生的先后顺序逐次报告；三是做到观点和材料相统一，善于运用数字说明问题；四是要正确地表达。

4. 结尾

结尾要提出解决问题的意见或建议。调查报告的结尾没有固定的格式：有的通过主体部分的系统分析，顺水推舟地得出结论；有的总结全文，突出基本观点；有的强调揭示出问题的严重性以引起重视；有的根据分析出的问题，提出针对性强的解决问题的建议、措施和办法。结尾应注意的是：一要简练，二要注意不写与主体部分重复的内容，以免画蛇添足。

5. 附录

调查资料中篇幅长而又很重要的图表和文字说明资料可作为附录附在报告之后。附录并不是调查报告不可缺少的部分。只有大型调查报告才需要附录。附录的内容不应随意扩张，只有那些与调查报告密切相关而又无法为调查报告所包容的内容才应列入附录之内。如：调查问卷、量表、计算公式的推导、数据计算方法等。

三、经典范例

关于大学生网购调查报告

前言

在我国，受网络影响最深、最广的莫过于有较高文化层次的大学生，作为最先接受新技术的群体，大学生对电脑和互联网更是情有独钟，据CNNIC于2008年1月发布的《第二十一次中国互联网络发展状况统计报告》显示，我国网络购物者从年龄上来看以18～24岁的为最多（43.6%）。而从网络购物者的文化程度来分析，上网购物的大学生已经达到总数的49.3%。

作为“高触网”的大学生，随着网络和电子商务的发展，他们成为网络购物的主体。他们往往扮演着引领社会消费趋势的角色，尽管在校期间没有收入来源，在消费能力上受到了限制，但大部分学生4年之后都会获得一份高于社会平均收入水平的工作。所以在校大学生一旦突破了资金限制，将会成为社会主要的消费群体，其在校期间的消费行为会代表未来几年的消费趋势。基于这样一种考虑，我们对在校大学生进行问卷调查，以期了解当代大学生网络购物的主要特征。

正文

摘要：淘宝、支付宝、商家信誉、旺旺——这些词语如今是大学生的常用语，在校园里在宿舍里，怎样买到物美价廉的好东西，也是每天都能听到的讨论，但是其中也分为了两派，一派热衷于网络购物，而其他人则对网络购物有一定的顾虑，针对这种现象的出现，我们进行了小范围的市场调查，并得出了以下结论。

一、大学生网络购物简介

在校园里那些快递公司每天中午就像开展销会一样，在宿舍楼下摆开一长串各式各样的邮件。但是还有许多同学不屑于或者不愿尝试网上购物，阻碍他们的原因是什么？那些热衷于网上购物的学生，他们的购物动机、购买物品的特点又是什么？男女大学生在网络购物上有什么区别？

阻碍大学生进行网上购物的主要心理障碍因素是：产品的品牌、价格、质量、可靠性、保质期等方面，以及网上同类产品的信息的丰富程度、可筛选性、可对比性是否能够达到购买者的预期标准。此外，网上交易的安全性、方便与否也是影响因素。男生更多怀疑的是网上信息的可靠性，而女生则更多怀疑的是网上购买产品的质量。求乐、求廉、求方便是大学生网上购物的主要动机，男女消费动机存在显著差异。男生比较看重便捷，女生更加看重价格。从网上买来一件商品自己是否满意，除了商品本身外，支付方式、商家信誉、运送满意程度也是影响总体满意度的几个重要方面。因此，网上购物对于大学生而言利弊同时存在，我们将就此类问题进行简述与分析。

二、调查方案与结果

（一）调查方案

1. 调查目的

通过对大学生网络购物的调查，了解并寻求大学生购物的趋向以及大学生的购物标准等问题。

2. 调查方法

通过口头询问、访谈等方式对大学生进行调查、研究。

3. 调查对象

在校大学生（大一至大四的学生）。

（二）调查结果

1. 大学生网络购物的特征分析

（1）大学生网络购物的性别特征

经过调查，发现进行网络购物的男生略多于女生，男生运用网络的频繁程度明显高于女生，对于一些网络制式的了解程度也好于女生，这可能是导致这一特点的原因之一。

（2）年龄特征

现今，大学生的年龄一般集中在18～24岁的范围内，而18～22岁居多。经过对大学生网络购物的调查，我们可以看出，大三、大四的学生进行网络购物的人数要多于大一、大二，并且网络购物的次数同样要高于低年级。因此可以看出，网龄对进行网络购物同样有着一定的影响，高网龄的人群同时也是网购频繁的人群。

（3）支付力特征

大学生的基本生活花费都来源于家庭的供给，因此，大学生的消费水平也与其家庭情况相符合。大家的生活费都是集中于400～800元之间，过高或过低的人只占较少的一部分，因此，大家在必备的一些消费外才会考虑进行一些额外的消费。

2. 原因分析

（1）不尝试网络购物的原因

调查显示没有尝试网络购物的大学生，不选择网络购物并不是因为不会，或是对网络购物了解得较少，多数原因集中于其对网站的不信任，怕受骗上当，质疑网络的安全性，担心网上付款环节等。而质量、信息搜索以及订购等只有在消费进行时才可以切身体会的。因此，诸多原因的存在使很多人不愿尝试网购。

（2）进行网络购物的原因

通过访谈，多数有过网络购物经历的人表示，他们选择网络购物的原因主要是其时效性、便利性、价格低以及商品的多样性。大学生选择网络购物主要是看中它的便利性，网络购物更方便，更能节约成本，同时还可以获得更多的商品信息。

3. 大学生对网站的选择

（1）获知渠道

从调查结果看，获知渠道主要有朋友介绍、网站介绍、电视广告、网络广告等。大学校园人口比较密集，全国各地的人都有，年龄比较接近，所以消费取向也比较相像，使得大学生在消费时，在室友、同学、老乡、朋友的影响下很容易出现从众的行为。

（2）选择的原因

网站的选择通常看的是该网站的知名度、信誉、信用等。大学生有着较清晰的品牌意识，对知名度高、信誉好的产品信任度和青睐度比较高。所以选择的网站也大多集中在几个比较大型的网站，比如淘宝网、易趣网。

4. 大学生网络购物的购买行为特征

（1）购买的商品类型或服务类型

从调查结果来看，大学生在网上最常购买的商品和服务包括服装鞋帽、书刊、在线充值、票务或教育服务等。通过中国网络信息中心的调查，网上购买的商品和服务主要是书刊、服装鞋帽、数码音像制品、化妆品及个人护理用品等。这些商品和服务体现了大学生在生活、学习和文化、娱乐等各个方面的消费。

（2）购买频率和购买金额

通过调查，大学生网购的频率多数集中于每三个月一次，但是也有少数人每个月会有一次网络购物。而在购物金额方面，则普遍集中于100～300元，购买的金额与上述所说的大学生主要购买的商品和服务类型相吻合。

（3）价格期望

从调查结果来看，影响大多数大学生是否进行网络购物的主要原因并不是价格，大学生的消费观念较理性，不仅关注商品的价格和质量，而且有着较清晰的品牌意识，对知名度高、信用度好的产品信任度和青睐度比较高。

5. 付款方式

调查结果显示，绝大多数进行网络购物的大学生选择的是第三方支付或网上支付。由于电子支付的状况已得到一定改善，大部分大学生对于网上支付的安全性比较放心。

6. 大学生对于网络购物的评价

（1）网上购物担心的因素

通过对商品的质量品质、付款的安全性、售后服务、配送的及时性等问题的评价相比较，经常进行网络购物的大学生对于商品的质量问题的担忧率是最高的，而对于售后服务和配送的及时性问题的评价相对比较低。没有网络购物经验的人则对于网络的安全性顾虑比较多，而在有过网上购物经验的大学生中已建立了基本的信任，因此，初次的网络购物体验非常重要。

（2）需要改善的方面

调查结果显示，商品的质量品质、售后服务、配送的及时性、安全性等问题多次被谈及，尤其是质量品质与售后服务问题，表现得尤为严重，所购物的商品与自己想象中的反差过大，而售后服务又不能得以保证，这是大学生比较关注的问题。

（3）未来购买意愿

对于网络购物，绝大多数大学生的购买欲望还是比较浓厚的。除去一些不可避免的因素，网络购物确实有一定的可行性，方便、商品种类多样、价格低等优点都是吸引大学生进行网络购物的主要因素。

（4）网络购物的前景

绝大多数的大学生认为网络购物的前景广阔，发展空间大，易于被接受。

三、结论

（一）大学生网络购物的潜力巨大

虽然经济条件约束着大学生的消费行为，使其无法开展更多的网络购物活动，但进入社会后，他们将成为中高收入人群，其购买力也将有所提高。因此，考察大学生的购买力不能仅是局限于他们目前的实际购买量去衡量，而应该将目光集中于其终身价值，将来固定的收入将参与他们的消费力，他们参与电子商务活动的潜力是巨大的。

（二）大学生网络购物的市场已经形成

有调查结果可以看出，大学生上网已经普及，大学生每天上网的时间一般为1～5小时，多数人对于网络的依赖性较强。而在网络购物的人群中，大学生又有一定的数量，学生之间的宣传与交流必将促使进行网络购物的人群扩大。

（三）购物首选网站高度集中

大学生购物首选的网站多会集中于几个网站，例如：拍拍网、淘宝网、易趣网、卓越网等。由于这几个网站的知名度高、信誉度高，这就促使了大学生将购物的首选网站定于其中。较清晰的品牌意识是大学生在网站选择方面的主要决定因素。

附件

大学生网络购物市场调查（样卷）

所在大学：××××大学

1. 你所就读的年级？

A. 大一　　B. 大二　　C. 大三　　D. 大四

2. 你是否听过或接触过网络购物？

A. 没听过　　B. 听过但没接触过　　C. 偶尔网络购物　　D. 经常网络购物

3. 你经常浏览的网络购物的网站是什么？

A. 淘宝网　　B. 易趣网　　C. 拍拍网　　D. 卓越网

E. 其他

4. 你进行网络购物的理由是什么？

A. 方便　　B. 价格低　　C. 商品种类多　　D. 出于好奇

E. 其他

5. 你选择的网上支付方式是什么？

A. 第三方担保（支付宝等）　　B. 网上银行直接转账

C. 电信支付方式（手机、固定电话等）　　D. 货到付款

6. 你经常选择的商品有哪些？

A. 书籍类　　B. 电子商品类　　C. 服装服饰类　　D. 化妆品类

E. 其他

7. 平均一次购物金额是多少？

A. 100 元以下　　B. 100～500 元　　C. 500～1000 元　　D. 1000 元以上

8 你对商品的质量是否满意？

A. 比较满意　　B. 一般　　C. 不满意

9. 你对到货时间是否满意？

A. 比较满意　　B. 一般　　C. 不满意

10. 你对网上购物是否信任？

A. 信任　　B. 不信任

11. 你在网上购物的频率？

A. 每个月一次　　B. 每个季度一次　　C. 每年一次　　D. 更多

12. 你在网络购物遇到的困难是什么？

A. 商品的质量品质　　B. 商品的种类　　C. 付款安全性

D. 售后服务　　E. 配售的及时性

13. 你对网络购物发展前景的看法是什么？

A. 发展空间大，潜力巨大　　B. 不怎么样，存在问题过多

C. 短期内不会太好

14. 你是否会继续或尝试进行网络购物？

A. 会　　B. 不会

15. 你通过什么方式了解网络购物？

A. 朋友　　B. 同学、室友　　C. 网站介绍　　D. 电视杂志广告

四、巩固提高

（一）选择题

1. 下列不属于调查报告主要特点的是（　　）。

A. 针对性　　B. 真实性　　C. 及时性　　D. 典型性

2. 调查报告的构成部分一般不包括（　　）。

A. 版头　　B. 标题　　C. 前言　　D. 结尾

（二）判断题

1. 写作调查报告没有特定目的，从实际情况出发，调查得到了什么样的材料就写什么样的报告。（　　）

2. 调查就是了解情况，写作调查报告的最根本任务就是将调查的原始材料如实地向领导汇报。（　　）

3. 调查报告叙述的材料内容，必须具有绝对的客观性。（　　）

（三）写作

根据所给材料写一份调查报告。

（1）从以下题目中选择一题，学生分组拟出一份调查问卷；

（2）根据课堂设计问卷调查表开展调查活动；

（3）撰写出调查报告。

调查参考题：

1）本校（本班）同学消费情况调查；

2）本校（本班）同学课外阅读情况调查；

3）本校（本班）同学业余爱好调查；

4）本校（本班）同学对各门学科的学习兴趣与成绩情况调查；

5）对在同学中引起强烈反响的现实问题的调查。

五、本节要点提示

写调查报告要注意以下五个要点。

1）主题思想应有较强的针对性，有较强的问题意识。

2）数据、材料丰富详实，以统计数据说明问题，以事实材料证明结论。

3）对数据和材料进行专业化分析和理论提升，不是数据和材料的简单罗列和堆砌。

4）论点鲜明，论据充分，论证严密。

5）写调查报告的时候应明确报告的读者群体，报告写作过程之中应充分考虑读者的需要和感受。

第十三节 述职报告

一、知识精讲

1. 述职报告的概念

述职报告是指党政机关、社会团体、企事业单位的领导或工作人员，根据制度规定或工作需要，定期或不定期向所在的工作单位人事部门、主管领导以及上级机关陈述自己在一定时间内履行岗位工作的成绩、问题等的书面报告。

2. 述职报告的特点

（1）述职的自我性 述职的自我性即自我评述，是述职报告不同于一般的工作总结、工作报告的显著特点。

（2）论述的确定性 写述职报告要依据岗位职责和一定时期的目标任务去评价自己的工作。

（3）内容的规定性 述职报告要求对任职的一定时期的德行、能力、勤政、政绩四个方面来述职，尤其是政绩。

3. 种类

根据不同的分类标准，述职报告可以分为多样的种类，但一般有以下两种。

1）晋职述职报告，即有关领导者或工作人员为晋升更高一级职务时，必须向主管部门和领导报告履行岗位工作的情况。

2）例行述职报告，即担任一定岗位职务的人员，定期向有关组织和群众汇报工作情况，接受组织的考核与监督。

二、指点迷津

述职报告没有固定的写作模式，根据不同类型和主旨，可灵活安排结构。一般由标题、称呼、正文、结语和落款五部分组成。

1. 标题

述职述职报告的标题，常见的写法有三种：

1）文种式标题，如《述职报告》。

2）公文式标题，由姓名、时限、事由、文种名称组成，如《张×20××年试聘期述职报告》《20××年至20××年任商业局长职务的述职报告》。

3）文章式标题用正题，或正副题配合，如《××××年个人述职报告》《思想政治工作要结合经济工作一起抓——××公司王××的述职报告》。

2. 称呼

1）书面报告的称呼，写主送单位名称，如“××党委”“××组织部”或“××人事处”等。

2）口述报告的称呼，写对听者的称谓，如“各位代表”“各位委员”“各位同志”，或“各位领导，同志们”。

3. 正文

述职报告的正文，由开头、主体、结尾三部分组成。

（1）开头　开头，又叫引语，一般交代任职的自然情况，包括何时任何职，变动情况及背景；岗位职责和考核期内的目标任务情况及个人认识；对自己工作尽职的整体估价，确定述职范围和基调。这部分要写得简明扼要，给听者予一个大体印象。

（2）主体　主体，是述职报告的中心内容，主要写实绩、做法、经验、体会或教训、问题，要突出以下三个方面：

一是思想政治素质方面，任职期间的指导思想，对党和国家路线、方针、政策、以及法规的执行情况，敬业爱业精神，工作态度和作风等。

二是主要工作成绩，在任职期间如何按要求履行职责，对上级布置的任务完成情况，工作中解决了哪些问题，取得了哪些阶段性成果，社会效益和经济效益如何，有无开拓创新精神，自己的业绩获得哪些评价、奖励。自己总结了哪些工作经验，发现了哪些规律性的东西。

三是存在问题及其原因，指出履行职责期间存在问题和不足之处，要找出主客观原因。

这部分，要写得具体、充实、有理有据、条理清楚。由于这部分内容涉及面广、量多，所以宜分条列项写出。“条”“项”要注意将内在逻辑关系安排好。

（3）结尾　首先，对自己履行情况做一个基本的评价；其次，简要地说明自己的一些体会或今后的设想、建议和意见。这些内容如果前面已经说过，也可以不写结尾部分。对自己做基本评价时，语言要有分寸，要恰如其分，不夸大、不贬抑。还要适当提及支持和协助自己工作的领导和其他同志，说一点感谢之类的话。

4. 结语

可以用“以上报告，请审阅”“以上报告，请审查”“特此报告，请审查”“以上报告，请领导、同志们批评指正”等作结。

5. 落款

述职报告的落款，写上述职人姓名和述职日期或成文日期。署名可放在标题之下，也可以放文尾。

三、经典范例

学生会干部个人述职报告

××，女，共青团员，××××年进入××学院学习。曾获得多项光荣称号。“爱拼才会赢”，是我信仰的人生格言。它贯串在我学习生活的方方面面。我是党的后备军，我愿意借我的一点微光照亮周身同学，一同进步，共同成功；我是一名大学生，曾是一名学生会干部，我希望，成为一名德智体全面发展的高素质人才。“十佳百优”是我的追求与目标，“虽不能至，但心向往之”，一直在为之努力。现述职如下：

一、思想方面

作为21世纪的大学生，思想是行动的指南，只有充分把握好自己的思想，才能树立共产主义信念和正确的世界观、人生观、价值观和荣辱观。从一迈进××学院这片知识的殿堂，我就从思想及行动上积极向党组织靠拢，并认真学习党章，积极主动地学习党内外知识，关注国家大事，时刻保持党的先进性，深入贯彻学习党的“××大”报告精神，全面深刻领会“××大”报告的精神，熟悉共青团组织和当代青年大学生所肩负的神圣使命，进一步坚定党的信念。在老师的栽培下，我对中国共产党有了更深刻的了解，我的思想有了很大的进步。生活中我时刻以一名党员的标准要求自己，以身作则，全心全意为同学服务，尽自己最大努力帮助同学，并向同学们大力宣传党的精神。

二、工作方面

1. 学生会工作方面

从××年××月，我一直积极地投身于组织部工作。自此，我以“认真学习，踏实工作，志愿服务，乐于奉献，严于律己”为工作态度，以“内强素质，增强凝聚力，外求发展，促进团结互助”为工作宗旨，不断进取，认真负责，以更大的责任心来处理学生会的各项工作，帮助老师分忧解难，得到系领导、老师及同学们的一致赞赏。在学生会一年多的时间里，我开展了一系列的活动，坚持以人为本，全心全意为同学服务的宗旨，积极地开展各项工作，并加强自身建设，不断地进行自我超越，为同学构筑了一个服务他人、锻炼自己的舞台，在同学们中得到了较好的反响。

2. 班级工作方面

作为班级一员的我总是与同学和睦相处，主动配合班委做好班级的各项工作，课堂上积极配合老师，我有宽广的胸怀，想同学们之所想，急同学们之所急，全心全意为同学们服务，从而把班级工作做得更好。为提高同学们的学习、生活、交际、友谊等各方面能力，我和班委一起组织多次班级小型联欢会、班会、座谈会等活动，得到了老师、同学的一致好评。我的班级曾在“班级设计大赛”中获奖。

三、学习方面

学习是学生的天职，这是我从小到大一直遵循的原则。进入××学院后，这里前沿的文化，顶尖的知识，渊博的学者，令我对知识的渴求更加如饥似渴。作为学生干部的我，从没有因工作繁忙、参加活动多，就放松了自己的学习。相反，在学习上我比别人付出了更多的努力，不断进步自己的文化知识和专业水平。在××学院一年多，我的成绩一直列本专业前茅，连续位居年级榜首，并以优异的成绩获得了一等奖学金。我的人生信念是：“既然选择了远方，就风雨兼程；既然选择了尝试，便义无反顾。”现在，我已进了三年级下学期，随着专业课的逐渐增多，我会更加努力学习。我不仅发扬着刻苦学习的精神，更在努力培养自己终身学习的发展观念。知识是无边无际的，我常怀活到老、学到老的理念，不断地学习，不断地进步，紧跟时代的脉搏而进步。

四、社会实践方面

我利用寒暑假投身于社会实践，给孩子们做家教，到补习班做教师助理，“五一”“十一”到各个商场发传单，做推销工作，从而把学到的东西运用到实践中去，同时也为广大市民服务。科学文化知识应服务于人类、服务于社会，知识与实践相结合是我们学习的终极目标。我领略了社会精英的聪明才智，收获了在学校不曾学到的社会知识，让我各个方面得到了锻炼，同时我也看到了自身存在的不足，这使我更加了解自己，并明确了自己的努力方向。每一个人都生活在社会之中，每一个人都离不开社会，为了更好地存在和服务于社会，我们必须努力武装自己，用的不只是科学文化知识，更重要的还有社会实践经验和干练的办事能力。

××学院是我的人生转折点，是我人生价值得以初步实现的地方。无论过往有过多少曲折和艰辛，无论拥有过多少星辉和花朵，那都已成为过往，明天东方又将有一轮崭新的红日升起，我更相信“夜正长，路也正长”，我会用“登山则情满于山，观海则情溢于海”的热情和态度，以“没有最好，只有更好”的标准继续我的“人生革命征程”。因为做一名“十佳百优大学生”是我的目标与追求。

四、巩固提高

（一）选择题

1. 某领导的述职报告，将其在职几年的本人工作成绩和部门工作成绩全部都写了进去。对该做法的以下评论最恰当的是（　　）。

A. 合乎情理，因为某领导的部门成绩是与其领导作用分不开的

B. 这样做明显突出了个人在工作中的作用

C. 述职报告都是这样写的

D. 可以这样写，但是应当实事求是地说明自己在这些工作中的实际领导作用

2. 关于述职报告，错误的描述是（　　）。

A. 突出重点　　B. 讲经验不谈矛盾

C. 客观评价　　D. 突出工作特点，显示工作个性

（二）判断题

1. 述职报告按时间分为晋职述职报告和例行性述职报告。（　　）

2. 写述职报告要依据岗位职责和一定时期的目标任务去评价自己的工作，体现了述职报告自我性的特点。（　　）

（三）改错题

述职工作报告

虽然当了很多年的校长，可每到述职，总觉得很难展开确切的表达。以下是××××年××月之前完成的工作，罗列如下是为述职：

1. 教务管理：坚决执行上级规定的标准，严格公示制度，学杂费核对结算，做好困难学生学费减免，助学金发放工作。

2. 校产管理：进一步推进财物报修和申购制度，完善了物采购制度和物品的进出仓手续。

3. 学校基本建设：

（1）加强了体育馆管理建设，充分发挥了体育馆的功能。

（2）美化了东边围墙，使之成为××市最簪的文化宣传长廊。

（3）装备了音乐室、改造了电教室、验收了新的电脑室，完善了教学功能。

（4）改造了校园广播系统，变嘈杂的电铃为悦耳的音乐声。

（5）给每个办公室配备了电脑，并安装了宽带，改善了办公条件，提高了办公效率。

（6）对全校电话进行了“汇线通”电话系统改造，方便对内、对外联系。

（7）修建了教工单车棚，改变了校园车辆乱停乱放的局面。

（8）清洗了办公楼、实验楼外墙，除去多年污垢。

（9）硬化了学校泥操场，增添了活动场地，消除了污染源。

（10）修建了黑板宣传长廊，充分利用了学校的空间。

（11）搞好史、地、生园增强校园文化气氛。

（12）对校园内处露线路进行改造，既美化校园又保障师生安全。

（四）写作

假设你是班级的团支部书记，请你就这一学期的工作写一篇述职报告。

五、本节要点提示

1. 充分占有材料

写述职报告前要反复对照岗位职责要求，对自己的任职情况进行回顾，尽量筛选出能说明问题的材料。如，统计数据、鉴定书、获奖证书、有关新闻报道、典型事例和有关评论等。

2. 力求内容真实

要既讲成绩，又讲失误，既讲优点又讲不足。要注意处理好主管与协管之间、个人与同级之间、个人与集体之间的关系，既不能贪天之功为己有，又不能把失误责任推给别人，对于主管的工作，履职情况叙述要公平、准确、不拔高、也不贬低。

3. 力求内容全面

“职”指述职者职责内应干的所有工作，内容不全面，使人无法了解工作的全貌，难以对任职者的工作做出全面公正的评价。专题述职报告不作此要求。

4. 突出写作重点

重点是工作业绩，如对重点问题的决策、解决和难关的突破，重点项目的经济效益，重点事情的处理等。

5. 突出个性特色

突出自己的个性和特点，尽量避免千人一面，千篇一律，没有特点和个性的写法。

6. 提炼规律性认识

在述职报告里要做到理论与实践结合起来说问题，重视把实践提高到新理论上来认识，总结和提炼带有规律性的认识。在具体写作时，应该以叙事为主，论理为辅，用叙议结合的方式来表达。不能写成就事论事的文章，也不能写成理论文章。

7. 注意语言风格

语言风格是准确、简练、朴实。准确，就是要尽量少用诸如“大体上”“差不多”“基本上”之类模棱两可的话；简练，就是要写短一些，写精粹一些，对情况的交代，过程的叙述，以说明为宜，切忌冗长空乏，拖泥带水；朴实，就是不追求文字的华美，尽量少用形容词。

第十四节　辞 职 报 告

一、知识精讲

1. 辞职报告的概念

辞职报告也称为辞职申请书，是个人离开原来的工作岗位时向单位领导或上级组织提请批准的一种申请书。

2. 辞职报告的特点

（1）严肃性　辞职是一件很严肃的事情，绝不是一种走过场的形式。辞职者辞职前要认真、全面考虑辞职利弊、辞职时机和条件，不要仓促行为，更不能意气用事。

（2）含蓄性　在具体行文时，辞职原因要如实说明，不可语气过于生硬，即便有时不便直白，也要让对方明白辞职的真实原因，不可因辞职信本身而与单位激化矛盾。

（3）简洁性　辞职者与供职单位已有合作，彼此许多情况都互相了解，辞职信里的内容基本上是点到为止，力求简洁。

3. 辞职报告的种类

辞职申请从提出申请的人员身份角度来看，可分为两种。一种是一般工作人员提出的辞职申请，一种是机关干部或单位部门领导提出的辞职申请。如果从辞职人员的意愿去考虑的话，辞职申请还可以分为主动提出的辞职申请和被动提出的辞职申请。需要说明的是国家机关的各级公务员提出的辞职申请，一般要经过相应的形式才可获得批准，它是一种非常严肃的事情。而其他企业集体或较松散的组织内人员的辞职申请则相对较随意一些。

二、指点迷津

辞职报告一般由标题、称呼、正文、结尾、落款五部分组成。

1. 标题

一般辞职信的标题会选择用“辞职报告”“辞职申请”，标题居中，如果是电子版或者是打印版，字体要比正文稍大一些。

2. 称呼

称呼即是你要递交辞职报告的对象，要求在标题的下一行顶格处写明要接受此辞职信的领导称谓或者姓名称呼，并且以冒号结束。

3. 正文

正文是辞职信的主要部分，正文内容一般包括三部分。

首先要交代辞职内容，让领导一看便知辞职意向。

其次要陈述辞职的具体理由。列举辞职的具体原因以及其他详细情况，注意要做到条理清晰，分清主次。

最后要表明辞职的决心和态度，以及在辞职当时及以后，需要领导协助解决的问题。希望领导批准等字样。

4. 结尾

正文下一行空两格，写“某某敬上”或者“此致，敬礼”，注意格式正确，此致敬礼一般分两行写。

5. 落款

在报告正文结尾段的右下角空两行，写上辞职人的姓名以及递交的具体日期。

三、经典范例

辞 职 报 告

尊敬的××领导：

您好！

我怀着复杂的心情写这封辞职信。由于您对我的能力的信任，使我得以加入公司，并且在短短的两年间获得了许多的机遇和挑战。这两年在公司从事的××开发和××管理工作，使我在××开发，××管理等领域学到了很多知识、积累了一定的经验。对此我深怀感激！

由于薪金的原因，我不得不向公司提出申请，并希望能于（具体日期）正式离职。

对于由此为公司造成的不便，我深感抱歉。但同时也希望公司能体恤我的个人实际，对我的申请予以考虑并批准为盼。

此致

敬礼！

申请人：××

××××年××月××日

四、巩固提高

（一）填空

1. 辞职报告的特点包括________、________、________。

2. 辞职报告一般由________、________、________、________、________五部分组成。

（二）判断题

辞职申请从提出申请的人员身份角度来看，可分为主动提出的辞职申请和被动提出的辞职申请。 （ ）

（三）写作题

毕业在即，你将不能继续担任校学生会主席一职，请你向学校写一封辞职报告。

五、本节要点提示

1）在辞职信的开头开门见山告诉公司自己要辞职了。

2）让公司决定自己离开的日期，这会给公司留下一个好印象，在同行中树立好口碑，成为自己求职生涯中的一个亮点。

3）在告诉公司辞职原因时最好说得含糊些，可以说“我打算向其他方向发展”，或者说“由于家庭生活的原因，我不得不辞职”，千万不要把抱怨写在辞职信上，这会影响自己日后的工作。

4）正文结束时应该感谢公司对自己的培养和领导同事对自己的关心，保持联络渠道，为日后的工作、业务往来争取机会。

第十五节 实 习 报 告

一、知识精讲

1. 实习报告的概念

实习报告是指各种人员实习期间需要撰写的对实习期间的工作学习经历进行描述的文本。实习报告是学生对自己实习情况的全面总结，是学校评定学生实习成绩的主要依据。学生通过写作实习报告可以更加清晰地认识到自己所学专业的社会需求状况，自己的知识结构和工作能力有哪些优势和不足，为今后从事实际工作做好知识上、能力上和心理上的准备；

学校通过检查实习报告可以了解到人才培养质量，为不断优化人才培养方案获得丰富的第一手资料。

2. 实习报告的特点

实习报告的特点主要有以下四点：

（1）总结性　实习报告是在实习活动结束之后写的书面报告，因此具有总结性特点。在实习报告中，学生要对整个的实习过程进行回顾，如在实习中做了哪些工作，有哪些收获，有哪些事情做成功了，获得了什么经验；还有哪些事情做得不成功，存在哪些问题，有哪些教训等，都要来一番回顾，进行一次反思。

（2）体会性　实习是学生的一次知识理论和实际相结合的活动，学生把书本知识应用到实践的操作，这中间一定会有很多的感想、体会。在写实习报告时，就会把这些感想体会很自然地写进报告中，因此，实习报告具有体会性、感想性的特点。

（3）知识性　实习报告具有知识性特点，这是因为在写实习报告时，要将在实习中所获得的真知灼见写进去，从而使实习报告具有了知识性特点。学生在实习中运用理论知识解决实际生产中的问题，将理论知识和生产实践结合起来，获得了新的知识，扩大了知识视野，拓宽了知识面，而这些都必将在实习报告中有所反映。

3. 实习报告的种类

1）根据实习报告的性质分：体会型实习报告、知识型实习报告、体会知识型实习报告等。

2）按照实习报告的期限分：学期实习报告、学年实习报告、毕业实习报告等。

3）按照实习报告的内容分：课程实习报告、社会实践报告等。

二、指点迷津

实习报告的格式包括标题、前言、正文、落款四部分。

1. 标题

实习报告的标题有以下几种写法。

1）直接写文种名称，如《实习报告》。

2）实习内容加文种构成，如《辅机实习报告》。

3）实习地点加文种构成，如《网络中心实习报告》。

4）实习时间加文种构成，如《暑假实习报告》。

5）用实习报告的主要观点做标题，如《社会是大课堂，实践长真知识》。

实习报告的标题也可以采用双标题形式，即正标题表现实习报告的主题或主要观点，副标题表明实习的地点或内容。

2. 前言

前言部分概述实习的基本情况。包括实习的时间段、实习的单位、实习的内容、实习的指导老师和带队老师。这一部分语言要简洁，常以“为总结实习经验，做好今后的实际工作，特做如下报告”一句结尾。

3. 正文

正文是实习报告的主体部分，主要包括以下四个方面的内容。

（1）实习内容介绍　这一部分要分阶段、较详细地介绍实习的情况。如从事了哪些工作，这些工作有什么特点，它有什么性质，它在整个工作流程中的地位是什么，有什么重要性，以上这些要结合自己在实习单位的实际工作情况来说，不能按照教科书的说法照本宣科。这些工作自己是怎么做的，完成得怎么样，有没有达到领导的要求，这些也要谈自己的真实情况。这一部分的表达方式主要是叙述。

（2）取得的成绩 这里主要谈自己的收获，成绩要讲足。学校评定学生实习成绩主要看这一部分。学生在实习中了解了什么、懂得了什么、掌握了什么、运用学校学习的理论知识解决了哪些实际问题、学到了哪些书本上没有学到的东西等，要按主次顺序分条列项地写出来。这一部分的表达方式也是叙述。

（3）经验体会 这是理论总结的部分，主要总结成绩取得的原因。这是从感性到理性的飞跃。要把成绩的取得和自己的具体做法结合起来进行分析。经验体会一般要写三条以上，也要按主次顺序分条列项地写出来。这一部分的表达方式是夹叙夹议。

（4）存在的不足 这里主要谈自己在实习中遇到的尚待解决的问题。这一部分也很重要，因为它是我们做好今后的实际工作的现实困难，我们必须认识它、正视它，才能解决它。这一部分不要面面俱到，要抓重点，一般不要超过三条。主要是理论知识还有哪些不足，实习中遇到了哪些问题一时还没有找到很好的解决方法等。这一部分以叙述为主，可稍作议论。

4. 落款

在报告正文结尾段的右下角空两行，写“报告人：××系××专业××年级××”，再在报告人的正下方写上年、月、日。有些学校可能制作了统一的实习报告封面，有关系别、专业、班级在封面上填过后，落款部分只要写报告人姓名和日期即可。

三、经典范例

办公室文员实习报告

毕业实习是每个大学生必须拥有的一段经历，它使我们在实践中了解社会，让我们学到了很多在课堂上学不到的知识，让我们在实际中体会理论，运用理论，受益匪浅；同时使我打开了视野，增长了见识，认识到将所学的知识具体应用到工作中去的重要性，为以后进一步走向社会打下坚实的基础。只有在实习期间尽快调整好自己的学习方式，调整心理，各方面都做好充分准备，去适应社会，才能被这个社会接纳，进而更好地发展自己。

实习地点：××省××市

实习公司：××××××××××有限公司

实习目的：一方面，了解企业管理的先进方式和现代化管理方法，提高调查研究、搜集资料、整理资料的能力，提高理论与实际相结合的能力；另一方面，深切体会人力资源管理的重要性和管理的程序，提高协同合作及组织工作的能力，培养独立分析问题和解决实际问题的能力。

一、实习基本情况

××××年××月××日这一天我开始了我的实习经历。我怀着一颗激动而紧张的心踏入了茂名市利源电气工程有限公司，刚进入办公室的那一刻，我觉得我正在走进另一个领域，在这里我即将度过两个多月的时间，更会在这里认识更多的同事和朋友，学到更多的知识。

二、实习内容和方法

在公司实习期间，我从事的是办公室文员工作，主要负责：接听、转接电话；接待来访人员；负责总经理办公室的清洁卫生；做好会议纪要；负责公司公文、信件、邮件、报纸杂志的分送等工作。

在做以上的工作的时候，我采用了看、问、学等方式，初步了解了公司文秘工作中的具体业务知识，拓展了所学的专业知识。我每次都虚心向办公室的其他同事请教、学习，根据公司的规定，结合自己的理论基础、专业知识，争取有所创新，认真做好每一份工作。在实习完后，不管是理论基础方面，还是实际工作能力方面，我都有了很大的提升，为以后正式参加工作奠定了坚实的基础。

三、实习过程

刚进公司时，我对整个公司的工作非常陌生，文员工作也不知道从何下手，更谈不上管理。后来在公司领导和同事的指导帮助下，开始对公司，对业务，对职位职责有所了解，并充分地应用到学校学到的知识，很快地了解了公司的运作流程。这些事情看上去很简单，但是真正实施起来难度不小，经过一段时间的实践，我才真正全方位地了解了，当然还有很多东西目前掌握的还不够，需要以后多加了解和学习。

虽然一开始只是接听电话，但是这里还很有学问，比如要注意语音语调等一些细节，还有打字复印等简单工作，看似简单，其实需要耐心和小技巧，还得注意时间分寸。要是接待来访客户就更是学问大了，你需要察言观色地了解他们的心理，了解上司的意图等。由于我更多地是想了解整个公司的工作流程尤其是人力资源管理方面的知识，所以我经常努力争取更多的机会去接触专业知识所涉及的领域，而不仅仅局限于完成文员的岗位职责。尽管好多人都认为办公室文员是一“打杂”的角色，但是我仍然认真的学习，在努力完成领导布置的任务之外，积极主动地争取更多的机会去接触其他工作。一开始会觉得很难堪，因为你实在是初出茅庐，尽管你是人力资源专业出来的，但是同事们特别是年龄大一点、职位高一点的员工一般都不会给你机会，也不会相信你，甚至有的还会给你脸色，要不就误会你的意思，以为你是在炫耀，要不就是邀功，其实这些都是在实习的时候我们要努力克服的。我们唯有依靠真诚和谦虚，还有不放弃的精神，比如在我的一再努力和要求下，我拥有了更多的机会去参与部门里的其他工作，而不仅仅局限于作一个文员，印象最深的就是我硬是参加了实习期间公司招聘计划里的职责编写工作，尽管还是犯错了，但是我没有受到过多的责怪，相反经理还给我认真地上了一课，那真的是有一种“听君一席话，胜读十年书”的感觉。

在我实习的过程中，既有收获的喜悦，也有一些遗憾。也许是实习时间短和我并非文秘专业的关系，还有一些对文秘的工作的认识仅仅停留在表面，只是在看人做、听人讲如何做，未能够亲身感受、具体处理一些工作，所以未能领会其精髓。但是实习加深了我对文秘基本知识的理解，丰富了我的实际管理知识，使我对日常文秘管理工作有了一定的感性和理性认识。我认识到要做好日常企业文秘管理工作，既要注重管理理论知识的学习，更重要的是要把实践与理论二者紧密相结合。

四、实习总结

从自身方面看，作为新人，犯错是不可避免的，但是做一份工作是要为自己行为负责，需要把自己的心态调整好。而知识的有限，令我在工作中遇到很多问题，事倍功半的情况也常常出现。缺少创造性的思维，很难在工作中创新。没有给自己在工作中定好位，一些时候是在被动地工作。

在以后的工作中，我从思想上要引起重视，自工作开始就要培养“生存危机”意识，认识到理论结合实践的重要性，自觉将工作作为一次难得的学习、检验和强化技能的机会，为将来积累经验与基本技能。同时，应该结合个人的兴趣、价值观、能力、技能、职业发展倾向做个详细的职业发展规划。

在这段实习的时间里，领导和老员工的亲切关怀与照顾让我更快地在这个大家庭里成长。由于我刚跨出校门，在社会阅历和工作经验上还较欠缺，需要得到各位前辈的指点。这对于我们这些职场新人来说既是机遇也是挑战，要求我们以主人翁的心态积极思考自身的优势和不足，准确定位自己的目标，发掘个人潜力。我对自己的未来充满信心！最后以毛主席一段话作为我继续奋斗的座右铭——“务必使同志们继续地保持谦虚、谨慎、不骄、不躁的作风，务必使同志们继续地保持艰苦奋斗的作风。”

报告人：××系××专业××年级××

××××年××月××日

四、巩固提高

（一）改错题

下面是一位学生在实习后写的一篇实习报告的开头，请从语体方面分析其不对之处，并予以修正。

阳春三月，风和日丽。我们省××学校××班的45名同学从××乘船，在15日天蒙蒙亮时就到达××市。啊，××！美丽的××！你是××的旅游胜地，多少个日日夜夜啊，同学们梦寐以求，要来领略你的风采。今天如愿以偿了。但是，这次我们是要到你的农村——××的食品站，作为期一个月的粮食收购成本调查。因此，尽管大家都想借此机会痛快地玩它一玩，但是想到这是实习调查，必须把学好专业放在首位。这样，在实习老师的带领下，到达××的当天，听完××市食品公司经理对情况的介绍后，下午就分为两个小组奔赴实习调查点了。

（二）写作题

请结合所学专业，撰写一篇实习报告。

五、本节要点提示

写实习报告要注意以下几个要点。

1）报告必须写自己的实习经历，可参考别人的资料，但不可抄袭。

2）如有引用或从别处摘录的内容要表明出处。

3）语言要求简练，符合公务文书的要求。不要过多地说“我”如何如何，在第一段介绍了自己的实习时间、地点和分配到的任务后，下面的文字尽量少出现人称，甚至不用人称。

4）实习结束回到学校后准备集中交流实习情况。

第十六节　毕 业 论 文

一、知识精讲

1. 毕业论文的概念

毕业论文是高等院校学生毕业之际在教师的指导下，运用所掌握的基础理论、专门知识和基础技能解决本学科领域的某一具体问题，取得了创造性的结果或者有了新见解，并以此为内容撰写而成的学术论文。

在我国，高等院校学生的毕业论文可以作为申请授予相应的学位时，供评审学位用的学位论文。

2. 毕业论文的特点

（1）学术性　毕业论文要求学生能对某一专业领域中繁杂凌乱的资料文献与理论研究状况进行分析、归纳；能够从中找出以往研究所存在的问题和不足，并能提出自己的想法与相应的对策。科学性研究内容准确，思维缜密，结构合乎逻辑。材料的收集、整理、分类、取舍科学，写法讲究，结论可信。

（2）规范性　毕业论文在篇幅、格式、文献、内容、排版等方面有特殊的要求。

（3）创新性　毕业论文要求不抄袭，不照搬，不人云亦云，提倡创造，文章应写得深刻、新颖，不新奇怪谬。在前人论述的基础上有所拓展、延伸。

如赞成/反对某一理论/观点；对某一阶段、某一学术领域的研究状况做综合归纳，予以综述；纠正前人研究出现的错误或弥补其不足。

（4）学习性　完成毕业论文要求学生在总结前面所学的基础上，还要学习更多的知识，掌握更多的学习方法，提高科学研究能力。

（5）独立性　完成毕业论文要求学生相信自己，依靠自己，自己动手选题，查找资料，在大量占有资料的基础上通过归纳、综合、比较，找出规律性的东西来，得出结论。虽然学生需要独立思考，独立撰写，但可以借鉴别人的成果，征求别人的意见，尤其是要主动争取教师的指导。

3. 毕业论文的种类

常见的毕业论文分类标准如下。

1）根据学位等级的不同，毕业论文可分为学士学位论文、硕士学位论文和博士学位论文。

2）根据专业的内容和性质的不同，毕业论文可分为两大类：社会科学类毕业论文和自然科学类毕业论文。

3）根据研究方法的不同，毕业论文可分为理论性论文、实验性论文、描述性论文和设计性论文。

4）根据议论的性质不同，毕业论文可分为立论文和驳论文。

5）按照研究问题的大小，毕业论文可分为宏观论文和微观论文。

6）按照综合型方法分类，毕业论文可分为专题型、论辩型、描述型和综述型四类。

二、指点迷津

论文一般是由前置、主体、附录、结尾四部分构成。

1. 前置部分

论文的前置部分应有封面、封二、题名、序或前言、摘要、关键词等主要项目。各高等院校根据实际情况，对论文的前置部分制定了相关的规定格式，学生只需根据其规定填写相关的内容即可。但前置部分中必不可少的项目有：题名、作者及工作单位、摘要、关键词。

（1）题名　题名又叫题目、标题，是论文的首要信息。题名应以最恰当、最简明的词语反映论文中最重要的特定内容的逻辑组合。题名中选定的词语概念要与内容思想统一，不宜用比喻、夸张等方式进行表达。应避免使用不常见的缩略词、首字母缩写字、字符、代号和公式等。题名应简洁，一般不宜超过 20 字。另外，可以用副题名补充说明其特定内容。

（2）作者及工作单位　作者属于论文的责任者之一。根据文责自负的规定，论文应署上作者的姓名，所在院系、专业、班级的名称。

（3）摘要　摘要又叫提要，不是原文摘录，而是对论文内容的不加注释和评论的简短陈述。摘要应具备独立和自含性，即不阅读论文的全文，就能获得必要的信息。摘要中一般应说明研究工作的目的、研究方法、研究结果和最终结论等，其中重点是结果和结论部分。摘要的字数不宜超过 200 ~300 字。摘要的写作一般采用省略人称，不用图、表、化学结构、非公知的符号和术语的方式来表达。常采用一段式结构。

（4）关键词　关键词是从论文中选取出来的用以表示全文主题内容信息题目的单词或术语。每篇论文选取 3 ~8 个关键词。以显著的字符另起一行，排在摘要的左下方。

2. 主体部分

主体部分是毕业论文写作的核心和重点。一般由引言、正文、结论、致谢、参考文献等项目构成。

（1）引言　引言又叫绪论或前言，起到引导读者去领会正文内容的作用。引言应简要说明研究工作的目的、范围、相关领域的前人作品和存在的知识空白、研究设想及采用方法的预期结果或研究工作的意义。

（2）正文　正文是毕业论文的核心部分，占主要篇幅，可以包括：调查对象、研究方法；调查研究结果或仪器设备、材料原料、实验和观测结果或者计算方法和编程原理；数据资料、可经过加工整理的图表；形成的论点、可导出的结论等。

（3）结论　这是论文最终的、总结的结论，应该是理论分析和实验结果的逻辑发展，而不是正文中各段小结的简单重复，也不是实验或观测结果的再次重复。

结论的写作应做到完整、准确、精炼。

（4）致谢　致谢为毕业论文写作格式的选择项目，需要时才用。通常应对在毕业论文写作中给予帮助、指导，提供便利条件的单位或个人表示感谢。

（5）参考文献　在所写毕业论文中，凡引用了别人的文章、数据、图片等文献资料作为参考，均应在参考文献表中列出被参考文献的相关信息。

3. 附录部分（必要时）

附录部分包括：主体部分所省略的，以及主体部分以外所涉及的各种必要的附录。

4. 结尾部分

结尾部分包括：主体部分及附录所涉及的各种必要的索引和参考文献、致谢等。

三、经典范例

别墅室外空间设计浅谈

摘要：本文分析了在别墅规划设计中室外空间设计的重要性，以及别墅室外空间设计存在的一些问题，从几个方面探讨室外空间设计应注意的问题，如私密性、邻里空间、室内外空间的过渡等，从设计的角度提出可能解决问题的方法。

关键词：别墅；室外；空间设计

室外空间是别墅区别于普通住宅的最大优势，因此也是别墅规划设计中的重要部分。由于别墅市场的多样化，各种容积率的别墅规划设计使得别墅具有丰富多样的室外空间模式。室外空间作为别墅的一个不可分割的部分，提供给人们的别墅感觉可能更重要。别墅室内的空间是两层、三层，跟城里面的复式住宅没有什么区别，而别墅建筑之外的环境，却能使自己真正置身于私家花园，享受到清新自然的优美景色。如何使别墅的室外空间更好地满足不同人群的需要，更好地和室内空间配合，是设计师需要周详考虑的问题。

早期的包括现在的一些别墅规划设计更注重单体本身，户型本身，讲究它的豪华气派，室外空间质量往往容易被人们忽视，以为在庭院中有养花弄草、挖池叠石的余地就足够了。实际上这只解决了庭院有无的问题，还没达到庭院私密性的营造和使用功能细化的层面，更不用说上升到艺术性的高度了。在室外空间的设计中，更需强调其在水平方向和垂直方向上的延伸和渗透，既要照顾阳台、露台、庭院之间的关系，也要考虑庭院空间区域的使用功能和空间效果。再就是室内外空间的融合。同时，相邻别墅的室外空间之间互相影响，即便是私有庭院，也要与小区景观空间体系相协调。

而作为一个完整的别墅来讲，它的室内生活空间跟室外空间应该是统一的，密不可分的。可能室外空间看起来是足够的，但是要把别墅当作生活空间考虑，而不是作为财富炫耀载体来看，它的室外生活空间相当重要，这样对它的设计，包括它的私密性，有效利用空间大小等方面的考虑更具有实际意义。

1. 不同的使用人群对空间要求不同

别墅作为高端住宅的统称，从最高端至最低端之间，应该有一个过渡产品。这些产品针对不同的客户群体，决定别墅市场多样化，而且更多地划分出不同层次。不同的人群有迥异的生活方式和观念。生活方式对户型的影响，在普通公寓和别墅产品中效果完全不同。普通公寓住宅是求大同、存小异。而别墅由于室内外空间的充足和灵活，则是求大异、存小同。人们选择别墅，也就是选择了一种新的生活方式。同样，开发设计别墅，也就是设计一个适应于新生活方式的容器。

别墅规划之初，应该详细研究其可能的客户群的特征，了解其生活习惯、文化观念、价值取向乃至精神追求等人文因素，还有使用特征、消费特征等诸多方面。如：在北京市高端别墅市场需求调研分析中，在针对度假物业使用时间的调查中发现，有83%的受访人群每月使用一次以上，其中，每周使用一次的受访者达到28%。周末前往度假型物业居住，已经成为他们郊外休闲娱乐的重要选择。在针对度假物业使用人群的调查中发现，有92%的受访人群喜欢10人以下一起度假。这些度假的人群同时喜欢用小范围内的聚会来和大家分享闲暇时光，因此更注重室内公共空间。而对于把别墅作为第二居所的人群来说，他们购买别墅是为了享有更高品质的生活，因此比度假型人群更注重私有的庭院和周边的自然环境，注重回归自然的精神境界。必要而详尽的调查有助于把握整体的空间设计。

2. 别墅室外空间的私密性

以往很多别墅室外空间是规划后剩下的空间，本身私密性和功能没有考虑周到，只是有了庭院的面积，可以养花种草，但是这样的空间经常无法保证业主在使用的时候可以避免干扰。在别墅规划阶段开始，就应该对室外空间做出统一考虑，如何保证庭院的私密性，又要保证在庭院之中对外面的良好的视线。

很多人仍怀念四合院的特点，实际上四合院的特点就在于它提供了一个特别具有私密感的室外生活空间，它以家庭院落为中心，街坊邻里为干线，社区地域为平面的社会网络系统，符合中国人特有的传统文化观念，这一点是四合院特有的，也是中国的特点。住在四合院，人与人之间能产生一种凝聚力与和谐气氛，同时有一种安全稳定感和归属亲切感。

独立住宅的最不利间距在六米左右，既不利于侧窗的开设也不利于侧院的使用，遗憾的是，目前独立住宅大多数项目恰恰如此。宅间距离要么远些、要么近些。调整卧室的位置与良好的社区规划布局，能有效改进独立住宅的私密性。从设计上分析，独立住宅的间距应在六米的基础上，适当扩大，利用树木绿篱等元素提高私密性；亦可把间距适当缩小，使相邻住宅开窗的错位更明显，也可提高私密性。独立住宅设置宽敞的屋顶露台，是目前开发商增加卖点的重要手段，但过多地设计不合理的露台和阳台使独立住宅产生视线干扰。独立住宅应强调“地平线的生活”，即生活空间向地面层集中，过多的露台阳台的设置与这种精神并不吻合。设计应该尽量保证地面层室内外生活空间的私密性，不要一味效仿西方建筑，更应关注独立住宅的精华空间——地面层。

3. 别墅室外的邻里空间

3.1 邻里空间

居住空间不仅仅是城市地域空间内某种功能建筑的空间组合，还是人们生活、居住活动所整合而成的社会——空间系统。居住空间从其本质上而言是一种社会空间，城市居住社区是一个由家庭、邻里等基本单位整合而成的社会、空间统一体，其中家庭是最基本的组织单元，若干具有密切交往和稳定交往与互动的家庭就形成邻里，若干个邻里的有机整合就形成了复杂的社会、空间系统，即居住社区。邻里住户间的关系变化很大，有些地区邻里住户间只是点头、打一下招呼而已；有些地区关系很近，经常有交谈、互相帮助；有些妇女还经常在一起议论、交换信息，有时某家出了事，邻居们也会去安慰照顾。一般在出现危机的情况下邻里住户间为保卫共同利益，互相间的关系达到高潮。Keller 于 1968 年在《城市邻里》一书中提到邻里活动的内容：在危险情况下能互相帮助，交换信息，尤其是与大家的共同利益有关的话题。邻里住户间接触的频率城里比乡下低得多，城里的邻居住户可能在家中、在街上、在社区设施中，如学校、商店相遇。而别墅相对于普通住宅，其邻里关系更弱，可能社区别墅作为人的居住空间同样需要邻里空间，但是和一般居住区的邻里空间有所不同，需要更注意到各住户之间的私密性。既要积极创造适合邻里交往的空间，又要绝对保证住户不受干扰。

3.2 如何通过设计营造别墅中的邻里空间

别墅的邻里空间在设计中常被忽视，比起邻里关系，设计者们往往更注重私密性。但随着时代的发展，购买别墅的客户群已经在意识形态和观念上有了很大的变化，已经从过去简单的追求到了现在非常高的要求，他们都与朋友、与邻居共同交流，共同分享他们成功的喜悦。因此买一栋别墅不仅仅是买一栋房屋，更重要的是买到一群与自己经历相似，志趣相投的朋友作邻居，在一个温暖的、亲情的邻居氛围进行交往。这是别墅市场最近的发展趋势，所以应该有全新的组织空间形式满足他们的要求。应该在设计中有意识地采取不同的邻里空间模式，特别注重小群体的营造。

要制造邻里关系就应有灵活的规划布局，平行的邻里关系就不会太近，比如一大排房子，出门就是大路，人们在不碰到对方的时候，邻里关系就自然不亲切，就比较独立。而独立的房子围合起一个共用空间后，情况就改观了，只要处理好视角和透视关系，就会感觉邻里更亲近。

营造邻里氛围首先就应该有人们愿意置身其中的室外环境，只有停留才有可能发生交往，才有可能产生邻里关系。邻里空间讲究的是场所感，即人对场所的认同度。空间设计应以人的参与便利性为主，如中心庭院的碎石步道、木栈道、浅溪河石、廊架木椅等，设计多种参与景观的渠道。此外，便捷舒适的社区俱乐部也是营造邻里关系的一种好方式，在俱乐部中讨论的问题可以非常广泛和实际，这也是营造和睦社区的软环境，他们甚至可以经常讨论一些有关公共利益的东西，从而产生对社区的归属感和责任感。当然，这里也需要把握合适的程度。

4. 室内外空间的过渡

在所有的建筑类型中，别墅是室内空间与室外空间融合得最好的，因为有最多的机会创造丰富多变的室内外过渡空间，同时由于空间的复杂，别墅室内外过渡空间也是最难于处理的一种类型。

由于很多别墅规划设计中的脱节，规划、建筑、景观分别由不同的设计师来完成，就形成了一些盲点、一些空白。比如在建筑和室外相交接的地方，那些露台、平台、阳台、建筑入口处、门斗、雨罩等位置的细节设计，经常是既不属于建筑师的工作，又不属于园林师的工作，因而缺乏深入的设计处理。而这些位置对于业主的生活体验又构成非常重要的一环。在环境行为学的研究中表明，人愿意在半公共、半私密的空间逗留，这样他可以既有对公共空间的参与感，又能看到外面人群或自然中的各种活动，如在阳台向远处眺望、在窗内向窗外看等。好的过渡空间设计能够极大地提高空间的可利用性与灵活性。过渡空间越充分，越有余地，居家的私密性就越强，也越少外界干扰，同时也越有助于体现业主的身份地位和尊严，当然也就越能体现其居住价值。

5. 结语

随着别墅市场的日益发展，人们对于别墅产品的要求也越来越高，从以前简单的炫富到现在的精神的更高层次的生活品质追求。别墅的规划设计也在向人性化靠拢，室外空间同样也在被更多的设计者关注，作为一个设计人员，在多方面的设计要求中要把室外空间设计的理念融入设计中，而不只是文本中的一句口号，设计需要更细致的研究，从最基本的问题——人的需求出发，创造更加人性化的居住环境。

参考文献：

[1]　宋泽方等. 花园别墅与独院住宅[M]. 北京：中国建筑工业出版社，1995.
[2]　李振宇. 经典别墅空间建构[M]. 北京：中国建筑工业出版社，2005.
[3]　邹颖. 别墅建筑设计[M]. 北京：中国建筑工业出版社，2000.

[4] (澳)Imabes 出版集团. 最新世界经典别墅 100 例[M]. 北京：中国建筑工业出版社，2003.

[5] 严涛. 从人居环境谈经济型别墅设计探讨全新的经济型别墅社区空间和文化环境[J]. 北京房地产，2005(1)：78-79.

[6] 袁伟锋，蒋益锋. 景观房产及景观设计的应用探讨[J]. 城市开发，2002，(3)：34-36.

[7] 谢伟. 山谷中的生态别墅[J]. 室内，1994(1)：31-33.

（来源：中国论文下载中心）

四、巩固提高

1. 毕业论文具有________、________、________、________、________的特点。

2. 大学生毕业时为获得相应的学位而撰写的论文是________。

3. 根据学校要求，谈谈你打算如何写自己的学术论文。

五、本节要点提示

写毕业论文要注意以下几个要点。

1）选题要恰当、贴切，题目选择是否合适，是论文成败的关键。

2）精心选材，材料是写作的基础。

3）构思要巧妙，独特新颖的毕业论文构思是文章表达的关键。

4）恰当使用人工辅助书面语言，人工辅助语言是指由图、表、符号、公式等构成的书面表意符号。

第二篇　口 语 交 际

第四章　口语交际基础知识

第一节　口语交际的主要特点

一、知识精讲

口语是“谈话时使用的语言（区别于书面语）”，交际是“人与人之间的往来接触”。

广义的口语交际是以口语为载体，实现人与人之间交往的活动。狭义的口语交际是交际双方为了特定的目的，在特定的环境里，运用口头语言和适当的表达方式传递信息、交流思想、表达情感的双向互动的言语活动。

口语交际具有口语化和大众化、互动性和综合性、生动性和灵活性、临场性和随机性等特点，是人们使用最频繁、最广泛的交际手段，是生活中不可缺少的重要组成部分。

1. 口语化和大众化

首先，口语交际使用的是口头语言，主要用于听，一句话讲出来，就是最终的形式，在人们脑海中只能留下短暂的记忆。因此，在运用口语进行交际时，应当尽量避免过多地使用专业术语、晦涩难懂的词汇以及寓意深奥的句子。

其次，由于口语表达往往是边想边说，因此不可能对语言进行细致的润色和加工，所以遣词用句、组织结构、语法规范等显得有些粗疏，表现出简略和松散的特点。

因此在交际时应当尽量使用大众化的口头语言，使得表达更简明、更通俗、更生动、更灵活、更贴近生活、更为人所理解。

2. 互动性和综合性

口语交际是一种人与人之间的交际活动，强调信息的往来交互，因此，参与交际的人不仅要认真倾听，还要适时接话，谈自己的意见和想法。这样，在双向互动中实现信息的沟通和交流。

口语交际又是一种特殊的社会实践活动，需要更全面的表达技巧。既然是面对面的接触、交流，就不能像自言自语那样，爱说什么就说什么，爱怎样说就怎样说，而应该考虑语言、情感、举止等综合因素。所以，口语交际不仅需要听说技巧，还需要待人处事、举止谈吐、临场应变、表情达意方面的能力和素养。

3. 生动性和灵活性

口语是一种生动活泼、富于变化、充满情感的语言，运用这样的语言进行交际，明白流畅、真切随意、轻松自然。口语交际的话题也很丰富，日常生活中的一事、一物、一人、一景都可以成为交际的话题，交际的内容也常常会随交际双方的兴趣、爱好以及特定的心理情绪、情境氛围等发生变化，这些都体现了口语交际的多样化和灵活性。

4. 临场性和随机性

口语交际总是在一定的对象、一定的场合、一定的环境、一定的话题中进行的。在交际的过程中常常会有沉默、冷场、尴尬、冲突的场面，会出现一些突如其来的变化、难以预测的事态等，使得交际难以持续下去。这往往需要交际双方临阵不乱，随机应变，巧妙地摆脱困境。

二、指点迷津

口语交际与说话的联系和区别：

1. 口语交际是说话的一种特殊形式

说话既是个体的言语行为，如朗诵、演讲、作报告、祝酒词、证婚词等，也可以是个体与个体、个体与群体之间的言语行为，如交谈、问答、辩论等。口语交际是说话的一种形式，它具备说话的基本结构，同时又是特殊的说话现象。它是在人与人交往的特定语境中，听、说双方运用口头语言，传递信息，交流思想，沟通感情的一种活动。

人们说话主要有两种情景语境，一种是在正式的、庄重的场合，如社交场合、礼仪场合等；一种是比较随意的交谈。口语交际一般是在非正式谈话场合进行。说话可以使用正式语体，也可以使用随意语体，而口语交际一般使用随意语体。

2. 口语交际基于理解而产生

说话更多地注重表达，较少考虑环境的差异和语言的选用。如用梵文祈祷，一般人难以理解，但这不妨碍说话现象的产生。同样，说话的双方尽管语言不通，但这并不妨碍各自说话。而口语交际则不同，交际双方所使用的中介手段（口语）一定要彼此都能够理解。比如，对一位完全不懂英语的听者，不管对方所说的话多么精彩和有趣，他也很难全部领会对方用英语所说的内容。这个时候利用口语进行交际的目的就很难达成。只能采用非言语交际行为，比如打手势等态势语进行交际。因此，理解是口语交际得以延续的基础，也是口语交际是否有效的前提。

3. 口语交际有赖于交际双方的互动

说话可以在听说双方之间进行，也可以是说话者的个体行为。而口语交际则不同，由于它需要“人与人之间的往来接触”，因此，口语交际应当是一个听说双方你来我往、你应我和的信息交流过程。交际双方通过不断地表达信息、理解信息，使得话题顺利延续。说者要根据听者的情绪变化，及时调整自己的语言材料和语调语气，听者应当根据说者的表述及时做出相应的应答。在这一过程中，听者和说者的地位不是一成不变的，而是随着话题的展开不断地发生着变化。交际双方只有在互动的过程中才能保持信息通道的畅通。

三、经典范例

清代著名学者、《四库全书》总编纂纪晓岚机敏过人，能言善辩。有一次，乾隆皇帝去察看《四库全书》的编纂情况，适逢纪晓岚因天气炎热打着赤膊在屋里编稿。一听皇帝驾临，他来不及穿衣服接驾，慌忙钻到桌子下面，叫人谎称不在。过了好一会儿，房内鸦雀无声，纪晓岚从桌底钻出，问道：“老头子走了没有？”其实乾隆并未离去，听到这话龙颜大怒，责问纪晓岚为什么叫“老头子”？纪晓岚自知话已无法收回，闯下了大祸，情急之中，他略加思索，随即说道：“皇上万寿无疆，谓之‘老’，位居万民之上是为‘头’，人称天子是为‘子’，合起来即为‘老头子’。”乾隆听后，被纪晓岚无懈可击的狡辩逗乐了。

纪晓岚在突发事件中随机应变，既摆脱了欺君之罪，又奉承了皇上，可谓一石双鸟，使交谈出现了柳暗花明的新天地。

四、巩固提高

1. 根据情境填出句子。

王平同学到商场买考试用的签字笔，商场售货员是一位40多岁的女同志，王平道：“____________?”事后，发现买的签字笔型号不对，回到商场要求更换，他对那个售货员说：“________________?”

2. 从句子的语气用途等角度看下列选项中最能传神地表现人物性格的一项是（　　）。

从前，有个财主非常吝啬，从来不请别人吃饭。有一天，仆人提着一篮子碗去河边。有人问：“莫非你家主人今天要请客？”仆人答道：“他请客？等下辈子吧！”此话恰被财主听到了，他对着仆人破口大骂：“你这个王八蛋！____________。”

A. 你怎么知道我不会请客

B. 谁让你替我许下请客的日子

C. 下辈子我也不会请

D. 我偏要请一次

3. 赠言是给别人留下的美好祝愿或真诚的希望。在即将毕业离别之际，请你给在你心中留下过深刻印象的某位同学拟写一条富有文采的赠言（30字左右，至少用一种修辞手法）。

五、本节要点提示

1. 学生要注意区分口语和书面语。

2. 要注意口语交际和说话的区别。

第二节　口语交际中的语言运用

一、知识精讲

口语交际具有较强的实践性。在口语交际过程中，人们运用口头语言表达思想、交流情感，同时运用体态语言来辅助情感和态度的表达。

1. 较好的语音能力

口头语言是借助语音及其变化来传情达意的，而汉语语音的变化是比较复杂的，区别又比较细微，要恰当、准确地运用语音来表达，就必须具有较好的语音能力，包括发音准确、规范、标准；音质纯净，音量适中；音调优美动听，发音有一定的节奏，快慢适中；声音有一定力度，并能控制自如，做到强弱、大小适当，等等。

（1）语音　包括语调、语气、音量、音长，如语气词“啊”，如果我们赋予它不同的情感、不同的音量、不同的音长、不同的语调，它所表达的就是不同的意思。

（2）重音的运用　重音具有区别词意的作用，读重读轻表达的意思不一样，重音可分为三种：①语法重音是按句子的语法规律重读的音。②逻辑重音是根据演讲说话的内容和重点自己确定的音。③感情重音是表达强烈的感情或细微的心理来安排的音。

（3）停顿技法

1）语法停顿。也叫自然停顿，要清楚，在一个词中间是不能停顿的，不然就把意思搞反了。

2）逻辑停顿。这是指根据逻辑要强调的停顿，逻辑停顿是表达感情的需要。

2. 口语交际中语言表达的要求

（1）言之有“礼”　“礼”即得体，应根据特定的情景采用得体的语言。

（2）言之有“物”　“物”即内容，要摒除不合实际的空话、套话或含糊不清的言语，话语力求清楚、明白、简洁。

（3）言之有“序”　“序”即顺序，说话有合理的顺序，不颠倒混乱。要注意事物的内在联系及因果关系，力求意明句畅。

（4）言之有“节”　“节”即简明，答题时要满足问题的要求，简明有序地作答。

3. 体态语言（态势语言）的运用

体态语言也叫态势语言、无声语言，是指人际交往中用以表情达意的姿态、神情和形体动作。它作为有声语言的一种辅助形式，是口语交际的重要辅助手段，甚至可以部分代替有声语言或表达有声语言难以表达的感情和态度。

体态语言分为以下两种：

（1）表情语　指人的面部表情，即通过面部表情来交流情感、传递信息的语言。表情语的核心是目光语和微笑语。目光语是通过眼的动作和眼神来传递信息的。微笑语是通过面部的笑容传递和善、友好信息的特殊语言。目光和微笑可以表达内心的情感、愿望和信任等，传达着最丰富、最有效的信息。

（2）手势语　即通过人的上肢特别是手来传递信息的一种表现力很强的态势语。据其功能和内容可以分为情意手势，即用来表达说话人的思想情感、态度、意向的手势；象形手势，即用来模拟和比画事物以引起听者联想和想象的手势；象征手势，即用来表示较为复杂的情感和抽象的概念的手势；指示手势，即用来指明谈论的具体对象的手势。

二、指点迷津

口语表达除了要求普通话标准外，还要求表达清晰和流畅，要让人知道你说的是什么。不要有口头禅，有的人喜欢在每句话开头用“这个，这个”，有的人喜欢在每句话后面用“啊，啊”，让人听起来很不舒服。

体态语言的运用原则：

（1）自然　体态语是个性风格的自然流露，运用时应该是情之所至，大方自然，反对矫揉造作，也不应限定在僵化、同一的模式上。但自然并不等于无意识的随意，而要受口语交际目的的制约。

（2）得体　体态语运用要恰如其分，符合交际场合、听说双方的身份、年龄等。只有这样，才能达到锦上添花的效果。

（3）适度　体态语运用时要注意把握分寸，动作幅度不宜过分夸张，形式不宜过分复杂，力度和频率都要适中，忌喧宾夺主，哗众取宠。

（4）和谐　和谐是体态语运用的美学追求，它包括有声语言的内容、语调、响度、节奏等的协调，与说话者、听话者的心态、情感的吻合，与特定语境的适应，与交际目的相统一等内容。

三、经典范例

不会说话的主人

很久以前，在一个村庄里有一个远近闻名的财主。他从不思考自己所说的话，为此得罪了不少人。

有一天，这个财主设宴请客。桌上摆满了鸡鸭鱼肉、山珍海味。客人来了不少，可能是他希望来的几位客人还没到，于是他非常失望，就不假思索，自言自语道："该来的怎么还不来呢?"

客人们一听，心里凉了一大截："什么叫该来的没来，难道我们是不该来的吗?"一半的客人坐不住了，于是他们连饭都没吃就走了。财主一看这么多人不辞而别，心里十分着急，又随口说道："哎呀，不该走的倒走了！"剩下的人听了，心里十分生气。"'不该走的走了'，这么说来我们这些该走的反而赖在这儿了?"于是，又有三分之二的客人不辞而别。

这下可没剩下几个客人了。财主一看更着急了："这！这！我说的不是他们啊！"

最后的三个客人听到主人这么说还能坐得住吗?"'不是说他们'，那当然是说我们了！"他们也气冲冲地打道回府了。

结果，宾客全都走光了，只剩下财主一人站在那儿干着急，真是不会说话惹的祸呀！

四、巩固提高

1. 下面营业员说的话合适吗?

营业员说："你太矮了！这里的衣服都不适合你。"

2. 请选出表达不得体的一项，并讲明原因。

a. 为了您和家人的幸福，请注意交通安全。（道路旁标语）

b. 欢迎各界人士经常光临本院。（医院门口标语）

3. 下面是一位记者对接受采访的某著名作家之子说的一段开场白，其中有4处不得体，请找出来加以修改。

"大家知道家父是一位著名的作家，作品广为流传，在文坛上小有名气。我在上中学时候就读过他的不少作品，至今还能背诵其中的段落。您是他老人家的犬子，能在百忙之中有幸接受我的采访，我对此表示感谢。"

五、本节要点提示

1）口语表达的特点。

2）体态语言运用的原则。

第三节　如何提高口语交际能力

一、知识精讲

口语交际作为人们在日常生活、学习和工作中所进行的一种交流信息和思想感情的活动，十分重要。那么要怎样进行训练才能提高口语交际的能力呢？

1. 培养良好的倾听习惯

口语交际是一种双向交流活动，不能单纯地向别人灌输自己的思想，还应该学会积极地倾听对方的谈话。良好的倾听习惯包括：

1）专心地听对方谈话，用你虔诚的目光让他感到你的虔诚，赢得他的赞许，获得他的信任，不要做无关动作。

2）要善于通过体态语言，靠近说话者，身体前倾，专心致志地听对方说话。

3）巧妙、恰如其分的提问。凭着你所提出的问题，让对方知道，你是仔细地在听他说话。

4）不要打断说话者的话题。无论你多么渴望一个新的话题，多么想发表自己的见解，都不要去打断说话者的话题，你要默默地将想说的话记在心中，直到他自己结束为止，再发表自己的见解。

5）适时地帮助对方引入新话题。谈话者总是喜欢别人从头到尾安静地听他说话，而且更喜欢被引出新的话题，以便能借机展示自己的魅力。

6）忠于对方所讲的话题。无论你多么想把话题转到别的事情上去，达到你和他对话的预期目的，但你还是要等待对方讲完以后，再岔开他的话题。

7）要巧妙地表达你的意见，不要表示出或坚持明显与对方不合的意见，因为对方希望的是听的人“听”他说话，或希望听的人能设身处地地为他着想，而不是给他提意见。

8）要听出言外之意。一个聪明的倾听者，不能仅仅满足于表层的听和理解，而要从说话者的言语中听出话中之话，从其语情语势、身体的动作中演绎出隐含的信息，把握说话者的真实意图。只有这样，才能做到真正的交流、沟通。

2. 利用阅读和写作，打牢口语交际能力的基础

阅读是最好形式的口语训练。诵读课文能够通过口诵使无声的书面语言恢复和转化为有声的语言，可以增强语感、提高正确表达的能力，反复诵读还能增加词汇量，掌握各种句型，逐渐灵活运用，变成自己的语言。

3. 重视思维训练，将口语交际和思维训练相结合

人的思维活动和语言紧密相连，思维能力的高低反映其口语交际能力的高低。思维水平和思维形式制约着语言表达的方式和内容，思维的内容决定了语言表述的意义，思维的质量决定了语言表达的效果。在口语训练中可以尝试就某一命题发表自己的思考与见解，将无声的内心思维语言转换成有声的口头表述语言。

4. 口语专项训练是对提高口语交际能力的强有力支持

（1）重视普通话和交谈训练　从发声机理入手，掌握正确的发音方法，消除可能有的发音缺陷，如低语、鼻音，尖音、语速不当等等，重点练习组合发音，尽量做到吐字清晰，

字正腔圆。在此基础上过渡到语音变化训练，包括轻声、儿化、变调、语气词音变等。

（2）创造贴近实际的交际情境进行训练　口语交际的情境氛围往往能引发交际主体的交际欲望和交际动机，当外界的特性与交际主体内在的因素相融时，就可以引发交际主体的某种心境情绪。比如嘈杂的环境使人烦躁，宁静的环境使人平和，独在异地明月易引发思乡之情，对酒当歌易引发人生感慨等。所以口语训练中，应积极营造各种有利的情境，让人变被动为主动，乐于开口，使其口语表达得到最大可能的发挥。

二、指点迷津

口语交际能力由多种因素构成，其中主要因素是：

1. 良好的语音能力

包括发音准确、规范、标准；音质纯净，音量适中；音调优美动听，发音有一定的节奏，快慢适中；声音有一定力度，并能控制自如，做到强弱、大小适当，等等。

2. 敏捷的思维能力

口语表达要经过内部言语——选词组句——外部言语三个环节，其过程几乎是闪电般的快捷。因此，说话时，嘴上说的是刚刚想过的，而心里想的却是马上要说的，就是这样现听现想，现想现说，不断把自己的意思和情感完整、清晰地表达出来。三个环节环环相扣，中途任何一个环节出了问题，就会答非所问，结结巴巴，影响口语交际的效果。只有思维敏捷，反应迅速，才能灵活应变，应答自如。

3. 快速的语言组合能力

与人当面交谈，不可能有很多准备和思考的时间，要想在短时间内说出有一定条理的一段话，必须迅速地组织语言，快速地选择词语和句式，运用修辞方法和叙述、说明、描述等表达方式。可以说，组织语言的速度和能力将决定口头表达的效果，是口语交际能力的一个重要组成部分。

4. 得体的举止谈吐能力

表现在：①姿态自然，举止大方。站，自然站正，微收下巴，不颤腿，不绞衣角；坐，自然挺胸，全身放松；说话时，眼神不游离，不闪躲，不目中无人，面带微笑，不伸舌头，不做鬼脸；②用语恰当，礼貌待人。能根据不同的对象、不同的场合及不同的谈话内容，说恰当、得体的话。还能根据表达的需要正确使用礼貌用语，并辅以表情和手势等体态语，加强口语的表达效果。

三、经典范例

某校在学校礼堂举行“文明美德伴我成长”的主题演讲比赛。比赛进行到一半时，不少同学在下面小声交谈，影响了会场秩序。小明作为演讲比赛的主持人，他对大家说：“　　”小明说完后，会场立即安静了下来。(不超过60个字)

解析：回答时要扣住演讲主题，表达目的明确，语言得体，发出“认真倾听的建议”。

答案：

示例：同学们，今天演讲的主题是“文明美德伴我成长”，讲文明要从小事做起，从自己做起，请大家尊重选手，认真倾听。

四、巩固提高

1. 有人上公交车不排队，往前挤。别人批评他："不要挤嘛，讲一点儿社会公德。"他嬉皮笑脸地回答："我这是发扬雷锋的钉子精神，一要有钻劲，二要有挤劲。"

如果你是公交车上的乘客，请用简明、得体的语言反驳其错误言论。

2. 根据下面的情景，按要求回答。

在一次大型的优秀歌手颁奖会上，一位知名女歌手因不满评奖的结果，在台上扔下话筒，拒绝演唱，引起全场哗然。请设想一下，下列不同年龄、不同身份的人在这种场合会说出怎样的话。

（1）大会主持人充满歉意地对观众说：

（2）一个小朋友不解地问妈妈：

（3）一位歌迷对歌手这种表现失望地说：

（4）一位知名的老歌唱家气愤地说：

五、本节要点提示

1. 口语交际能力的构成。

2. 提高口语交际能力的方法。

第五章　普　通　话

第一节　普通话概述

普通话即现代标准汉语，又称国语、华语。其称呼与定义因地而异，但均以北京语音为标准音，以北方话为基础方言，以典范的现代白话文著作为语法规范，是通行于中国大陆和香港、澳门、台湾、海外华人的共通语言，并作为官方、教学、媒体等标准语。

普通话是中华人民共和国的官方语言，是新加坡共和国四种官方语言之一，也是联合国六种官方工作语言之一。《中华人民共和国宪法》第19条规定："国家推广全国通用的普通话"。《中华人民共和国国家通用语言文字法》确立了普通话和规范汉字的"国家通用语言文字"的法定地位。

有很多地区方言使用十分严重，其实推广普通话和方言保护并不矛盾，并非是一个取代另一个。不需要强制要求同一方言背景的人群必须使用普通话。中国大陆从20世纪50年代开始推广普通话，取得了较大的成就。现在，中国基本实现了在城市中普及普通话的目标，在东部地区已经全面实现。从词汇标准来看，普通话"以北方话为基础方言"，指的是以广大北方话地区普遍通行的说法为准，同时也要从其他方言吸取所需要的词语。

普通话的语法标准是"以典范的现代白话文著作为语法规范"，这个标准包括四个方面意思："典范"就是排除不典范的现代白话文著作作为语法规范；"白话文"就是排除文言文；"现代白话文"就是排除五四以前的早期白话文；"著作"就是指普通话的书面形式，它建立在口语基础上，但又不等于一般的口语，而是经过加工、提炼的语言。

第二节　普通话水平测试

一、普通话水平测试的性质

普通话水平测试是在国家语言文字工作委员会的领导下，根据统一的标准和要求，在全国范围内开展的一项测试工作。普通话水平测试不是普通话系统知识的考试，不是文化水平的考核，也不是对口才的评估。普通话水平测试是对应试人员运用普通话所达到的标准程度的测试；它是以标准的普通话为参照标准，通过测试来检测、评定应试人员所达到的普通话水平等级。它为教师、播音员、节目主持人、国家公务员等各行业人员逐步实行持证上岗服务，所以，它实际上是一种资格证书的考试。

二、普通话水平测试的项目和评分细则

普通话水平测试一般包括四个项目，满分为100分。

1. 读单音节字词（100个音节，不含轻声、儿化音节）

限时3.5分钟，共10分。

该题测查应试人掌握声母、韵母、声调读音的标准程度。评分标准：

（1）语音错误（含漏读），每个音节扣0.1分；

（2）语音缺陷，每个音节扣0.05分；

（3）超时1分钟以内，扣0.5分；超时1分钟以上（含1分钟），扣1分；

（4）每个音节允许应试人改读一次，并以第二次读音作为评分依据，隔音节改读无效；多音字，只要准确读出其中的一个读音，就算正确，如果有词语语境的要求，必须按要求读出。

2. 读多音节词语（100个音节）

限时2.5分钟，共20分。

该题测查应试人掌握声母、韵母、声调和变调、轻声、儿化读音的标准程度。评分标准：

（1）语音错误（含漏读），每个音节扣0.2分；

（2）语音缺陷，每个音节扣0.1分；

（3）超时1分钟内，扣0.5分；超时1分钟以上（含1分钟），扣1分；

（4）一个词语允许应试人改读一次，并以第二次读音作为评分依据，隔词语改读无效。

3. 朗读短文（1篇，400个音节）

限时4分钟，共30分。

该题重在测查应试人用普通话朗读书面材料的水平。在测查声母、韵母、声调读音标准程度的同时，重点测查连读音变、停连、语调以及流畅程度。评分标准：

（1）每错读、漏读、增读1个音节，扣0.1分；

（2）声母或韵母的系统性语音缺陷，视程度扣0.5分（1~2类）、1分（3类以上）；

（3）语调偏误，视程度扣0.5分、1分、2分；

（4）朗读不流畅，视程度扣0.5分、1分、2分；

（5）停连不当，视程度扣0.5分（1次）、1分（2~3次）、2分（4次以上）;.

（6）超时扣1分。

4. 命题说话

限时3分钟，共40分。

该题测查应试人在无文字凭借的情况下说普通话的水平，重点测查语音标准程度、词汇语法规范程度和自然流畅程度。评分标准如下：

（1）语音标准程度，共25分，分六档。

一档：语音标准，或极少有失误。扣0分、0.5分、1分、1.5分、2分。

二档：语音错误在10次以内，有方言但不明显。扣3分、4分。

三档：语音错误在15次以内，方言比较明显，有一类系统性错误（如平翘舌音，前后鼻韵尾等），但能部分区别，或有三类以内系统性缺陷。扣5分、6分。

四档：语音错误超过15次，方言明显，有2~3类系统性错误，且多数不能区分。扣7分、8分。

五档：语音错误多，方言很明显，声母、韵母有3类以上系统性错误，且基本不能区分

（但四个声调的调值基本到位）。扣9分、10分、11分。

六档：语音错误很多，方言重，但尚能听出是普通话，且话语表达基本清楚。扣12分、13分、14分。

（2）词汇语法规范程度，共10分。分三档。

一档：词汇、语法规范。扣0分。

二档：词汇、语法偶有不规范的情况。视程度扣1分、2分。

三档：词汇、语法屡有不规范的情况。视程度扣3分、4分。

（3）自然流畅程度，共5分。分三档。

一档：语言自然流畅。扣0分。

二档：语言基本流畅，口语化较差，有背稿子的表现。视程度扣0.5分、1分。

三档：语言不连贯，语调生硬。视程度扣2分、3分。

（4）说话不足3分钟，酌情扣分。

缺时1分钟以内（含1分钟），扣1分、2分、3分；缺时1分钟以上，扣4分、5分、6分；说话不满30秒（含30秒），本测试项计为0分。

三、普通话水平等级标准

普通话水平等级分作“三级六等”。

1. 一级

一级是标准的普通话，即“标准级”。要求在朗读和交谈时，语音标准；词汇语法正确无误；语调自然，表达流畅。

（1）一级甲等的基本特征：“一级甲等”是标准、纯正的普通话。不允许有系统性的语音错误和系统性的语音缺陷，但允许偶然出现语音缺陷或错误。“一级甲等”的测试总失分率在3%以内，得分在97分或97分以上。

（2）一级乙等的基本特征：“一级乙等”也是标准的普通话，但语音标准程度，特别是普通话的腔调比“一级甲等”略差，“一级乙等”也不允许有系统性的语音错误，但允许有少量不明显的语音缺陷。一级乙等的测试总失分率在8%以内，得分为92~96.9分。

2. 二级

二级是比较标准的普通话。

（1）二级甲等的基本特征：在朗读和自由交谈时，声母和韵母的发音，特别是声调的发音基本标准，表达比较流畅。其具体特征为：①少数难点音有时出现失误，或存在两类以上的语音缺陷。②词汇、语法偶有失误。“二级甲等”测试总失分率在13%以内，得分为87~91.9分。

（2）二级乙等的基本特征：朗读和自由交谈时，声调有系统性错误或缺陷，声母、韵母难点音失误较多，使用了方言词汇和方言语法，带有较明显的方言腔调。“二级乙等”的测试总失分率在20%以内，得分为80~86.9分。

3. 三级

三级是学习和使用普通话的初级阶段。

三级的基本特征：①语音上，声韵调发音失误多，有较多的系统性语音错误和语音缺陷。②词汇、语法同时出现较多的失误。③方言腔调重，且表达不流畅。三级甲等的测试总失分率在30%以内，得分为70 ~79.9 分；三级乙等的测试总失分率在40%以内，得分为60 ~69.9 分。

4. 不进入等级水平的评定

基本上属于方言腔调，测试总失分率在40%以上，得分低于60 分者，不能进入普通话等级。

第三节　如何学好普通话

学好普通话应做好两方面的工作：一是要规范语言，二是要注意方法。

一、规范语言

规范语言即语音规范、词汇规范和语法规范。

1. 语音规范

语音规范是指使用同一种语言的人的语音是同一标准音。普通话的规范语音是以北京语音为标准音。普通话语音规范的范围，主要从字音的声母、韵母、声调等方面着手，做到咬准字头、发响字腹、收全字尾、读准字调以及掌握儿化音和音变的规律等。

2. 词汇规范

词汇，又叫作语汇，是指一种语言里词的总和。普通话以北方话为基础方言，它的词汇是在北方方言词语的基础上规范而成的词的总和。因此，词汇规范就要克服不属于普通词汇的方言词语，正确运用普通话的词语。

3. 语法规范

“语法”有两个意思，一是指语法本体、词语、句子的结构规则，是使用某种语言的民族成员说话时必须共同遵守的语言习惯；二是指研究语法结构规则的语法著作，语法著作中的“语法”是语法家归纳出来的，是对语法本体的描写和分析。普通话的语法是以典范的现代白话文著作为语法规范。就语法规范而言，既要遵守讲普通话时应遵守的习惯，又要遵守现代汉语语法规则，正确掌握顿连、轻重、音变、语调（语气）等技能，做到准确、真切、抑扬顿挫、富有感情地朗读作品和完整、流畅地讲普通话。

二、注意方法

1. 字词积累法

字词积累是讲好普通话的基础和前提。普通话是由若干字音（音节）或词语语音组合而成的，从形式上看，就必然有一个量的积累。只有读准每个字音（词语语音），读准若干个字词的读音，才能明明白白地说普通话。否则就只能模仿别人讲普通话，模模糊糊讲不标准的普通话。

2. 对比记忆法

在难以区分的字音中，可以根据部分声母、韵母的对应关系来记忆。具体的记忆方法可以采用“记少不记多”的方法，例如区分鼻音声母 n 和边音声母 l 的字音时，只记住鼻音声母 n 的字音；区分前鼻音韵母 en 和后鼻音韵母 eng 的字音时，只记住前鼻音韵母 en 的字音。

3. 辨析语音法

学习普通话不应只停留在“学”上，还应该进一步辨析方言与普通话之间的差异，寻找它们之间的对应关系，寻求校正的规律和方法。

4. 口语练习法

口语练习是提高口语能力的重要途径。通过对普通话口语的反复练习，强化普通话的语音，淡化方言，变生硬的字词认读为流畅自然的讲述。口语练习的方法贵在平常生活中坚持讲普通话，同时开展朗读、演讲、辩论等比赛活动，来激励大家讲普通话的积极性。

第六章　日常口语交际

第一节　问 候 介 绍

一、知识精讲

1. 问候

问候是日常生活中必不可少的交际方式。问候，也可以说是问好、打招呼。就是在和别人相见时，用语言向对方致意的一种方式。日常交际中的问候可以打破陌生人之间的界限，作为人际关系的起点，引出交谈的话题。热情简洁的问候语更是人际交往的润滑剂，在人际交往中，恰当贴切真诚的问候，都会让人感到温馨，激发交往的兴趣。

2. 介绍

在一个陌生的环境中，为了使大家能尽快地熟悉起来，我们通常会通过“介绍”的方式增加互相之间的了解和认识，促进大家的交流和表达。因此，“介绍”就是相继传话，为大家引进或带入新的事物的一种交际手段。根据介绍主体的不同，主要分为自我介绍和他人介绍。

二、指点迷津

问候和介绍在日常交际中主要注意以下事项：

1. 在有必要问候的时候，要注意问候的次序、态度、内容等三个方面

（1）次序　在两个人单独相遇时，通常是“位低者先问候”，以示尊敬。如果同时遇到多人，宾主之间的问候需要注意一定的次序，这时候既可以笼统地加以问候，比如说“大家好”；也可以逐个加以问候，由“尊”而“卑”、由长而幼地依次进行，也可以由近而远依次进行。

（2）态度　问候是敬意的一种表现，态度需要主动、热情、自然、专注。

（3）内容　问候内容分为直接式和间接式两种。所谓直接式问候，就是直截了当地问好作为问候的主要内容。这种方式适用于正式的公务交往，尤其是宾主双方初次见面；间接式问候，是指由某些约定俗成的问候语来引起话题，代替直接问候。比如：“您吃了吗”“忙什么呢”等等。

2. 介绍主要分为自我介绍、他人介绍和集体介绍三种

自我介绍时需要简洁明了，自己将自己介绍给其他人，以让对方认识自己。

他人介绍一般指的是由第三者为彼此不相识的双方引见、介绍。

集体介绍则是他人介绍的一种特殊方式，是指被介绍人不止一人。在集体介绍时需要注意一定的次序，一般是把低位者介绍给高位者，介绍者在介绍时需要使用敬辞。

三、经典范例

问候语：你好、您好、早上好、吃了吗 、忙着呢……

日常介绍用语：你好，我是……

1）甲问："这位小姐，你好，不知道应该怎么称呼你?" 乙答："先生你好！我叫王雪识。"

2）主考官问："请介绍一下你的基本情况。"应聘者答："各位好！我叫张燕，今年23岁，陕西西安人，2015年毕业于西安交通大学船舶工程系，在校期间曾担任校学生会宣传部长一职，积累了很多工作经验，受益良多。此外，在校期间成绩优异，多次获得校级奖学金。"

3）一位来自云南的大学生，在一次新生见面会上，他是这样进行自我介绍的："我来自云南，'云南是阿诗玛的故乡，是一个佳丽辈出的地方'，但是大家千万别忘了，云南也是大理石的故乡，相信大家能从我身上看见大理石的朴实、厚重与刚强。"

四、巩固提高

1. 自我介绍需要注意的基本原则是____。

2. 找出下列问候语的不当之处。

遇到一位好久没有联系的朋友，又不太了解对方的近况，刚见面的时候问候对方，"代问夫人好"或"代问家人好"。

五、本节要点提示

1）了解问候和介绍的几种方式和区别。

2）掌握日常口语问候和介绍的交际原则。

第二节　即兴问答

一、知识精讲

即兴问答是能综合反映说话者口语交际能力的交际方式。在主持人大赛、辩论、课堂学习、日常交流当中，即兴问答广泛运用。即兴问答重点在于答，难点也在于答，因为发问者的问题具有临时性、随机性、不可预测性等特点，且要求回答者具有脱口而出的能力，在短时间内巧妙构思，组织言语，使问答双方在无本可依的情况下，体现语言艺术的精妙绝伦。

二、指点迷津

1. 临危不乱，处变不惊

遇到意料之外的问题，慌慌张张，就会暴露出不自信，应迅速平复自己的心情，迅速进入到当下的问答情景中，以变应变。

2. 合理缓冲，稳扎营盘

这个过程就是为自己争取时间、组织话语的过程，可一边运用一些非实质性话语作为开头，不至于使交流中断，一边针对对方的问题实质，迅速组织语言。

3. 见解精当，考虑全面

能够合理地把自己的见解表达出来，以体现回答者对问题的理解以及独特的思考视角和能力，回答时应尽量通盘考虑，避免偏执一端。

三、经典范例

2004 年，北京大学自主招生面试，江苏考生陈伟在即兴问答中妙语连珠，赢得了考官的一致青睐。

问：你对大学生活的憧憬是什么？为何选择北大？

答：雄鹰需要广袤的天空才能展翅翱翔。大学生活应陶冶情操，形成完善独立的人格，不断学习知识，厚积而薄发；应积极参加各项活动，锻炼才干，展示本领。北大有浓厚的学术氛围和呈“百家争鸣”之态的各种学术社团。我十分欣赏北大老校长说过的一句话：“北大主义即牺牲主义。”“牺牲”两字远非口头说的那么简单，需要有博大的胸怀，需要有“兼济天下”的仁者之心。

主持人大赛即兴问答经典题目：

1. 作为一名主持人，你在台上忘词了怎么办？

2. 当你报幕时，台下观众倒喝彩，你该如何应对？

3. 一辆公交车上，一名四五岁的小孩主动给老人让座，结果遭到母亲指责，请问你对这一事件持什么看法？

4. 请为上一个节目《创意时装展》和下一个节目《传奇》做一段串词。

5. 你觉得本次比赛最优秀的选手是谁？

6. 比赛有输有赢，歌唱比赛中，有位选手没有获得预想中的成绩，即将离开这个舞台，作为主持人，你将如何主持？

7. 妙语连珠。请说一段话，包含下面 5 个词语：操场、身影、渐行渐远、运动鞋、帽子。

8. 作为一名好的主持人，你认为应该具备什么条件？

四、巩固提高

1. 有媒体报道，新学期即将开始，一些大学生忙着到家政公司给自己找保姆，帮助料理学校的“家务”。您认为大学生可不可以雇保姆？

2. 你对我国年味越来越淡这一现象有什么看法？

五、本节要点提示

1）即兴问答的会话特点。

2）即兴问答的言语组织。

3）表述中的注意事项。

第三节　表扬批评

一、知识精讲

1. 表扬

表扬是一种正面激励方式，是对良好行为的一种积极肯定。在口语交际中，恰如其分的表扬可以营造出良好的交际氛围，使对方心情愉悦，拉近会话双方的距离，能创造出和谐的学习、工作环境。表扬意味着肯定对方的言语、行为，在口语交际中合理的使用表扬的话语，会让你在社交活动中取得成功。

2. 批评

日常生活中我们难免会遇到或处理一些犯错误的事情。学会面对批评、处理批评也非常重要。批评是指把对方的错误或不足之处指出并提出意见，然而批评并不是批判，更不是抱怨，懂得批评、学会批评、善于批评，将会起到教育人、帮助人、感化人的作用。

二、指点迷津

1. 表扬

（1）言美且信　表扬的话语虽然人人爱听，但是要以事实为基础，发自内心的真诚的赞美，缺乏真情实感的、虚假的表扬反而会让被表扬者感到牵强虚假，效果会适得其反。

（2）因人而异　表扬应区分对象，根据表扬对象的文化程度、脾气秉性、心理特征等情况的差异区别表扬。

（3）表扬有道　根据不同的交际情况，可灵活运用直接表扬法、间接表扬法、反语表扬法等多种方法。

2. 批评

合理的开展批评，一方面有利于帮助他人找出不足，加以改正，另一方面有利于自我的提升、发展，以促进双方快速进步、互相信任、互相协作的完美局面。然而批评相较于表扬更应注意掌握一些技巧和方法。①批评要真诚，因人而异；②要学会“旁敲侧击”，客观公正；③批评要及时，注意尺度；④营造批评的轻松氛围，把握分寸；⑤注重场合，关注受批评者的心理变化；⑥批评宜少不宜多。

三、经典范例

1）1972 年，美国总统尼克松访华期间，由于尼克松没有安排随行的国务卿罗杰斯参加与毛主席的会见，罗杰斯十分恼火，打算给《中美联合公报》的发表制造麻烦。周恩来总理得知这一情况后，主动去见罗杰斯。一见面，周总理就说：“国务卿先生，我受毛主席的委托来看望你和各位先生。这次中美两国打开大门，是得到罗杰斯先生主持的国务院的大力支持的。我尤其记得，当我们邀请贵国乒乓球队访华时，贵国驻日本使馆就英明地开了绿灯，说明你们的外交官很有见地。”罗杰斯听到赞扬后十分高兴，笑着说：“总理先生也是很英明的。我真佩服你想出邀请我国乒乓球队的招，太漂亮了！”一番谈话之后，《中美联合公报》顺利发表。

2）小米最近一个学期，学习成绩下降很快，引起了班主任李老师的关注。在默默地观察了几节课后，李老师发现小米上课总是发呆，于是某个课间就把小米请进了办公室，准备对他进行批评教育。李老师批评到："你最近为什么上课总是发呆？为什么下课又那么吵闹，还打别人，我发现你最近是越来越不听话了，你再这样，我就请你家长来，不知道你是怎么想的，不准这样了，听到没有？"小米并没有开口，低着头，心里满是委屈和不服气。上课铃一响，李老师就让他先回班上课了。然而这让小米的德育王老师看在了眼里，也准备去关心一下这个平时成绩很优秀的孩子。于是，在课间王老师找到了小米，选择了一个安静的角落用平易近人的声音说道："我看你最近上课总是注意力不集中，有什么不开心的事情吗？可以跟老师说说吗？我们是朋友，不是吗？"这时小米慢慢地解释了课堂上的一些情况。王老师顺势教育了他，小米很快改正了这些坏习惯，认真上课了。

四、巩固提高

1. 下面哪一种方法是间接表扬法？（　　）

A. 恭喜你，成功的克服了心理障碍

B. 能有如此眼光，你真了不起

C. 你的举动赢得了同学们的一致称赞

D. 为完成这一艰巨的任务，你可是运用了不少"阴谋诡计"

2. 你的室友一向不修边幅，请你运用适当的批评对他进行规劝。

3. 上面范例中关于小米的例子，两位老师的批评教育方式有什么不同？分别有什么样的效果？结合例子谈谈你更赞成哪位老师的做法。

五、本节要点提示

1）了解表扬的意义和方法。

2）运用相关表扬方法进行交际。

3）掌握表扬与批评的艺术。

第四节　倾 听 交 谈

一、知识精讲

1. 倾听

在一项关于友情的调查报告中，我们发现了一个很出人意料的调查结果，那就是那些拥有最多朋友的人不是那些能言善辩、巧舌如簧的人物，反而是那些善于倾听的人群。所以倾听是有效沟通的必要部分，是促进日常交际有效进行的重要手段。倾听不仅仅是要用耳朵来听说话者的言辞，还需要全身心地去感受对方在谈话过程中表达的言语信息和非言语信息。

2. 交谈

交谈是日常口语交际里最常见的交流方式，通常是指两人或两人以上的双向交流谈话。交流双方，有时是对等的，有时有主动和被动之分。因此在交谈的过程中需要特别注意了解对方，以便采取合适的语言表达方式。强化语言方面的修养，学习、掌握并运用好交谈的礼仪也是非常重要的。

二、指点迷津

倾听的过程中往往需要特别注意以下几点。

1）倾听时，倾听者要虚心、耐心、诚心和善意的为诉说者排忧解难。

2）倾听三要素：集中精力；做到有同理性地倾听；学会主动倾听、克服自我中心。

3）倾听需要做到观察力、记忆理解、逻辑思维能力的相关思维训练。

交谈的过程中需要注意几点礼仪和要求。

1）态度要诚恳，这是人际交往的基本要求。

2）真诚坦诚、互相尊重。

3）言之有物、言之有序、言之有理。

三、经典范例

名言警句

1）倾听的耳朵是虔诚的，倾听的心灵是敏感的。有了倾听的耳朵和愿意倾听的心，你才拥有忠实的朋友。

2）倾听是人的本能，通过倾听来接受外界的信息；倾听是你了解认识这个世界的重要途径；婴幼儿就是在倾听中渐渐地成长起来的。

3）良言一句三冬暖，恶语伤人六月寒。

4）与君一席谈，胜读十年书。

典型案例：金人的价值

曾经有个小国的人到中国来，进贡了三个一模一样的金人，皇帝特别高兴。可是这个小国的人不厚道，同时还出了一道题目：这三个金人哪个最有价值？皇帝想了许多办法，请来珠宝匠检查，称重量，看做工，都是一模一样的。怎么办？使者还在等着去汇报呢。泱泱大国，不会连这点小事都处理不了吧？最后，有一位退位的老大臣说他有办法。皇帝将使者请到大殿，老臣胸有成竹地拿着三根稻草，插入第一个金人的耳朵里，这根稻草从另一边耳朵出来了。第二个金人的稻草从嘴巴里直接出来了，而第三个金人，稻草进去后掉进了肚子里，什么响动也没有。老臣说："第三个金人最有价值！"使者默默无语，答案正确。

这个故事告诉我们，最有价值的人，不一定是最能说的人。老天给我们两只耳朵、一个嘴巴，本来就是让我们多听少说的。善于倾听，是沟通最基本的素质，是沟通的第一要义。

从金人的价值这个小故事中就可以看出，我们的古人认为最有价值的人就是善于"倾听"的人，西方同样也有句著名的谚语，叫作"沉默可使傻子成为聪明人"。

四、巩固提高

1. 为什么说在沟通中"倾听"最有价值？

2. 在现实生活中你最愿意把心里话说给谁听？你认为他或她在倾听方面具有哪些值得我们学习的地方？

3. 交谈的首要原则是什么？

五、本节要点提示

1. 学生要理解倾听交谈在人际交往中的用途。
2. 实际运用时倾听与交谈的注意事项。
3. 通过训练掌握倾听交谈的技巧。

第五节 说 服 拒 绝

一、知识精讲

1. 说服

在日常生活中，交流双方意见不一致的情况经常发生，必然会产生矛盾冲突，也不利于事情的发展和解决。这个时候如果有一方利用合情合理的理由及令人信服的语言来说服另一方赞同己方观点，必然能取到事半功倍的效果。因此，说服就是指通过向对方说理，使之接受，试图使对方的思想、行为朝特定方向改变的一种影响意图的沟通。说服是一门艺术，更是个人综合素质的具体体现。

2. 拒绝

新时代里，我们面临的期待和压力同步升长，无论是在日常生活中，还是在工作学习中，身边的亲友、领导、同事及业务对象总会对我们寄予很大的期望。出于主观或客观的原因，有些要求和期盼使我们不能微笑着说“是”。拒绝是令人遗憾的，却又是难以回避的。拒绝的结果一般只有两种：一种是双方不欢而散，甚至结仇结怨；一种是皆大欢喜，成为深交的契机。因此，要尽量使自己掌握不陷于被动又不伤害对方自尊的拒绝技巧。

二、指点迷津

1. 说服

执不同意见的双方，一方想要说服另一方往往并不是那么容易的事，往往需要一定的技巧和方法。常用的说服技巧有：①让事实说话。②活用数据。③调整表情和声调。④呼唤角色心理，动之以情，晓之以理。

说服的一般步骤：①吸引对方的注意和兴趣。②明确表达自己的思想。③晓之以理，动之以情，贵在坚持。

说服需要注意的一般问题：①把握好说服的时机和场合，做好准备，谨慎行事。②换位思考，恰当用词。③针对不同的说服情况，选择合适的措辞和表达方式。

2. 拒绝

在日常交际中学会说“不”，会使得我们的生活变得美好很多。有些事情是违背自己的做人原则、不符合自己的兴趣爱好、违背自己的价值观念、陷自己于不利的情况下的，我们都要及时并果断的拒绝。

常用的拒绝方法：

1）直接拒绝，对于对方违背原则的要求或行为，应该直接说“不”。

2）转折式拒绝，先不表明自己的观点或先直接肯定对方观点，然后再予以拒绝。

3）模糊式拒绝，对事情不表达得过于明白，而是避重就轻、避实就虚，用暗示的方法让对方明白自己拒绝的意图，这种方法既避免了双方的尴尬，又达到了回绝的目的。

拒绝时应注意的原则：①尊重理解对方。②拒绝的方式和语言要因人而异。③对于暂时无法满足的要求，要说明原因。④拒绝的理由应该公私分明，态度真诚。

三、经典范例

1. 说服

1）七岁的男孩小刚，看病时不愿打针。护士对他说："呦，男子汉还怕疼啊!"经过护士的一句话，小刚懂得了"男子汉"这个角色意味着坚强勇敢，认识到自己认为打针疼是不符合"男子汉"角色特征的，于是勇敢地接受了注射。

2）在澳大利亚墨尔本，女记者帕兰要采访一位权威人士，打算请他就海洋保护问题做15分钟的广播讲话。这位权威人士非常忙，曾拒绝过很多记者的要求。如果直接提出占用他15分钟时间，他可能会拒绝。

帕兰在电话里是这样说的："在百忙中打扰您很过意不去。我们想请您就海洋动物保护问题谈谈看法，大概只要3分钟就够了。听说您日常安排极有规律，每天下午四点都走出工作室，到户外散步。如果可能，我想是不是可以在今天下午的这个时候拜访您?"

结果这个权威人士接受了这个要求，采访于下午4点准时开始。当帕兰告别时，时间过去整整20分钟，帕兰出色完成了任务，20分钟的录音编制为15分钟的广播讲话，材料是足够的。

2. 拒绝

1）一位女演员倾慕著名作家萧伯纳，对他说："如果我们结婚，一定是世界上最完美的结合。将来我们的孩子，他一定会有一副你那样聪明的头脑，同时也具备像我这样优美的身段。"萧伯纳笑着说："可是如果孩子头脑像你，身段像我，岂不糟糕?"女演员顿时哑口无言，羞愧地走了。

2）著名作家钱钟书先生非常幽默，常常妙语连珠。有一次，在婉转拒绝一位英国女士慕名求见时，他说："假如吃了鸡蛋已觉得不错，何必还要认识那下蛋的母鸡呢?"又有一次，在谢绝了一笔高额酬金后，钱老莞尔一笑："我都姓了一辈子'钱'了，难道还迷信钱吗?"

四、巩固提高

1. 在日常学习生活中，你遇到过哪些说服的情况？举一个体会深刻的例子进行简单分析。

2. 在现实生活中，你有没有拒绝过别人？（回答要求：所选事例要有代表性，出于什么原因拒绝，你是如何拒绝别人的请求，被你拒绝后对方有什么反应，你事后有什么想法?）

五、本节要点提示

1）了解说服语言运用的基本原则及说服过程的基本步骤。

2）掌握说服常用的方法与技巧，提高说服效果。

3）掌握常用的拒绝方法和技巧，学会恰当、行之有效的拒绝。

第七章　职场口语交际

第一节　求职语言艺术

由于人才选择和职业流动越来越频繁，人才市场和劳动就业不断发展与完善，自主就业，双向选择已成为时代的必然。求职是每一个渴求工作的人必须过的一道关，求职的过程主要是语言交际的过程。

一、面试语言的要求

面试是求职者与主考官面对面地交流，求职者通过语言把自己的知识和能力展示给主考官，可谓求职的重要阶段。

1. 准确地选用词语

词语是造句的基本单位，若选用得好，句子就会造得严谨而优美。因此，在面试中要特别讲究词语的运用，运用得好就能增强答辩的表达效果。

2. 恰当地运用语句

面试者在答辩中除了恰当地选用词语外，更要恰当地运用语句。因为面试者要针对问题，运用一系列的语句才能切中题旨，阐明自己的思想。如果语句运用不好，就很难取得令人满意的答辩效果。在面试的过程中，要适当选用短句，交错运用长短句，适当地运用修辞手法。

3. 发音清晰

发音清晰，咬字准确，对于一般人来说并不困难。可有些人由于发音器官的缺陷，个别音发不准，会严重影响人们的理解，或影响讲话的整体质量，应少用或不用含有这个音的字或词。如果有办法矫正，就应该努力矫正，不要采取消极的方法。

4. 语调要得体

无论是哪一种语言，对于各种句式都有语调规范。同样的句子，用不同的语调处理，可表达不同的感情，收到不同的效果。若有人说："我刚丢了一份工作。"使用同样的反问句"是吗?"作答，可以表达吃惊、烦恼、怀疑、嘲讽等各种意思。

5. 声音要自然

用真嗓门说话，音调不高不低，不失自我，不仅听起来真切自然，而且有利于缓解紧张情绪。

6. 音量要适中

音量以保证听者能听清为宜，适当放低声音总比高嗓门顺耳、有礼。喃喃低语是没有自信的表现，而嗓门太亮既骚扰环境，又有咄咄逼人之势。

7. 语速要适宜

适宜的语速并不是从头到尾保持一成不变的速度和节奏，而是根据内容的重要性、难易度、语调的高低以及对方的注意力等情况随时调节语速和节奏。说话适当减缓的节奏比急迫的、机关枪式的节奏更容易让人接受。

二、面试应答的艺术

面试的核心内容是应答，求职者必须把握自己的谈吐、仪表形象、动作举止，因为谈吐、素质、能力都将或多或少地体现在应答的过程中。而且要注重相应的原则和礼节规范。此时你的一言一行、一举一动都将关系到你的职业和前程。

1. 面试应答的原则

面试时，求职者务必使自己的谈吐文明礼貌、言辞标准、语言连贯、内容简洁。

1）礼貌。面试时绝对不能粗俗、无礼。不论是自我介绍，还是答复询问，均须使用必要的谦辞、敬语。回答考官提问时应称其职务，或以“您”和其他尊称相称。

2）标准。求职者在回答考官提问时，要求完整、准确，绝对不允许东拉西扯、张冠李戴。除此之外，还要语言标准，发音准确，多用术语，而且应讲普通话。

3）连贯。面试时，谈吐连贯与否至关重要。所谈内容与自己向用人单位提供的书面材料完全符合，且要一气呵成，不拖泥带水，吞吞吐吐。

4）简洁。应答时，谈吐应化繁为简、简明扼要。能不说的话，就不要说；能少说的话，就不要多说；不该重复的话，就一定不要重复。倘若面试官限定了自我介绍或回答问题的时间，务必严格遵守。宁可用不了，也不要超过。应答是否简洁，在某些程度上体现了求职者的能力。

5）清晰。一个人工作是否有计划、有组织、有步骤，思维的条理性、逻辑性是否强，都是反映其办事效率高低、工作能力大小的一个重要方面，而这些都可以从你的言行中反映出来。因此，在回答问题时，应将你的答案归纳成几条几点。也许你的思维不是太敏捷，答案也需要你边回答边思考，不断进行完善，一时还不能反应出将回答几条，这不要紧，你可以说下面将从以下几个方面来回答提问。在阐述第一点的过程中，你可以想到其他很多相关的事情，在头脑中出现第二条、第三条……最后，你再总结说“关于这个问题，我认为是以上几点，不知妥否”等等。

6）准确。应答的话一定要准确。有时你本身使用的语句是正确的，但也可能会造成误解。为什么呢？一种情况是你出现口误，环境干扰致使你的精力分散，会造成这样想那样说的情况。另一种情况是聆听的一方由于理解出了问题，没有正确领会你的含义，所以会出现语言误会。

2. 面试应答的技巧

应答时高明的应答技巧能提高面试成绩，获得成功。应答要注意以下几点要求：

1）有问必答。不管是什么问题都要做出回答，这是最基本的原则。对于考官的问题，有的虽然刁钻，但可能是为了测试你的应变技巧和反映能力，所以更应认真回答。

2）不要掩饰。有些专业性很强的问题，如果你确实不懂，应坦率地承认。千万别说“我想想…。”再怎么想也没有结果，还会给考官留下不懂装懂的印象。有时考官出这类问题纯粹是想验证一下你是否诚实，如果你坦率承认自己不懂，则正好通过了考官对你这方面的测评。

3）“大题小做”。考官有时会问一些“很大”的题目，比如“说说你自己”，至于说

“你自己”什么，并没有限定，但他要的答案并不是“你自己”事无巨细的全部。因此，你必须“大”题目“小”做，围绕你应聘的职位来“说说你自己”。这样的问题往往出现在面试开始时，你必须有意识地把话题拉到你的能力、性格优点、学识、经验等方面，不能错过这样的好机会。

4）正确面对讲错话。讲错话或也是常见的现象。经验不足的求职者碰到这种情形，往往懊悔不已。有些年轻的求职者发觉自己讲错话后停下来不作声或伸伸舌头，这些都是不成熟、不庄重的做法。应该保持冷静，若谈错话也无关紧要，可以若无其事，继续对答。因为主考官不会因一次小错误而放过合适的人才，他们也明白你是因紧张所致。若说错的话比较重要，应在适当的时间更正并道歉。

3. 面试的禁忌

在面试过程中，从一般交谈到面试应答、告别，都有一套语言礼仪要求，要使面试成功，就必须避开面试过程中的禁忌。

1）避免口头禅。有些人在交谈中非常爱说口头禅，诸如“岂有此理”“我以为”“我告诉你”“绝对的”等，不管这些话是否与所说的内容有关联，说多了不仅影响说话的效果，还很容易被别人当作笑柄，应极力避免。

2）勿滥用术语。粗俗的词不可用，太深奥的词如专用术语也不可多用。过多地使用专业术语，即使你使用得恰当，也会给别人故弄玄虚的感觉。

3）说话不要太烦琐。有些人在叙述一件事情时说了很多话，但还是无法把意思表达出来。听者花了许多时间和精力，仍然不知道他想说明什么。如果你有这种毛病，一定要矫正。最好的办法是：说话之前先在脑子里做一个初步计划，再把计划要说的东西讲出来。

4）要避免使用粗俗的词。常言道：“言语是个人学问品格的衣冠。”一个相貌堂堂、高贵华丽的人，如果一开口就说粗俗不堪的话，别人对他的敬慕之心会马上烟消云散。其实，这些人中的相当一部分并非学问品格不好，只是在追求语言新奇和俏皮的过程中，不知不觉染上了这种坏习惯。在交谈中，一定要下决心改掉这种坏习惯。

5）答非所问。求职者必须要让主考官先开口发问，认真听清楚考官的题目及其要求，然后才能针对问题的核心做最正确完善的回答，以便和考官取得共识，获得较高的评价。忌过分热情，不问青红皂白，口若悬河。

第二节　领导艺术语言

在职场若干年后，你可能会晋升为一名领导。作为领导，跟下属的沟通十分重要。沟通好，二者可以和睦共事、同心同德，形成强大的合力，推动事业走向成功。反之，则会造成人际关系紧张，甚至产生对立情绪，导致人心涣散、一盘散沙、一事无成。

一、与下属沟通的技巧

对上司来说，与员工进行沟通是至关重要的。因为要做出决策就必须从下属那里得到相关的信息，而信息只能通过与下属之间的沟通才能获得；同时，决策要得到实施，也要与员工进行沟通。再好的想法，再有创意的思想，再完善的计划，离开了与员工沟通都是无法实现的空中楼阁。那么，上司如何才能与员工进行有效的沟通呢？

1. 让员工对沟通做出反馈

沟通的最大障碍在于员工误解或者对上司的意图理解不准确。为了减少这种问题的发生，上司可以让员工对自己的意图做出反馈。比如，当你给员工布置了一项任务后，可以接着询问：“你明白我的意思了吗?”同时要求员工把任务复述一遍。如果复述的内容与你的意图相一致，说明沟通是有效的；如果员工对你意图的领会出现了差错，可以及时纠正。或者，你可以观察他们的眼睛和其他体态举动，了解他们是否正在接受你的信息。

2. 对不同的人使用不同的语言

在同一个组织中，不同的员工有不同的年龄、教育和文化背景，导致他们对相同的话产生不同的理解。另外，由于专业化分工不断深化，不同的员工会有不同的“行话”和技术用语。上司往往注意不到这种差别，以为自己说的话都能被其他人恰当的理解，从而给沟通造成障碍。

3. 积极倾听员工发言

沟通是双向的行为。要使沟通有效，双方都应当积极投入交流。当员工发表自己的见解时，上司应当认真积极的倾听。

积极的倾听要求上司把自己置于员工的角色中，以便于正确理解他们的意图而不是你想理解的意思。同时，倾听的时候应当客观地听取员工的发言而不作出判断。当上司听到与自己不同的观点时，不要急于表达自己的意见，因为这样会使你漏掉余下的信息。积极的倾听应当是接受他人所言，而把自己的意见推迟到说话人说完之后。

4. 注意恰当地使用肢体语言

在倾听他人的发言时，还应当注意通过非语言信号来表达你对对方所说内容的关注。比如：赞许性地点头、恰当的面部表情、积极的目光相配合；不要看表，翻阅文件，拿着笔乱画乱写。如果员工认为你对他的话很关注，他就乐意向你提供更多的信息，否则员工有可能把自己知道的信息怠于向你汇报。

5. 注意保持理性，避免情绪化行为

在接受信息时，接受者的情绪会影响到他们对信息的理解。情绪会使接受者无法进行客观理性的思维活动，而代之以情绪化的判断。上司在与员工进行沟通时，应该尽量保持理性和克制，如果情绪失控，应当暂停进一步沟通，直到恢复平静。

二、表扬下属的技巧

作为上司，除了用现金和红包来奖励员工外，还要善于调动员工的积极性，一个最有效的办法就是表扬下属。

在现代社会，想要让员工尽心竭力地为公司服务，金钱奖励是一种办法，但收服人心、善于表扬，常会收到意想不到的结果。心理学家杰斯莱尔说：“表扬就像温暖人们心灵的阳光，我们的成长离不开它。但是绝大多数人都太轻易地去对别人吹去寒风似的批评意见，而不情愿给同伴一点阳光般温暖的表扬。”可见，称赞他人并非人人都能做得好。

1. 表扬要快

员工某项工作做得好，老板应及时夸奖，如果拖延数周，时过境迁，迟到的表扬已经失去了原有的味道，不会令人兴奋与激动，夸奖就失去了意义。

2. 表扬要诚恳

避免空洞、刻板的公式化夸奖，或不带任何感情的机械性话语，放之员工而皆准会给人一种言不由衷之感。

3. 表扬要具体

表扬他人最好是就事论事，哪件事做得好，什么地方值得表扬，说得具体，见微知著，才能使受夸奖者高兴，便于引起情感的共鸣。

4. 表扬不要又奖又罚

作为上司，一般的夸奖似乎很像工作总结，先表扬，然后是但是、当然一类的转折词。这样的辩证全面，很可能使原有的夸奖失去了作用。应当将表扬、批评分开，不要混为一谈，事后寻找合适的机会再批评可能效果更佳。

三、领导道歉的艺术

俗话说“金无足赤，人无完人”。领导也不是完人，也有说话做事欠妥当的时候。所以，领导也应适时对自身的过失进行道歉。道歉的话是消除后遗症的“定心丸”，说得越及时越好。及时说，可以大事化小、小事化了；如果把必须要说的因难以启齿而拖延，“捂”出来的后果就有可能像把热度捂成痈疽那样危险。因此，要学会有艺术的道歉，需掌握以下几个要点：

1. 立即道歉

如果你认识到自己的不对，你就应该立刻去道歉。当然，当对方心情愉快、时间悠闲的时候，效果是会好一点的。比如说，你今天犯错了，隔了几天才认错道歉的话，也未免太不应该了。因此，事情过去很久你再去道歉，人们往往会怀疑你的真诚度。

2. 态度要诚恳

认错道歉要堂堂正正，不必装模作样。认错本身就是真挚和诚恳的表示，是值得尊敬的事情，你不可也不必为此感到丢了面子。态度要诚恳，要坦率。当你因某件事想要取得对方谅解时，态度是很重要的。你应该坦率地向他说出这件事的缺失、错误，并表示改正，这才能证明你希望获得谅解的决心。

3. 时间越早越好

道歉不要拖延时间，要越早越好，面对对方清晰地表明。若是事过境迁，一是难以启齿表达情意，二是听者将会无视你的诚意。对自己所干的事勇于承担责任，不推脱，不找借口，更不要文过饰非；也不要采取大事化小、小事化了的态度。

4. 勇于承担责任

既然你已经做错了，就无需掩饰，勇敢地承担起责任才是获得谅解的最好办法。推卸责任或避而不谈，只能适得其反。向对方道歉，要倾听对方的诉说，了解他的内心需求，有针对性地道歉。不可不视具体情况，就千篇一律地采用“对不起”“请原谅”之类的话语，而是要具体问题具体分析，如果损害了别人的东西，还应当赔偿。道歉主观上要有真心，充分显示出内心的悔意。如果将道歉视为息事宁人的手段，而漫不经心、敷衍塞责，则道歉不但起不到相互沟通的作用，反而会失去别人对你的尊敬，使关系向恶性方向发展。

5. 要给对方时间以接受你的道歉

你的错误使对方产生不快，对方对你从不满到谅解，需要一个过程。如果你请他原谅没有当场被接受，也可以稍后再过去表达你的歉意和不安。如果是熟人之间要致歉，也可以相互回顾当时的情况，仔细分析发生不快的背景、起因和当时的处境，使对方分清什么可以原谅，什么不可以宽容。经过冷静的分析，可以更好地增进双方的友谊，弥补已经造成的裂缝。

第三节　主持艺术语言

说到“主持”，人们便会想到白岩松、朱丹、杨澜、鲁豫等主持人。他们主持节目，甜而不腻，美而不妖，听起来特别舒服，如饮醇醪，如瞰仙果。

什么叫主持？在词典里，主持一词有几个意思。用在这里，它是负责掌握或处理，如文艺演出、集会、演讲竞赛等，即主持某项活动，是一种“当家人”的行当。

一、主持及其沟通技巧

主持的对象、内容不同，职责不同，要求便不同，主持人也便有所不同。主持及沟通技巧，有如下几点要求：

1. 面面俱到

一般来说，受主持的往往是一个群体，其间有各个方向、各个层次的人物。像一场文艺晚会，参加者有演员，有观众，有男女老少，有工农兵学商。主持是主持全体参加者，因此主持者务必照顾全体，面面俱到，不忘记、不落下参与活动的任何一个部分或层次的人们。否则，就可能会造成麻烦，甚至引发哄闹事件，使晚会不欢而散。

2. 说和唠

主持人用语，不但要口语化，而且要生活化，就像“拉家常”一样温和亲切、活泼生动。即使有稿子，也不宜念稿；要讲，要用生活化的语言讲出来。

高、强、硬，更是主持人口才的大忌。

“听众朋友们，您好，我是徐曼。当我开始这次节目的时候，我忽然想到，我的孩子想吃香蕉，让我中午带几斤回家。说实在的，如果说买苹果、买梨，在北京到处都是，很容易买，什么烟台苹果、辽宁苹果、天津雪梨、天津鸭梨等等，那真是想买什么就有什么。可是呢，孩子要买香蕉，那就不容易了。好久在北京市场上见不到香蕉了。”这是徐曼主持中央人民广播电台《空中之友》节目的一段。似乎是主持人“我”在与听众“您”谈话聊天。做主持就应当如此，主持者以交心的态度和交流情感的方式，顺利打开听众的心扉。

3. 有程式而不程式化

就一般活动而言，如典礼、舞会、集会等，有一定的程式，主持随之也有一定的程式。但是主持不应该程式化。就是说，主持每一次活动，主持者都应该注意研究这次活动的参与者和内容等，因人而异来组织语言。例如：

1）主持青年人的活动，语言应当活泼明快、充满朝气，哲理性强，寓意深。

2）主持老年人活动，就不能像对待军人那样。

3）主持文艺活动，语言应当热烈、欢快。

4）主持政治活动，语言要庄重、质朴。

4. 少而精

除了一部分角色式主持之外，主持常见的社会活动和文艺活动，话都不能说得过多。话说得过多，动不动长篇大论，势必喧宾夺主，且使听众感到厌烦。喧宾夺主和听众厌烦，无疑是主持的失败。

成功的、出色的主持，总是用最简洁精练的语言造就的。主持者开腔即破题，收束则干净利落，戛然而止。例如，有人主持庆功表彰会结束得很精彩，他是这样结束的，“听完发言，我想到了一件事情：有人问球王贝利哪个球踢得最好？回答是：下一个！有人问著名导演谢晋哪部戏拍得最好？回答是：下一部！有人问一名演员哪个角色演得最好？回答是：下一个！看来我们在庆功、表彰中也应牢记：下一个！下一部！散会。”

二、好主持的语言奥妙

主持有奥妙。主持者既然叫当家，就要会当家，当好家。怎样才能当好家呢？一曰工于开场，二曰巧于链接，三曰应变有数。

1. 要工于开场

工妙的开场，一般有四条：

一是直入点题，提纲挈领，要言不烦地把活动的内容主体讲明白。

二是调动全场的情绪，使全场人人情绪高涨起来，注意力集中起来，处于亢奋状态，并造成一种氛围，一种全场和鸣共振的姿态。

三是富于启发性、诱导性，引导全场进入角色、进入境界。

四是周到得体。

开场工妙，必须坚决摒弃那种陈旧、死板、千篇一律的客套，如“现在开会，请××上台讲话……”“××文艺晚会现在开始，第一个节目……”；应根据活动的具体实际，或说内容，或讲形式，或道特点，或提要求，或谈“历史上的今天”。总之，主持者要因境制宜，做灵活的设计。而特别不能忘记的是，主持者在能够诙谐幽默之处，尽量来点儿诙谐幽默，使听众发出会心的微笑。

2. 要巧于链接

主持一场活动，主持者一般都要在中间搭桥接榫，过渡照应，把整个活动连缀成一个有机的整体。有人主持“延·巴特尔是我们学习的榜样”的演讲中，其中第三位演讲者演讲《人与共产党人》，第四个演讲者演讲《要有一股艰苦奋斗的创业精神》。他在两篇演讲之间是这样致辞的：“共产党人是人，但又不等于一般人，共产党人要无私无畏，要经得起风吹浪打，当然离不开艰苦奋斗的精神。下面请听××同学的演讲。”短短几句话，便使两篇演讲链接无痕。

主持者用连接语不外乎承上启下：肯定前面的，画龙点睛；呼出后面的，渲染蓄势。这两者都很重要，需根据临场的情势来。从主持口才的实践看，主持者似乎都更加重视后者。

在主持中，并非演一个节目、搞一项活动，就要用连接语。用还是不用，话长还是话短，应视具体情境而定。若用连接语，则可以顺带，也可以反推；可以借言，也可以直说；可以设疑，也可以答问。总之，主持者不要弄成八股，应以别开生面而又恰到好处为原则。否则，它便不巧了。

3. 要应变有数

变即变故，麻烦。主持一场活动或是别的什么，难免遇上麻烦。如果遇上麻烦，主持者应当随机应变，用妙语化解和调节。其办法和步骤有：

（1）打圆场　比如在座谈讨论之中，与会者之间彼此意见相左，甚至唇枪舌剑，发生争吵，彼此不相让。这时，主持者就要出来打圆场。

一是转移注意力。主持者或者接过话题自己说，或者岔开话题换新题，把争论双方的注意力转移到别的方面。

二是沟通感情。主持者应寻找或帮助双方寻找共同点，缩小双方之间在情感上、心理上的距离。

三是公正评价。主持者应将双方的意见进行清理和归纳，站在公正无私的立场上来进行评价，阐述双方都能接受的意见，但又不是无原则的“各打五十大板”。

四是引导自省。主持者应当使双方从事实中反省自己的观点和错误，消除误会，认同真理。

（2）破僵局　僵局也是主持人常常碰到的难题。一些即兴式的活动，如即兴演讲、讨论问题、聚散场合，主持者讲过话之后，无人开头，便形成僵局；“千呼万唤始出来”之后，又无人接上，再度形成僵局。主持者若遇到僵局，应尽快想办法打破。方法有：

一是做表率。无人来，自己上，主持者做个示范，以启发来者。

二是点将。主持人可以直接安排“下一个”，变被动为主动。

三是注入催化剂。主持者要主动地讲一个故事，或讲一个笑话，或说一个典故，或说一则新闻，迂回过来，在潜移默化之中启迪听众思路。

四是去顾虑。主持人可设想听众的顾虑，并一一破除，以激发他们的勇气。

（3）摆脱难堪　难堪有两种，一种是听众发难而造成的难堪，一种是主持者自己失误带来的难堪。遇到第一种难堪，主持人先要冷静地思考分析，人家为什么要发难？动机是什么？而后分别采取不同的对策。

对于善意的发难，主持人当以赤诚相见，精诚所至，金石为开。这可以直接说明和解释，也可以是因势利导，引入正路，还可以来点调侃。

对于恶意的、欲置于绝境的发难，主持人则当针锋相对，当然是内刚而外柔。其方法有：一是顺贬，主持人当先默认并接过对方给的难题，而后顺理成章地使对方陷入比自己更难看的境地。二是回敬，即古语所说的“即以其人之道，还治其人之身”。三是釜底抽薪，就是直接接触对方心怀的鬼胎。消除因自己失误带来的难堪，主持人当然也可以靠诚挚来取得谅解，应变各种变故，主持人一定要谈笑风生，蕴藉一些，幽默一些。并且，主持人过后要及时地根据调查目的对采访材料进行归纳总结，对这些材料的有效性、可靠性情况做出进一步研究，“去粗取精，去伪存真，由此及彼，由表及里”，从中选择最能说明问题和反映事物本质的事实材料。例如，哪些资料中的信息可以说明什么问题，充分与否；哪些资料虽然不能直接说明问题，但能否作为间接或补充材料；哪些资料虽然是无效并且不可靠的，但换个角度处理能否使之成为有效的材料，等等。

第四节　谈判语言艺术

谈判是生活中不可缺少的交际行为，是一种特殊的双向沟通方式。每人每天都在不知不觉中进行着谈判。随着社会的发展，经济贸易往来的不断增加，特别是经济合作与竞争因素的增加，相互之间不可避免地会出现不同程度的冲突、争端。于是，谈判就成了经济领域中越来越普遍的现象和常用的手段。通过谈判获得利益、满足需要乃至击败竞争对手，都是一种正当的经济行为。

一、谈判的方法

在正式谈判中的各个阶段，谈话的礼仪都是十分讲究并起着极重要作用的。谈话主要依靠听、说及相应的行为进行，我们也可以从以下几个方面来认识谈判的礼仪。

1. 倾听

所谓倾听是指听话者以积极的态度，认真、专注地听取对方的陈述，观察讲话者的表达方式及行为举止，及时而恰当地进行信息反馈，对讲话者做出反应，以促进讲话者全面、清晰、准确地阐述，并从中获得有益信息的一种行为过程。

2. 提问

提问对于了解对方、获取信息、促进交流有很重要的意义。一个掌握了提问要求并善于提问的人，不但能掌握谈判的进程、控制谈判的方向，而且能开启对方的心扉、拨动对方的心弦。

3. 表达

在倾听和了解对方的立场之后，就可以表达己方的观点和态度。在表达时，要把握以下要求：①态度文明礼貌。谈判是为了解决问题，谈判语言必须符合职业道德的要求，无论在何种情况下，绝不能口出污言秽语，攻击侮辱对方的人格，要表现出对对方的尊重。②语言清晰易懂。谈判者必须注意口音的标准化或采用对方能听清、听懂、理解的口音，要避免黑话、生造、歧义；在有中介人员或翻译人员在场时，还应注意与他们的信息传递，消除或减少表达错误。③语气流畅大方。在运用谈判语言的过程中应当培养自己良好的语言习惯，口吃、吐舌挤眼、语不断句、嗓音微弱、大声吼叫等不良习惯应根除。对于某些不健康的语言，应理智、明白、幽默地给予批评。对某些恶意的挑衅语言，应坚决、果断、无情地给予反击。

4. 叙述

为了让对方了解自己的立场，需要把这些立场和相关材料准确地叙述出来，要求是：①内容清晰。叙述应力求清晰、准确，尽量使对方能够听懂你的意思。叙述时，不要拐弯抹角，不要叙述那些与谈判主题没有关系的意见，也不要复述一些无关紧要的事情，这样容易引起对方的反感。②采取中性词语。叙述语言最好是中性、客观、礼貌的，避免采用偏激、主观、粗俗的语音。③注意对方反应。叙述时应注意对方注意力的变化，尽量充分利用对方注意力集中的宝贵时间，把重要的问题阐述清楚。叙述必须独立，不要受对方的情绪的影响，且应随时注意对方的反应，并提供信息反馈的机会，力避单方面叙述过多。④与非语言因素配合。叙述还应与某些行为语言相配合，如做出思考的样子、适当的沉默、友善的表情都有助于显示谈判者的诚意。叙述之前可安排一些缓和气氛的打岔或中断，随时调整叙述的方式与内容。

5. 辩论

在辩论过程中，各方所进行的论述与反驳实际上都是一种论证过程，必须遵守论证的规则。辩论中要综合运用倾听、提问、叙述、说服的技巧。辩论的要求主要有：①抓住要害，掌握方式。古人云："言不在多，达意则灵""善变者寡言"。抛开枝蔓，击中要害，即使只言片语，也能起到作用。反驳不是辱骂和恐吓，辱骂、恐吓看似气势汹汹，然而绝达不到有效反驳的目的。②注意仪表，避免失态。辩论只有做到赢“理”而不失“礼”，才能征服对方的心，收到最佳效果。③摆事实讲道理。辩论中立场要鲜明、态度要严肃、语气要坚定，以使对方明确己方的观点，重视己方的意见。同时，还要坚持让事实说话，让话更有力度。

6. 拒绝

在谈判过程中，往往会发生这样的事：对方向你提出要求，希望你能同意，然而面对有损于己方利益的要求你又必须拒绝。拒绝也是有礼仪要求的，即要采取一些巧妙而委婉的拒绝方式，设法不让对方或自己陷入紧张状态中，以使对方能比较痛快地接受一些信息。

二、谈判的技巧

谈判是桌面上的“战争”，竞争虽激烈，却不是你死我活的搏斗。在谈判桌上，为了尽力避免对抗，除了应注意基本的语言技巧外，还必须讲究策略。谈判的策略语言技巧包括引诱策略、让步策略和扭转策略。

1. 引诱策略技巧

谈判伊始，对己方的情况应隐而不露，不轻易亮出底牌，而要设法让对方先开口说话，暴露其真实情况。聪明的拳击手上场比赛，一般不先主动出击，而是在对方的攻势中寻找其拳术的破绽，出其不意地将对方打倒。老练的谈判对手往往不急于在谈判中先表态，特别是在数目、期限、条件和价格的问题上，常常让对方试提一下。这样做一是出于礼貌，显示出自己对对方的尊重；二是从对方的只言片语中窥视其心理活动，以赢得调整思维、部署新方案的机会。有时精明的对方也不肯首先表态，那么就可以提出一些假设性的问题，如：如果我们同意你的前几个条件，那么期限是否可以放宽一些？如果双方都派出三名工程师，那么条件是否可以重新考虑？如果把这一产品的价值同时考虑进去的话，那么这个价格还是可以接受的，您说是吗？引诱策略的目的就是将对方的要求、成交的打算等方面的情况掌握得越多越细越好，这是获取谈判成功的一项策略。

2. 让步策略技巧

让步是谈判过程中的重要环节。任何一种谈判都是双方在做出一定的程度让步后才达成协议的。如果谈判双方互不相让或一方始终坚持不做任何让步，那么谈判就会破裂。当然，怎么让步又是一项策略。在谈判中，对己方来说，让步应注意：

（1）让步的速度　不要让步太快，因为双方等得越久，越会珍惜获得的让步，不至于得寸进尺。

（2）让步的数额　同等级的让步是不必要的，如他让你40%，你可以让他30%。如果他说“你应该也让40%”时，你可以说“我无法承担40%”来婉拒。

（3）让步的性质　不做无谓的让步，即每次让步都要从对方那儿获得益处。但在一些细小或枝节问题上，可首先主动让步。当然，有时甚至可以做些对自己也没有损害的让步。

3. 扭转策略技巧

谈判总是会出现曲折、陷入僵局的时候，在此时就需要用到扭转策略，特别是在一些不能使用妥协和让步的场合，更需要谈判者采用扭转策略使谈判继续下去，直至成功。

例如：广东一家玻璃厂曾与美国欧文斯玻璃公司谈判引进设备。在谈判过程中，在全部引进还是部分引进这个问题上僵住了。为了缓和气氛，广东代表采取了一系列扭转策略后说："你们欧文斯的技术、设备和工程师都是世界一流的。用一流的技术、设备与我们合作，我们就能够成为全国第一。这不但对我们有利，对你们更有利！但是我们厂的外汇很有限，不能将贵公司的设备全部引进。现在，你们知道，法国、比利时和日本都在和我们北方的厂家搞合作，如果你们不尽快跟我们达成协议，不投入最先进的设备、技术，那你们就会失去中国的市场，人家也会笑话你欧文斯公司无能。"这段话先给予对方很高的评价，然后指出你我已为一体、荣辱共存。对方感到话说得很实在，这些观点可以接受，并以极大的兴趣继续倾听。然后运用"将心比心"这一古老的心理战术，希望对方能够接受"但是"后面所包含的内容。当他们观察到对方已同意了自己的观点时，为了巩固"战果"，再进一步运用"激将法"。这样一来，濒临僵局的谈判气氛立刻缓解，最后双方达成了协议。

三、如何打破谈判僵局

在谈判中，如果双方的言语互不相让，往往会造成僵局。这是一个很尴尬的场面：你说服不了对方，对方也说服不了你，双方满脸怨气，甚至产生敌对情绪。如果真遇上这样的僵局，于人、于己、于事都是不利的。面对僵局，我们不妨采取以下办法应付。

1. 暂时沉默

遇到对方伶牙俐齿地向你猛烈攻击时，最恰当的办法就是设法打住话头，否则就无法挽回趋势，突破那可怕的僵局。

就算对方使你几乎无法反驳，你也不必着急，只要态度从容，内心反复说他"胡说"就行。这就是沉默的战术，会使对方无法继续展开攻势。不久，他便感到厌倦，无奈地说："讨论下一个问题吧！"

因此，当你被对方的话逼得走投无路时，最重要的是不要慌张，让自己静静等待。如果鲁莽地采取行动回击，只会让自己败得更惨。

2. 在话题之外找个借口

当你遇到僵局时，找个借口对付也是个好办法。其要诀是必须故弄玄虚，要有背水一战的准备，例如：

"你的意思我完全了解，但你何必这样严厉的指责，以致伤了彼此的和气？再说，你那方面也不见得完全没有问题。你这种欺人太甚的态度，实在令人难以接受。"

"你说的可能是对的，但你要知道，道理在这里不一定行得通，如果你硬要固执己见，本来可以成功的也会失败。"

你必须在话题以外寻找借口，反咬对方一口，摆脱你之前处于的"挨打"境地。

3. 不断发问

当对方攻势凌厉时，一定要搅乱对方的阵脚，不断发问是很有效的方法。比如"你刚才说有检讨的必要，这是什么意思？""你刚才说要建立全体参与的体制，所谓全体是指哪些人？而且要以什么样的方式参与呢？"

如此持续不断地发问，对方早晚会露出破绽。你就这样锲而不舍地与对方缠斗下去，直到对方不耐烦地脱口而出："这种芝麻小事无关紧要！"这时，你就有机可乘了，可以反驳对方说："你怎么可以说是芝麻小事？只要我还有疑问，你就必须说明，否则我怎么能完全了解呢？"

4. 引用"谚语"

巧妙地使用谚语也是一种起死回生的说话技巧。谚语可使人产生“那是有定论”的错觉。例如：当对方急着要你做决断时，你可以说，“俗话说得好：‘欲速则不达’，在这紧要关头，我们应先稳住阵脚，以便从长计议。”

当对方以丰富的知识攻击你的无知时，你可以说：“有道是‘知而不行，犹如不知’，我们应该重视这一点。”

“别忘了‘狗急跳墙’！或许你的主张是对的，但问题是能否获得众人的协助。”这是一种具有威胁性的说法。

5. 多用比如说

如果对方有条有理地对你高谈阔论，你只要以下列方式发问，对方就会立即崩溃。例如：“比如说，有什么例子吗?”“比如说，适合什么情况?”“比如说，在你的工作中有什么实例?”“比如说，你能想出使用的方法吗?”等等。就算对方的话非常有道理，逻辑上也有条不紊，但他无法回答“比如说……”这样的问题，也会觉得不知所措。

6. 从对方的弱点下手

针对对方的攻势，不妨采取攻击对方弱点的办法扰乱对方的阵脚。但若直接攻击弱点，有时会遭到猛烈的反击，甚至会被逼得走投无路。因此，如果采取说风凉话的攻击方式，有时会给对方极大的心理攻击。尤其是自视甚高或有些自卑感的人，听到对方的冷嘲热讽，心理上所受到的冲击将会更大。

例如，当对方向你紧逼而来时，你应该说：“你大概是对我恨之入骨，所以才会咄咄逼人，总是让我走投无路。”

再如，有人追问：“你不知道这个事实吗?”如果你直率地回答知道，就等于甘拜下风，因此，你最好说：“如果我说不知道，你也不会相信，因为凡是你所知道的事情，我绝不可能不知道。”如果对方是个自尊心特别强的人，在此情况下大都会产生退却的想法。

第五节　接待语言艺术

古人言：“有朋自远方来，不亦乐乎?”这说明广交朋友、礼貌待客是中华民族的传统美德。接待包括迎客、待客两个方面。如何礼貌地迎宾待客，总的原则应是主随客便，考虑周全，讲究礼仪，关怀备至，使来访者有宾至如归之感。

一、预做准备

为了让客人有一个良好的“第一印象”，主人平时就应将办公室、会议室和家里的客厅收拾整洁，以免因“不速之客”的光临而手忙脚乱。从接待的角度讲，社交活动中的来访也有礼节性来访、事物性来访和私人来访三种。礼节性来访，一般时间较短，主人待客要热情周到，事后还要注意“礼尚往来”；事务性来访，一般时间略长些，主人要想方设法替客人节省时间，并尽可能地使客人满意而去；私人或消遣性来访，通常伴有娱乐性活动和闲谈等，主人待客应尽量做到轻松愉快。

无论是接待哪一类别的来访者，特别是应邀而来的客人，主人事先都应做必要准备。这包括做好室内外卫生和室内的布置，“洒扫门庭以迎宾客”；备好待客的用品，如糖果、香烟、饮料、水果等。如留客人吃饭，主人还得预备丰富而可口的酒菜；如有小客人同来，主人还需要预备一些玩具和小画书。为了向客人表示敬意，主人还要特别注重自己的仪表，作为女主人更应穿着得体。

二、待客以礼

客无亲疏，来者当敬。在接待中，主人对任何客人来访都应热情欢迎，毫不见外地奉之为上宾。接客人进屋，主人应在前，客人在后；进客厅后，主人应请客人在上座就座。所谓上座，即指较为尊贵的座位。室中的上座有：比较舒服的座位，较高一些的座位，宾主并排就座时的右座和面对正门的座位。客人一旦落座，主人就不要再劝其换位。客人如果是老友挚友，主人可以不拘礼节，随意一些反而显得亲密无间；客人如果是师长，主人则应注意礼节，不可轻率、随便。如客人不期而至，则主人无论有多忙多累，都应该立即停止手中的工作，热情接待。如果客人没打招呼便推门而入，主人也应立即起身表示欢迎，而不能将其拒之门外。为了表示对客人的敬意，主人应请客人先入座。如在同一时间接待多方来者，应注意待客有序和一视同仁。客人进屋后，主人应处处体现对客人的恭敬与谦让。有的主人对不速之客冷眼相向，或边跟客人聊天，边看电视、看报纸、玩手机，这是极不礼貌的。客人落座后，主人应热情献茶或奉上糖果、饮料；与客人谈话，主人态度要诚恳热情，不要频频看手机，不要显出厌倦或不耐烦的样子。万一主人有急事要办，应向客人说明并致歉。

三、礼貌送客

在人际交往中，好的开场就像一束鲜花给人以愉快；精彩的告别就像一杯芬芳的美酒令人回味。否则，会造成热情迎宾、冷淡送客的不良后果，给客人留下不好的印象。当客人要走时，主人应婉言相留，这是情谊流连的自然显示，并非客套与多余。当客人起身告辞并伸出手时，主人方可出手相握，切不可在送客时先“起身”或先“出手”，否则会给人以厌客之嫌。迎客应主人走在前面，送客应客人走在前面。主人送客，一般应送到门外或楼下，目送客人远去时，可挥手致意，并道以“欢迎再来!”和上司一起送客时，你要比上司稍后一步。你最好不要在客人一走就马上聊天。客人来访，常常有礼品，主人应表示谢意，说声“让你破费了”或“我让你费心，真不好意思”等，决不可若无其事，显出理所当然或受之无愧的样子。

第八章　职场口语交际技巧

口语交际能力是现代公民的必备能力。在职场上，我们是否能够取得成就，一方面是看自身的本领，另一方面依靠口语表达能力。

求职一旦成功，便正式进入职场工作。办公室是白领阶层施展才华的重要场所，也是机关、团体等公共部门和企业、公司处理日常事务、进行公务商务洽谈、协商、交接的场所，而不是朋友聚会场所，更不是俱乐部、饭店和慈善机构，因此它具有一定的语言规范和行为要求。

一个小办公室就是一个小团体、小社会，牵扯着各种各样的人际关系，需要小心处理。下属与上司相处的关键是配合默契，并得到上司的信任和支持。

身在职场，虽然能力加勤奋十分重要，但拥有一张“善于说话”的嘴巴，更能让你工作起来游刃有余、“言”半功倍。

多听少说。交谈的一个重要原则是倾听，这是对对方的尊重，也是与之交谈的准备，对上司尤应如此。上司的地位比你高，思想比你成熟，见解比你高明，无论是从礼节的角度，还是从实际交流出发，都应当多听为好。听，当然不是唯唯诺诺地获取上司的好感，而应抱着一种自然真诚的态度。必要时，你也应简明扼要地说说自己的看法。上司如赞同或采纳你的意见，当然是件让人高兴的事；如果不赞成、不采纳，也千万别恼火。因为你可能站在局部的利益考虑问题，而上司则站在整体的利益考虑问题。此时，你千万别硬顶硬抗，否则上司会对你丢失许多“印象分”。

赞扬、欣赏上司。赞扬不等于奉承，欣赏不等于谄媚。赞扬与欣赏上司的某个特点，意味着肯定这个特点。只要是长处，对集体有利，你就可以坦率地表现你的赞美之情。领导也是人，也需要从别人的评价中了解自己的价值。听到称赞时，他会对称赞者产生好感，如果都是下属在背后称赞自己，还会加倍喜欢称赞者，这样上下级关系自然就融洽了。

话题适应。与上司的交往，即使是生活交往，也往往会带上工作色彩。如果你选择话题是工作范畴内的，或与工作相关的，易受上司欢迎，而那些没有意义的闲谈多半不合适。尤其对于那些德高望重的上司，你作为一名初出茅庐的下属显然不宜与之交谈离题较远的事。

少表态。有话题就要有结论，有结论就应表明态度。上司不欣赏没有思想、立场和观点的下属。但动辄武断地亮出观点、下结论，在上司面前更加不妥，会给上司以自作聪明、自以为是的印象。下属应多反映现象、陈述事实，并将态度和观点寓于其中。这样既把你的观点、倾向提供给上司参考，又充分尊重上司的决策权，显示你办事得体、伸屈有度。

不用上司不懂的术语与之交谈。这样他会觉得你是在故意为难他；也可能觉得你的才干对他的职务将构成威胁，产生戒备，而有意压制你；还有可能把你看成只会玩弄专业术语的书呆子，不信任你的实际能力。

眼神要得体。眼睛是心灵的窗户，当你与上司交谈时，一般要正视对方，目光柔和、热情，不能漫不经心、左顾右盼，更不能自鸣得意、鄙视对方。眼神要得体，为交谈准备良好的心理基础和融洽的氛围。与眼神同样重要的还有体态，是站还是坐，坐姿如何，都要依据具体的情况而定，以获得对方心理的认同。有些人对交谈内容深思熟虑，而对眼神及身姿不甚重视，而恰恰这一点疏忽或失误影响了交谈效果。

坦诚相待。每个人都有自己的隐私，尤其是青年人尚未完全走出心理闭锁期，心里的秘密不愿与人讲，但与上司交谈却需坦诚相见，这样，于你个人，于他决策，都有好处。就上司来说，他都希望了解下属，希望下属对他有一种归属感。你坦露心声，他会分外高兴，也会尊重和珍视你对他透露的一切。例如：小蒋失恋了，十分苦恼。上司发现他情绪不佳，找他谈话，希望帮他解开思想疙瘩。小蒋一股脑儿地倒出了自己的原委，上司感到小蒋很信任自己，以后对他格外关心。

上司对下属的批评是司空见惯的事，这是上司的权利和职务。如何面对上司的批评呢？

不要过多解释。领导很忌讳下属斤斤计较。受到上级批评时，确有不妥时，可以找一两次机会解释一下，点到为止。即使领导没有承认“批评不当”，也用不着纠缠不休，否则领导会认为你是个心胸狭窄之人。如果你是冤枉的，当然应该认真地申辩或申诉，直到搞清真相为止，从而保护自己的正当权益。

忌当面顶撞。当然，公开场合受到不公平的批评、错误的指责时，会给自己的造成不好的影响。但你可以一方面私下耐心的解释，另一方面用行动证明自己。当面顶撞是最不明智的做法，因为既然是公开场合，你下不了台，领导也会下不了台。

不要看得太重。一两次受到批评，绝不等于你在上司心目中的地位下降，也不至于影响你的前途，别看得太重，觉得一切都完了，天昏地暗、灰心丧气。上司批评你，或许是对你的器重，如果你一蹶不振，打不起精神，会让领导看不起，以后他就再也不会信任和重用你。

常常会遇到这样的情况：上司叫你干一件事情，你立马应承下来，即使这件事不该你做，或超过了你的负荷。也许是慑于上司的压力，也许是出于其他某种考虑，你往往不会拒绝。其实，在生活中，我们应该学会对上司说“不”。

当上司把大量工作交给你，使你不胜负荷，你可以请求上司帮你定出先后次序：“我有3个大型计划、10个小项目，我应该怎么处理呢？”只要上司懂得体会你的认真谨慎，自然会把一些细枝末节的工作交给别人处理。

当你因为个人原因未能应付额外工作时，告诉上司你的实际情况，然后保证会尽力地把正常的事务处理好，但超额的工作则不能应付了。上班时你要全力以赴，表现出极高的工作效率。假如你在家庭出现危机时仍能完成工作，上司会觉得你很敬业。

当老板定下“疯狂”的工作期限时。你只需解说这项工作内容的繁重，举例同样的工作量将需要老板规定限期的几倍，并给老板一定的考虑和决断时间，再要求延期。假如期限真的铁定不改，那就请求聘请临时员工。上司可能欣赏你的坦率，你也可能被认为既对完成计划有实际的考虑，又对工作有一种积极的态度，不少公司都表示会晋升那些可以准确估计完成工作时间的员工。当然倒霉的时候也有，那就被视为低效率。不过这样的老板早晚也会让你失望的，因为他心中没数。

当上司要求你做违法的事或违背良心的事时。平静地解释你对他的要求感到不安，也可以坚定地对上司说：“你可以解雇我，也可以放弃要求，因为我不能泄露这些资料。”如果幸运，老板会自知理亏并知难而退，反之你可能授人以柄。假如你不能够坚持自己的价值观，不能坚持一定的准则，只会迷失自己，最终会还是会影响工作成绩，断送自己的前途。

和上司说话，要避免锋芒毕露。你的聪明才智不要在上司面前会显示出来，他会认为你是一个自大狂，恃才傲物、盛气凌人，而在心理上觉得难以相处。避免不良话题。寻找自然活泼的话题，令他充分的发表意见，你适当的做些补充，提一些问题。这样，他会自然而然地发现你的能力和价值。不当“应声虫”。对上司发表的观点，一定的附和是必要的，但是也要有自己独特的见解。接受他所有的意见，可发表自己的意见时就要有所选择。也可以说，不要人云亦云。如果说一是一，二是二，毫无自己的主观判断和个性特色，领导会觉得你是一个十分听话、简单顺服的工具，他对你的态度就只是使用而不是重用。少提利益要求。大多数上司比较注重考虑自己下属喜欢的利益，但是也有一定的限度，如果你喋喋不休地向上司提出物质利益要求，超过了他的心理承受能力，他会觉得厌烦，认为你是一个自私欲很强的人，从而疏远你。记住个人的名利是上司主动“给”的，而不是你去“争”来的。不能只是讨好而无所作为。上司当然需要奉承恭维，需要个人生活方面的关照，但如果仅仅停留在这点上，交给你的任务没有一件让他满意，周围对你的评价也不高，那么，他会认为你只是一个谄媚拍马之人，不会重用你。

和同事交往，是最不容易相处的关系之一。你要面对的不是两三个人，且每个人又是那么的不同。同事可能是你进步的良师益友，也可能是你的“克星”，因此就看你如何跟他们相处，当他们是挚友还是敌人了。

同在一个单位，或在一个办公室，搞好同事间的关系是非常重要的。以下几种言行如果不注意，很容易把同事关系搞僵。

有好事儿不通报。单位里发物品、领奖金，你先知道了，一声不响地坐在那里，像没事似的。这样几次下来，别人会有想法，觉得你太不合群，缺乏共同意识和协作精神。以后有这类的好事儿，他们也就有可能不告诉你，如此下去，彼此的关系就不会和谐了。

进出不互相告知。你请假不上班，或即使临时出去半个小时，也要与同事打个招呼。这样倘若上司或熟人来找，也可让同事有个交代。如果你什么也不愿说，进出神秘兮兮的，受到影响的恐怕还是自己。互相告知，表明双方互有的尊重与信任。

不说可以说的私事。有些事是不能说，但有些私事说说也没什么坏处。比如：你的男朋友或女朋友的工作单位、学历、年龄及性格脾气的；如果你结了婚，有了孩子，就有了关于爱人和孩子方面的话题。在工作之余，你都可以顺便聊聊，这样可以增进了解，为信任打下基础。

不肯向同事求助。轻易不求人，这是对的。有事求助别人反而能表明你对别人的信赖，能融洽关系。比如你身体不好，你的同事爱人是医生，你可以通过的同事的介绍去找，以求得更好的解决。倘若你偏不肯求助，同事知道了，反而觉得你不信任人家。你不愿求人家，人家也不好意思求你；你怕人家麻烦，人家就以为你也怕麻烦。良好的人际关系是以互相帮助为前提的。当然，求助要讲究分寸，尽量不要使人为难。

同事相处“五不可”：

不可随便交心。同事之间的明争暗斗难以避免，随便交心等于交出来底牌，一旦对方处在你的对手位置，就会对你了如指掌。交心并非增进同事间友谊的最好办法，不如经常在一起喝喝酒、聊聊天、玩一玩，这也是非常有效的。

不可在同事面前批评上司。不论多么值得依赖的同事，当涉及他人利益以致必须取舍时，朋友也会变成敌人。在同事面前批评上司，无疑是自丢把柄给别人，深受其害而不知所以然。即使是别的同事批评上司时，也切不可随声附和，不要当“同案犯”。

不可加入传播流言的队伍。每个单位都会有小道消息、流言蜚语，总有几个乐于传播这些流言的人。你的原则是：不要加入这个队伍，以免引起不必要的矛盾，别人向你传播时也一笑置之。做到这一点，也就是平时不要打听单位机密事、同事的隐私，如果你是一个爱打探的人，只要有流言出现，你便是第一个受怀疑的人。

不可命令别人。同事之间是平等的，向自己的同事发号施令、作总结性的评价，不但不能提高你的地位，反而会遭到怨恨，影响你的形象，甚至对你的工作构成威胁。

不可过于张扬。在同学面前张扬自己的金钱、社会关系、与上司的亲密关系、受到的奖励等等，非常容易遭到同事的嫉妒，一些小心眼或嫉妒心强的同事会寻机使坏。

职场如战场，恰当地运用语言，可以为自己的职业增添光辉。

附　　录

附录 A　巩固提高参考答案

第二章　第一节　请假条

1. D　2. C　3. 请假时间不明确，应写明具体的请假时间；此致、敬礼的位置不对；落款处名字应放在时间的上面。

第二章　第二节　借条

1. 壹、贰、叁、肆、伍、陆、柒、捌、玖、拾、佰、仟

2. D. A 项中，借条主要是借物和借钱时都要写。B 项中借条不能涂改，若涂改须加盖写借条本人的印章。C. 涉及借用到贵重物品时，要写借条，熟人之间更应该写借条，留下凭证。

3.

借　条

今借到张阿姨人民币捌佰伍拾圆整，用于下个月的生活费。于下月 30 日归还。

借款人：李刚

借款日期：2016 年 7 月 12 日

第二章　第三节　一般书信

1. 一般书信、专用书信

2. 邮政编码、收信人地址、收信人姓名、寄信人地址

3. （1）“使原作者的悲欢喜怒化为你自己的悲欢喜怒，使原作者每一根神经的震颤都在你的神经上引起反响。”（或“你的脉搏跟他的脉搏一致了，你的心跳和他的同一节奏了；你活在他的身上，他也活在你身上；你自己与他的共同点被你找出来了，抓住了”）

（2）“艺术不但不能限于感性认识，还不能限于理性认识，必须要进行第三步的感情深入。”

（3）示例：艺术最需要的是“爱”，要有一颗“伟大的心”，只有这样才能产生共鸣。不仅艺术是这样，做其他事情都是这样。

（4）示例：亲切自然，娓娓道来，循循善诱，语重心长。（意对即可）

4. 略

第二章　第四节　感谢信

1. 标题、称谓、正文、落款

2. 标题、称谓、正文、结语、落款

3. （1）称谓应顶格；“此致”空两格，“敬礼”顶格（2）“掂”应改为“惦”，“复”应改为“负”（3）A处的“尽管”“都”应改为“虽然”“却”；

B处的“拨冗”与“抽出休闲时间”意思重复且相反，可去掉一个词组；

C处的“感到”可改为“得到”；

D处的“贵校”应改为“我校”；

E处的“玉体康安”指女性，可改为“身体健康”。

4. 示例：

致大家的感谢信

尊敬的各位领导、亲爱的朋友们、同事们：

你们好！首先我想表达我最诚挚的谢意和最真挚的感激之情！

2010年的10月18日，对我来说是个阴暗的日子。17日晚总公司领导电话通知18日去科技馆开会，18日开完会准备坐车回家时，突然被后面飞驰而过的摩托车抢走我的包，把我摔倒在地，昏迷不醒。非常感谢公司好心的同事刘锦、肖成斌将昏迷中的我送到医院，留朱志保在那报警。非常感谢朱生太太在东莞市人民医院对我的照顾，并且鼎力帮助办理入院相关手续！那时的我一直在昏迷中，连朱生太太都没有见过。感谢公司领导付总和何红军，还有很多朋友和同事给予的帮助和照顾！

感谢我们公司全体同事的爱心捐款，衷心感谢你们的慷慨解囊和无私帮助，让我的心里充满了感激和温暖。谢谢，真的非常感谢你们！同时很感谢我们麻城同乡会，有张会长和很多自己还没有见过面的老乡捐款，买了水果去看望我，真的非常感谢！是付贵学告诉他们的，当他们去探望我时，让我感到很意外，很感动，心里感觉很温暖！在自己遇难时，有这么多人的无私奉献和关怀，真的让我非常感动！当时昏迷过去的我什么都不知道，直到手术后才清醒过来。非常感谢在我住院期前去探望我的同事们和朋友们，感谢他们一次次地给我关心、照顾、安慰！特别感谢……等人！××和××得知我手术后的两天可以吃粥，还特地熬粥过去亲自喂我吃，就像我的亲姐姐一样，真的非常感谢她们的细心呵护！多次安慰我，让我有勇气去面对明年的第二次脑部修复手术！真的非常感谢！

再次谢谢大家！

员工李刚

2010年11月10日

第二章　第五节　表扬信

1. C. 正文后根据需要写上结束语，若行文一气呵成可以不用结束语。一般要有“此致”“敬礼”字样。

2. “盛会中学校领导：”顶格写；最后一句话中的“要求”改为“请”；“此致”“敬

礼”位置错误；落款中日期和署名顺序颠倒。

3. 致物业的表扬信

× ×公司：

我是× ×小区 C 座 1002 业主。贵公司工程部刘讯先生在我家空调故障问题上给予了大力且认真的关注，特以此信表达我感激的心情。

前几周，我发现家中空调制冷非常缓慢，且室外骄阳似火，家中非常闷热。通过联系相关人员，我联系到物管中心的刘讯先生。他带领空调厂家及售后服务人员先后来我家 3 次，每次都长达两三个小时。其中有一次从上午 11 点半检查到下午近 3 点，大家都没有吃午饭，而随后刘讯先生又赶去开会了。在这么多次的接触过程中，刘讯先生从没有表现出厌烦，也从未抱怨，一直严格要求空调厂家全面查找原因，令我非常感动。

在三次检查没有结果的情况下，我提出将空调持续运行一天，并将家中钥匙留给刘先生。刘先生非常认真负责，每隔 2 个小时就上楼去检查室温并给我打电话沟通情况。直至第二天上午，刘先生又一次对我家空调进行跟踪检查，并用手机对空调面板显示温度进行了拍照。

刘讯先生认真负责的工作态度深深地感动了我，进一步加深了我对× × ×地产诚信可靠形象的认识。我想过多的润色也没有必要，最真实的东西也最打动人。

请贵公司再次转达我对刘讯先生的感谢，并希望这种认真的工作态度能够代表大部分× × ×地产员工的面貌。

祝贵公司项目进展顺利！

C 座　× × ×业主

×月×日

第二章　第六节　申请书

1. C. 申请书要求一事一申请。

2. 例文：学生会辞职申请书

尊敬的系领导：

您好！我是学生会宣传部的李刚！非常感谢您一直以来对我的信任和关照，同时致以我深深地歉意，请您谅解我此刻怀着复杂而又愧疚的心情写下这封辞职信。现在由于我的一些个人原因，无法为团总支学生会做出相应的贡献。因此请求允许我离开，正式提出辞职申请。

在这段时间，我认真地回顾了这一年多的工作情况，能够在宣传部工作感到非常的荣幸，对于大家对我的帮助感激不尽，也非常感谢团总支学生会给予我一个锻炼的平台，这一年多的工作让我获益匪浅，我确信这段经历和经验将会给我未来的职业发展带来非常大的帮助。在这里，平等的人际关系和开明的工作作风，一度让我找到了深深的归属感。但自己的能力有限，不能在工作中做到让领导满意，对此我只能说声抱歉，恳请领导原谅！

由于现在是大二阶段了，下学期期末将要去实习了，现在的学习任务繁忙，虽然我很想继续留在学生会，但是在学习和工作之间，我不得不选择学习。从我目前的成绩来看，我很难实现自己的梦想，我需要为了自己的梦想去努力学习，不能再像大一一样的懒散了，最终我选择了辞职，选择了重新开始，但是我相信不管将来如何，我都会勇敢而坚强地面对！坚强地面对人生中的风风雨雨！

很遗憾我不能坚持到最后，我衷心祝愿团总支学生会的以后能走得更好更稳！

此致

敬礼！

申请人：李刚

2016 年 6 月 20 日

第二章　第七节　倡议书

1. B　2. D

3. 参考范文：

倡　议　书

亲爱的同学们：

诚信是中华民族的传统美德，是社会主义荣辱观和公民道德规范的重要内容，然而，在我们学校仍存在不诚信现象。为了加强校园诚信建设，提高同学们的思想道德素质，培养同学们诚信的优良品质，特向大家发出以下倡议：

1. 认真学习社会主义荣辱观，增强诚信意识；
2. 遵守社会公德，积极参加道德实践活动；
3. 从现在做起，从小事做起，言而有信，不抄袭作业，考试不作弊。

希望同学们积极行动起来，以诚信为做人的准则，诚信于人，诚信于己，让诚信永驻心间！

光明中学

2016 年 6 月 1 日

第二章　第八节　检讨书

检讨书

尊敬的李老师：

在此，我十分抱歉地向你递交我这份检讨，因为一次检讨意味着我犯了一次重大过错。此次，我因为上课玩弄手机、不好好听课，给班级上课秩序造成了比较严重的影响。您观察到我的不良行为，及时加以制止，并且没收我的手机作为处罚。

如今，经过面壁思过与深刻反省，我深深地领悟到自己所犯错误的严重性：

第一，我身为一名在校学生，学习无疑是自己的本职工作，也是必须履行的义务。

第二，在大学期间的教育对于每个人来说都是十分珍贵的，而我却不思进取，甚至严重到在上课期间玩手机、不专心听课。这更是犯了十分严重的错误，这是对于教育资源的浪费。

第三，身为一名学生，我犯这样的错误，无疑是大大辜负了我父母对我的殷切期望。这对于我年迈的父母来说，是一个很大的打击。

我的父母辛苦赚钱，送我进入大学深造，为的就是我能够努力学习，找到一份好的工作，将来能够生活得更好。

而为了使我能够在各方面获得好的条件，父母为我购得手机。而我却恰恰不用功读书，不能全身心地投入学习，反倒是上课玩手机。如今我做了错事，辜负了我的父母，我觉得很惭愧，想起父母的辛劳，不由地流泪。

再看我的错误，我也是很对不起辛勤教育我的老师的。老师为我辛勤工作，为我努力备课，而我却辜负老师的辛劳，上课不好好听讲是对老师的不尊重。此次检讨过后，我也会跟老师做当面正式道歉的。

最后我写一下对今后的保证：我保证今后上课期间不做任何违纪行为了，上课期间手机一定关机或调为振动。今后认真听每一节课，在校当一名好学生，在家做一个孝顺的儿子，将来为社会做出自己的一份贡献。

检讨人：机电2班李鸣

2016年6月8日

第二章　第九节　保证书

1. A

2. 参考范例

保证书

本人已经阅读并自愿遵守××（市）××电子实业有限公司制订的各项规章制度，包括已经颁布的《劳动组织条例》《劳动管理条例》《产品质量管理条例》《管理人员行为规则》《销售管理条例》《采购工作管理规定》《档案管理条例》《仓库管理工作规定》《监察工作规定》《促进合理化建议规定》《生产统筹管理规定》及其他有关制度。本人承诺，即使今后有新颁布的规章制度，在经本人知悉后，也愿意遵守。

保证人：李刚

2016年9月10日

第二章　第十节　通知

1. A

2. （1）首行居中缺标题“通知”。

（2）通知对象后面未加冒号。

（3）未写明开会地点。

（4）通知单位和时间顺序颠倒。

3. （1）关于做好夏粮入库工作的通知。

（2）关于做好强台风预警工作的紧急通知。

（3）关于召开征购粮食工作动员大会的通知。

（4）××县人民政府关于转发《××市人民政府办公室关于转发<××省人民政府办公厅关于加强公共场所卫生管理的通知>的通知》的通知。

4. 范例

关于召开职三学生家长会的通知

各位职三家长：

为更好地交流学生的教育情况，为学生未来谋发展，定于 4 月 26 日晚上 6 点在校体育馆召开全体职三家长会议，望准时参加。

阳光职业学校

2016 年 4 月 24 日

第二章　第十一节　竞聘演讲稿

1. 竞聘岗位/职位
2. 准；深
3. 正/浩然正
4. C

第二章　第十二节　邀请函

1. 将“贵校”改为“我校”；将“鼎力”改为“诚挚”；将“惠顾”改为“光临。”

2. ⑴“下周”时间不具体，应加具体时间，如“下周一”；⑵把“要求”改为“诚邀”；⑶把“感觉”改为“感受”；⑷《文化达人》改为“文化达人”；⑸格式上，日期应在学校下面。

第二章　第十三节　广播稿

1. （1）①；（2）②；（3）④；可是（4）⑦；并非

2.

关于水果安全的小常识

各位老师、同学们：

大家好。国以民为本，民以食为天，食以安为先，食品安全关系到我们所有人的生命健康，我们创立这期栏目，分享关于食品安全的小常识，希望对大家有所帮助。

一、怎样挑选安全健康的水果呢

三个小窍门哦，首先一定要购买当令水果，不合时令的水果肯定喷洒了大量的农药才能长的鲜艳；其次，不用刻意挑选外观新美、亮丽无病斑的水果。外表稍有瑕疵的水果虽然长得不好看，但是营养仍旧丰富哦；最后，水果食用前应以大量清水冲洗，带皮水果就应先清洗后削皮。

二、怎样减少蔬菜农药残留呢？有四个方法哦

1. 浸泡水洗法：用清水浸泡 30 分钟，基本上可清除绝大部分残留农药。

2. 碱水浸泡法：把蔬菜冲洗干净后，浸泡到碱水中 5 ~ 15 分钟，然后用清水冲洗，重复 3 ~ 5 遍。

3. 储存法：蔬菜上的残留农药随着时间的推移，能够缓慢地分解。冬瓜、南瓜等不易腐烂的蔬菜可以先放1周再食用。

4. 热水法：常用于芹菜、菠菜、青椒、菜花、豆角等，先用清水洗净，放入沸水中2~5分钟捞出，然后再用清水洗一、二遍。这样就能去除农药残留了。

第二章　第十四节　会议记录

1. C

2. 讨论记录

时间：2016年6月13日

地点：某校机电（2）班教室

出席者：语文教师、全班同学（共49人）

主持人：语文课代表陈扬

记录人：王怡

讨论：怎样认识“丑石”的形象（《丑石》，散文，作者：贾平凹）

发言记录：

李丽：我觉得“丑石”是最美的，它补过天，发过光，可是在落到地上以后却甘于寂寞生存，从不炫耀自己，被人误解，被人嘲骂也从不辩解。这样的品质真是伟大呀！做人就要做具有这种品质的人。

张平：李丽说得对。生活里就有许多这样的人，像《红岩》里的华子良就是。他忍受被同志误解、怀疑的痛苦，寂寞地生存，直到最后发挥作用。

王小明：华子良并没有寂寞生存，他在战斗，战斗有轰轰烈烈的，也有静悄悄的，形式不同，性质一样。

主持：请注意，我们讨论的是“丑石”的形象，而不是华子良的形象，请继续对“丑石”发表意见。

江岚：很明显的，作者是赞美“丑石”而且要我们向“丑石”学习的。我不同意贾平凹先生的见解。他是要我们80年代的青年去当奴隶，一切都逆来顺受，至少是无所作为。不错，“丑石”补过天，发过光，但那是它的过去。现在怎么样呢？它一躺就是几百年，不给人民干活，不为社会发展出力。如果不是天文学家发现了它，它还能这么“伟大”个几百年，上千年。所以，它的“伟大”也正是它的错误，是丑而不是美，应该批评，而绝不应该赞扬。

王淑玲：不，不是这样。“丑石”是美的，它过去是众人仰望的明星，为人类补过天，而现在却能在一个偏僻的小村里寂寞生存，淡泊自守，任人责骂，却从不提往日的功绩。这种胸襟和那种整天追名逐利，一有所得，沾沾自喜，一有所失便怨天尤人，进亦忧退亦忧的人心胸相比，不正是鲜明的对照吗？一篇作品，只能说明一两个哲理，不可能面面俱到。不管作者原意是什么，但我读了后能受到教益，懂得一个人有了成绩以后不应炫耀，处于逆境时不应懊丧，应该谦虚忍让，不为世俗之见所左右，这就够了。

黄立刚：不，不够。“丑石”是美的，但美得不足，美得不够，甘于寂寞生存是它本质的优点，但恰恰也是它致命的弱点。有了成绩不炫耀，身处逆境不懊丧，这都是美的，我们应该有这样的修养和品德。但光这样就够了吗？我们能在需要腾飞的时代，像“丑石”那样一躺几百年以显示自己的胸襟开阔，甘于寂寞的美吗？不，不是要人家来发现，而是要毛遂自荐，要敢于说自己行，敢于把本事都拿出来，连一分钟都不等。

江岚：对，对，我也是这个意思，可能说得不清楚。一篇作品应该有时代感，今天时代要求我们成为开拓者，创造型人才，我们绝不应甘于寂寞，要敢于争光，要争做出头鸟，敢于表现自己的才能和价值。

徐峰：是否可以这样认为，做出了成绩，对成绩应该甘于寂寞，不去卖弄，不去沽名钓誉，面对未来，应该继续追求，不能满足于已为社会作过贡献而甘于寂寞生存。贾平凹同志的观点不完善，它反映了传统的习惯看法，却不能反映时代的潮流。

李力珍：请注意，我们这里可没有明星，谁也没有发过光，更没有补过天，所以根本谈不上寂寞生存的伟大。我们应该做的就是不甘寂寞，要为“四化”，为中华的崛起去努力拼搏。

郑里：我们没有发过光，但今天有些人的发言却很有光彩。我很喜欢这样的讨论会，听听别人的发言，自己脑子也变得聪明灵活了。

主持人：（签名）
记录人：（签名）

第二章　第十五节　计划

1. A　2. B　3. ABC　4. 略

第二章　第十六节　总结

1. 计划　总结　2. A　3. D　4. ABCD　5. 略

第二章　第十七节　解说词

1. D　2. 略　3. 略

第二章　第十八节　海报

1. C

2. ××省元旦文艺演出海报

为了丰富广大群众的生活，共同迎接美好的新年，省文化厅特举办 2017 年省元旦文艺晚会。晚会邀请了省会各文艺团体、名角、新秀同台演出，节目精彩，内容丰富，有小品、相声、歌舞、杂技等，舞台效果美轮美奂。

演出时间：2017 年元月一日晚 7：30

演出地点：××大剧院

售票时间：12 月 10 日 ~30 日，8：00 ~20：00

售票地点：××大剧院一楼售票处和会展中心 107 房

售票服务电话：84455828，82233611

票价：100、200、300 元

××省文化厅

2016 年 12 月 8 日

第三章　第一节　求职信

（一）填空题

1. 求职者　求职　自荐信　应聘信

2. 针对性强　态度谦和　突出个性

3. 称呼　附件

4. 附件　联系方式

（二）判断题

1. ×　2. ✓　3. ×　4. ×

（三）选择题

1. B　2. D　3. C　4. A

（四）改错题

1. （1）缺少标题"求职信"。

（2）称谓不恰当，应为"××服装厂领导"或"××服装厂厂长"。

（3）开头部分求职缘由段中"接到我的老同学××的来信"多余，可删去。

（4）正文部分应另起一段，求职条件表述过于简单、空洞。自身求职条件应该是求职信的关键，一定要针对所应聘岗位表现自己的业绩和优势。既然应聘的是"生产管理员"就应该多写自己在专业方面的成绩和经历，并尽量用数据或证书来增加说服力。

（5）结语部分，语气太强硬，不够礼貌、诚恳。应为"我期盼着好消息早日传来"。

（6）"此致敬礼"格式不对，"此致"应换行空两格写，"敬礼"要换行顶格写。

（7）个人资料过少，没有留下联系方式。

2. （1）开篇未说明求职的愿望和消息的来源（没有确定应聘岗位）。应补充一段："今阅《××日报》，获悉贵公司招聘电子商务操作人员，立即决定投书应聘"。

（2）结尾没有再次表达求职愿望。应将"祝您工作顺利！"删掉，补充写上："我希望您给我一次机会，在贵公司展示我的才能"。

（五）写作

略

第三章　第二节　个人简历

（一）填空题

1. 基本情况　教育背景　工作经历

2. 真实性　正面性　精练性

3. 标题　个人基本情况　求职意向　学习经历　工作经历　自我评价

（二）改错题

（1）缺少有效联系方式，要留固定电话或是本人手机号码。

（2）求职目标设定粗糙，要有明确的目标和方向，如“人事”“行政”等。

（3）缺乏细节，“曾在一家公司工作”可改为“曾在一家公司担任人事工作，雇用并培训超过××名员工，为企业发展作出应有的贡献。”

（4）缺少“教育经历”。

（5）不要罗列工作职责而应强调工作责任，“经常参加公司会议，并作会议记录；协助领导，更新部门文件”改为“用电脑记述每周会议记录，用办公软件编辑好，以备将来查用；整理数年来累计的有价值的文件，以便于每个部门的人员查询”。

（6）在描述英语水平和计算机水平时，除了要写获得的等级证书外，最好写清自己的能力。如“可借助相关工具书理解一般的科技英语资料；熟练掌握 office 办公软件；熟练操作各种办公自动化设备”。

（7）自我评价过于简单，应围绕求职意向进行合理描述。

（三）写作

略

第三章　第三节　劳动合同

（一）填空题

1. 劳动者　用工单位

2. 录用合同　聘用合同　借调合同

3. 标题　立合同人　引言　主体　结尾

（二）选择题

1. C　2. D

（三）问答题

1. 劳动合同，是指劳动者与用工单位之间确立劳动关系，明确双方权利和义务的协议。劳动合同的特征包括①劳动合同的主体具有特定性。②劳动合同是双务、有偿合同。③劳动合同是诺成、要式合同。④劳动合同履行过程中主体双方具有从属性。⑤劳动合同通常涉及第三人物质利益。⑥劳动合同具有较强的法定性。

2. 劳动合同的正文一般是由合同期限；工作内容；工作地点；工作时间；工资待遇；劳动保护、劳动条件和职业危害防护；社会保险和福利待遇；劳动纪律；合同的变更、解除和终止；违约情形及责任；调解及仲裁等部分构成。

第三章　第四节　请示

（一）判断题

1. ×　　2. ✓

（二）选择题

1. A　　2. C　　3. B

（三）改错题

1. 请示，就是“请求指示、批准”，所以标题中的“要求”两字可省去。另外，对上级用“要求”的口吻也不甚妥当。

2. “解决学生宿舍拥挤问题”不明确，既可以是增加学生宿舍，也可以是减少住宿生人数，根据本请示内容，应直接写明是“下拨建造学生宿舍楼经费”。

3. “等问题”不符合“请示应当‘一文一事’”的要求，应删去“等”字。

4. 请示一般只写一个主送机关，根据“谁主管、请示谁”的原则，可保留“市教育局”，删去“市人民政府”。

5. “已有的学生宿舍已无法容纳”表述不够准确，可改为“造成学生住宿十分困难”。

6. “基本上”不够明确，应写明“有×××人是一个床位两个人睡”的。

7. “严重影响学生的身心健康”，不全面，还应加上“影响学习、生活”。

8. “我校决定再建一栋学生宿舍楼”，应讲明楼高和建筑面积是多少。同时，用“决定”一词也不妥，可改为“准备”。

9. 应补充说明建造学生宿舍楼的经费。如“经有关工程人员匡算，共需资金×××万元”。如果其中一部分资金是自筹的，还应写明“目前，我校可自筹资金××万元，尚缺×××万元”。

10. 应明确写明“为此，我们恳请市教育局下拨给我校建造学生宿舍楼经费×××万元”。

11. “另外……给予适当支持”应删去。

12. 在结束语方面，应改为“特此请示，请批复。”

（四）写作

××××学校学生会关于成立校舞蹈队的请示

校团委：

为了丰富我校同学的文化生活，提高广大同学的艺术修养，从去年开始，我们就酝酿组建校舞蹈队。经过一年的筹备，已经有××名喜爱舞蹈的同学报名，他们都有着良好的舞蹈基本功，同时，我们已经和舞蹈专业毕业的××女士商定，请她担任校舞蹈队的教练。我们认为，组建校舞蹈队的条件已经成熟，恳请学校批准我们成立校舞蹈队。

以上请示妥否，请批复。

××××学校学生会（盖章）

××××年××月××日

第三章　第五节　启事

（一）判断题

1. ×　　2. ✓　　3. ×

（二）改错题

1. 招收5名助理工程师有歧义，按照这则启事的下面的要求很明显可以看出5名助理工程师负责的工作是不同的，那这里写的5名助理工程师，是一共只招5名还是说每项都招收 5 名呢？

2. 具体要求里面“锌合金玩具，塑料”等字样放这里没意义，可删除。

3. 要求内“有关专业”语意含糊不清，应该写明具体专业要求。

4. “30 岁以下”，年龄只有上限没有下限。是不是小孩子都可以来参加应聘呢？

5. “收到应征信后”具体的答复方式没有说明。是全部都回挂号信还是电话通知？是只有应聘成功的人才有回复还是全部都有回复？

6. 要求内“××玩具有限公司”后没有收信人。

（三）写作

略

第三章　第六节　聘书

（一）填空题

1. 各级机关　社会团体　企事业单位

2. 称谓　正文　结尾

（二）选择题

1. C　　2. A

（三）写作题

聘请书

为提高我院的科研水平，本院成立了科研项目评估委员会，特聘请朱明教授为该委员会学术顾问，指导我院的科研工作。

此致

敬礼！

××市社会科学院（盖章）

院长：×××（盖章）

××××年××月××日

第三章　第七节　就职演说词

（一）填空题

1. 针对性　真挚性　简洁性　真实性

2. 施政纲领式　表明态度式

（二）判断题

1. ×　　2. ×

（三）选择题

1. A　　2. D

（四）写作题

校文艺部部长就职演讲

尊敬的老师、亲爱的同学们：

大家晚上好！

我是来自××班的×××，很荣幸在新一届干部选举中被选为文艺部部长，也感谢老师及同学们对我的信任，让我有这样一个机会站在这里做本次就职演讲。在以后的日子里，我将本着“为同学服务，让老师放心”的原则，把自己的工作做得更出色、更完美。

其次，我会行使部长的职责，深入全校同学中，了解和反馈广大同学的意见和要求，以“提高同学们的意识修养，营造良好的校园文化气氛”为目的，开展各种同学喜闻乐见的活动，全身心投入到文艺部的工作中去，做到学习上钻劲十足，工作上干劲十足，生活上闯劲十足，争取创造出辉煌的成绩。

此外，我觉得各部门之间的团结协作也是非常重要的。学生会是一个大家庭，每一个部门都是重要的成员，都必须明确工作任务，具备强烈的责任归属感，因此，我会与各部门之间保持良好的合作关系，互相帮助且充分利用资源，提高工作效率，共同进步。同时我更希望自己能够成为老师的得力助手，同学们的知心朋友，我有决心和信心，相信自己不会让大家失望的。

回首过去一年文艺部的工作，作为文艺部干事的我在上一任部长的带领下泼洒了汗水，也得到了收获，付出了艰辛，也获得了欢乐，从礼仪讲座到元旦晚会，从团支部风采大赛到“红五月”大合唱，文艺部的工作有目共睹，取得的成绩也摆在眼前。我很荣幸能参与其中，是上一届文艺部给了我锻炼的机会，它不仅让我学会了观察和积累，懂得了满足和乐观，还给了我展现自己的舞台，无形中增强了我的自信心和责任感。而今，我愿以崭新的面貌和较丰富的工作经验，将自己对艺术的热情融入文艺工作中，在实践中学习，不断提高自身素质，用心带领新一届的文艺部干事，发挥文艺部应有的作用。

我坚信雷锋同志的话：一滴水只有放进大海里才永远不会干涸，一个人只有当他把自己和集体事业融合在一起的时候，才能最有力量！所以在这里，我希望校领导及全体师生能够继续信任、鼓励和支持学生会的工作。

最后，请相信，我会用自信与勇气面对工作中的一切困难，将自己的特长与能力全力发挥，用服务与奉献的精神对待每一位同学，用创新与胆识将文艺部的工作做到尽善尽美，用一颗充满感恩与激情的心行使学生会文艺部长的责任和义务！

谢谢大家！

第三章　第八节　说明书

（一）填空题

1. 出版说明 产品或商品说明 影视和戏剧说明 单位简介 人物简介

2. 科学性 说明性 简明性 条理性

（二）选择题

1. B　　　　2. A

（三）问答题

1. 第一则说明书的标题突出了产品的名称，是单标题；第二则用了正副标题。正标题突出产品的名称，副标题突出产品的性能特征，比较醒目。

2. 两则说明书正文内容差别不大，但写法不同。第一则采用综合式写法，把原料、使用方法、效果和特点放在一段中，文字较概括；第二则采用分项式写法，分为“优点”和“用法”两部分，每部分各分几个小点，条理清楚，语言简明准确。

3. 第二则好，第一则过于简单。

（四）写作题

略

第三章　第九节　广告

1. BC　2. BCD

3. 举例：（1）一切皆有可能。——李宁牌系列运动服

——直击现代都市人的核心欲望，激人奋进。其寓意是：有李宁，哪里都是运动场；有李宁，怎么运动都时尚；有李宁，就能满足您的任何运动的欲望。

（2）人类失去联想，世界将会怎样？——联想集团

——借联想对人类的积极作用，表达企业的地位和价值。问句的形式引人思考，触发联想，短句铿锵有力，容易记忆。

（3）不走寻常路——美特斯·邦威广告词

——富有个性挑逗力的广告语，体现当代年轻人充满自信，追求自然，渴望个性独立的时代气息。

（4）看成败，人生豪迈，不过是从头再来。——CCTV 公益

——充满豪迈之情，体现不屈之意，突出表达了坚强、乐观、积极进取的精神，具有很强的激励作用。

（5）美的不只是商品，廉的绝对是价格。——美廉美连锁超市

——用“不只……绝对”突出表现了美廉美的从业信念：商品最美、服务最美、价格最廉。语义简短而又含蓄，耐人寻味。

4. 略

第三章　第十节　开幕词

（一）选择题

1. A　　2. C

（二）改错题

1. 在结构和写法方面存在的主要毛病

（1）在称谓之后，没有用简短、有鼓劲性的语言宣布大会开幕，而错误地在结尾处“宣布巨臣股份有限公司股东大会开幕”。

（2）文中漏写会议的规模、出席会议的人员情况，以及对会议的召开及与会人员表示祝贺等。这些内容本应在开头介绍。

（3）主体没有说明与会议有关的形势、会议的目的或任务。

（4）“最近传闻本公司出现了财务问题”“我们这次股东大会的召开，就是要向各位股东澄清这一点”本是本次会议的目的，本来应放在主体写，却错误地放在结尾写了，结构

内容倒置。

（5）结语没有说“预祝大会圆满成功”等鼓动性的话语。

（6）漏写会议日期。

2. 在语言方面存在的主要毛病

（1）语言没有表现出与开幕词会议场景气氛和谐融洽的热情，如，即便是“欢迎前来参加这个盛大的聚会”一句，也显得热情不够。

（2）存在与开幕词无关的话。如，“谣言是不攻自破的”，等等。

（三）写作题

略

第三章　第十一节　闭幕词

1. 总结性　概括性　号召性　口语化　2. B　3. 略

第三章　第十二节　调查报告

（一）选择题

1. C　　2. A

（二）判断题

1. ×　　2. ×　　3. ✓

（三）写作题

略

第三章　第十三节　述职报告

（一）选择题

1. D　　2. B

（二）判断题

1. ×　　2. ×

（三）改错题

1. 标题把工作报告与述职混淆在一起，是不规范的。

2. 开头说明自己担任的职务，但语言表述不够具体准确，当了“很多年”到底是从什么时候到什么时候？没有说清。

3. 主体部分罗列了很多述职人的实绩，行文中对自己的工作进行了分类叙述，但分类出现交叉现象，甚至有归类错误的地方。

4. 全文记流水账般简单地罗列自己所完成的工作，没有突出重点，也缺乏感染力。

5. 文尾没有落款，整篇述职报告不完整。

（四）写作题

略

第三章 第十四节 辞职报告

（一）填空题

1. 严肃性 含蓄性 简洁性

2. 标题 称呼 正文 结尾 落款

（二）判断题

×

（三）写作题

略

第三章 第十五节 实习报告

（一）改错题

1. 错用了语体。实习报告是应用文，应使用事务语体，而习作使用了文艺语体。

2. 滥用了抒情。“啊，肇庆！美丽的××！你是……”这两句在文中显得很不协调。

正确写法：

××月××日，××省××学校物价班的45名同学来到××的食品站，作为期一个月的粮食收购成本调查。到达××的当天，听完××市食品公司经理对情况的介绍后，下午就分为两个小组奔赴实习调查点了。

（二）写作题

略

第三章 第十六节 毕业论文

1. 学术性 规范性 创新性 学习性 独立性

2. 学位论文

3. 略

第四章 第一节 口语交际的主要特点

1. 示例：

阿姨，你这有考试专用的签字笔吗？（有称呼和问话即可）

阿姨，不好意思，我刚才买的签字笔型号不对，能换一下吗？（注意：①称呼和表示歉意②商量的语气）

2. B

3. 示例：

青春像一只银铃，系在我们的心坎上，只有不停奔跑，它才会发出悦耳的声响。（答案要点：内容健康，语言富于文采，恰当使用修辞手法）

第四章　第二节　口语交际中的语言运用

1. 不合适

2. b项不得体，可改为“关爱生命，奉献真情，营造温馨”“给我一份信任，还您一身健康”等。

3. （1）家父——您的父亲或令尊

（2）犬子——儿子

（3）小有名气——很有影响

（4）有幸——应邀

第四章　第三节　如何提高口语交际能力

1. 示例1：雷锋挤的是时间，钻的是技术；而你挤的是车子，钻的是空子。

示例2：请你把挤劲、钻劲用在学习和工作上，不要用它来损人不利己！

（反驳错误观点的目的是让他人“服”，这就要讲究技巧。通常采用的方法是动之以情，晓之以理，让对方心悦诚服。）

2. （1）十分抱歉，没能让大家尽兴。我们一定会把更精彩的节目奉献给大家。

（2）这个阿姨怎么了？

（3）真遗憾，我所崇拜的歌星竟这样没风度！

（4）现在这些小年轻人，没唱几首歌就自以为了不起，太不像话了。

第六章　第一节　问候介绍

1. 简洁明了

2. 如果遇到一位好久没有联系的朋友，又不太了解对方的近况，在问候时应注意不要轻易说“代问夫人好”等之类的话。如果对方已经离婚，或者配偶已过世，那么你的好心问候就会让对方很尴尬。因此，见面应该笼统问候，加深了解后再确定下面的话题。

第六章　第二节　即兴问答

1. 略　2. 略

第六章　第三节　表扬批评

1. C　2. 略　3. 略

第六章　第四节　倾听交谈

1. 倾听是现代社会中一种不可或缺的普遍需求，同时也是一种最高层次的沟通礼仪，是进行良好沟通的必要前提。

2. 略

3. 诚恳。

第六章　第五节　说服拒绝

1. 略　2. 略

附录 B　党政机关公文处理工作条例
（2012 年版）

第一章　总　则

第一条　为了适应中国共产党机关和国家行政机关（以下简称党政机关）工作需要，推进党政机关公文处理工作科学化、制度化、规范化，制定本条例。

第二条　本条例适用于各级党政机关公文处理工作。

第三条　党政机关公文是党政机关实施领导、履行职能、处理公务的具有特定效力和规范体式的文书，是传达贯彻党和国家的方针政策，公布法规和规章，指导、布置和商洽工作，请示和答复问题，报告、通报和交流情况等的重要工具。

第四条　公文处理工作是指公文拟制、办理、管理等一系列相互关联、衔接有序的工作。

第五条　公文处理工作应当坚持实事求是、准确规范、精简高效、安全保密的原则。

第六条　各级党政机关应当高度重视公文处理工作，加强组织领导，强化队伍建设，设立文秘部门或者由专人负责公文处理工作。

第七条　各级党政机关办公厅（室）主管本机关的公文处理工作，并对下级机关的公文处理工作进行业务指导和督促检查。

第二章　公文种类

第八条　公文种类主要有：

（一）决议。适用于会议讨论通过的重大决策事项。

（二）决定。适用于对重要事项作出决策和部署、奖惩有关单位和人员、变更或者撤销下级机关不适当的决定事项。

（三）命令（令）。适用于公布行政法规和规章、宣布施行重大强制性措施、批准授予和晋升衔级、嘉奖有关单位和人员。

（四）公报。适用于公布重要决定或者重大事项。

（五）公告。适用于向国内外宣布重要事项或者法定事项。

（六）通告。适用于在一定范围内公布应当遵守或者周知的事项。

（七）意见。适用于对重要问题提出见解和处理办法。

（八）通知。适用于发布、传达要求下级机关执行和有关单位周知或者执行的事项，批转、转发公文。

（九）通报。适用于表彰先进、批评错误、传达重要精神和告知重要情况。

（十）报告。适用于向上级机关汇报工作、反映情况，回复上级机关的询问。

（十一）请示。适用于向上级机关请求指示、批准。

（十二）批复。适用于答复下级机关请示事项。

（十三）议案。适用于各级人民政府按照法律程序向同级人民代表大会或者人民代表大会常务委员会提请审议事项。

（十四）函。适用于不相隶属机关之间商洽工作、询问和答复问题、请求批准和答复审批事项。

（十五）纪要。适用于记载会议主要情况和议定事项。

第三章　公文格式

第九条　公文一般由份号、密级和保密期限、紧急程度、发文机关标志、发文字号、签发人、标题、主送机关、正文、附件说明、发文机关署名、成文日期、印章、附注、附件、抄送机关、印发机关和印发日期、页码等组成。

（一）份号。公文印制份数的顺序号。涉密公文应当标注份号。

（二）密级和保密期限。公文的秘密等级和保密的期限。涉密公文应当根据涉密程度分别标注“绝密”“机密”“秘密”和保密期限。

（三）紧急程度。公文送达和办理的时限要求。根据紧急程度，紧急公文应当分别标注“特急”“加急”，电报应当分别标注“特提”“特急”“加急”“平急”。

（四）发文机关标志。由发文机关全称或者规范化简称加“文件”二字组成，也可以使用发文机关全称或者规范化简称。联合行文时，发文机关标志可以并用联合发文机关名称，也可以单独用主办机关名称。

（五）发文字号。由发文机关代字、年份、发文顺序号组成。联合行文时，使用主办机关的发文字号。

（六）签发人。上行文应当标注签发人姓名。

（七）标题。由发文机关名称、事由和文种组成。

（八）主送机关。公文的主要受理机关，应当使用机关全称、规范化简称或者同类型机关统称。

（九）正文。公文的主体，用来表述公文的内容。

（十）附件说明。公文附件的顺序号和名称。

（十一）发文机关署名。署发文机关全称或者规范化简称。

（十二）成文日期。署会议通过或者发文机关负责人签发的日期。联合行文时，署最后签发机关负责人签发的日期。

（十三）印章。公文中有发文机关署名的，应当加盖发文机关印章，并与署名机关相符。有特定发文机关标志的普发性公文和电报可以不加盖印章。

（十四）附注。公文印发传达范围等需要说明的事项。

（十五）附件。公文正文的说明、补充或者参考资料。

（十六）抄送机关。除主送机关外需要执行或者知晓公文内容的其他机关，应当使用机关全称、规范化简称或者同类型机关统称。

（十七）印发机关和印发日期。公文的送印机关和送印日期。

（十八）页码。公文页数顺序号。

第十条　公文的版式按照《党政机关公文格式》国家标准执行。

第十一条　公文使用的汉字、数字、外文字符、计量单位和标点符号等，按照有关国家标准和规定执行。民族自治地方的公文，可以并用汉字和当地通用的少数民族文字。

第十二条　公文用纸幅面采用国际标准 A4 型。特殊形式的公文用纸幅面，根据实际需要确定。

第四章　行文规则

第十三条　行文应当确有必要，讲求实效，注重针对性和可操作性。

第十四条　行文关系根据隶属关系和职权范围确定。一般不得越级行文，特殊情况需要越级行文的，应当同时抄送被越过的机关。

第十五条　向上级机关行文，应当遵循以下规则：

（一）原则上主送一个上级机关，根据需要同时抄送相关上级机关和同级机关，不抄送下级机关。

（二）党委、政府的部门向上级主管部门请示、报告重大事项，应当经本级党委、政府同意或者授权；属于部门职权范围内的事项应当直接报送上级主管部门。

（三）下级机关的请示事项，如需以本机关名义向上级机关请示，应当提出倾向性意见后上报，不得原文转报上级机关。

（四）请示应当一文一事。不得在报告等非请示性公文中夹带请示事项。

（五）除上级机关负责人直接交办事项外，不得以本机关名义向上级机关负责人报送公文，不得以本机关负责人名义向上级机关报送公文。

（六）受双重领导的机关向一个上级机关行文，必要时抄送另一个上级机关。

第十六条　向下级机关行文，应当遵循以下规则：

（一）主送受理机关，根据需要抄送相关机关。重要行文应当同时抄送发文机关的直接上级机关。

（二）党委、政府的办公厅（室）根据本级党委、政府授权，可以向下级党委、政府行文，其他部门和单位不得向下级党委、政府发布指令性公文或者在公文中向下级党委、政府提出指令性要求。需经政府审批的具体事项，经政府同意后可以由政府职能部门行文，文中须注明已经政府同意。

（三）党委、政府的部门在各自职权范围内可以向下级党委、政府的相关部门行文。

（四）涉及多个部门职权范围内的事务，部门之间未协商一致的，不得向下行文；擅自行文的，上级机关应当责令其纠正或者撤销。

（五）上级机关向受双重领导的下级机关行文，必要时抄送该下级机关的另一个上级机关。

第十七条　同级党政机关、党政机关与其他同级机关必要时可以联合行文。属于党委、政府各自职权范围内的工作，不得联合行文。

党委、政府的部门依据职权可以相互行文。部门内设机构除办公厅（室）外不得对外正式行文。

第五章　公文拟制

第十八条　公文拟制包括公文的起草、审核、签发等程序。

第十九条　公文起草应当做到：

（一）符合国家法律法规和党的路线方针政策，完整准确体现发文机关意图，并同现行有关公文相衔接。

（二）一切从实际出发，分析问题实事求是，所提政策措施和办法切实可行。

（三）内容简洁，主题突出，观点鲜明，结构严谨，表述准确，文字精练。

（四）文种正确，格式规范。

（五）深入调查研究，充分进行论证，广泛听取意见。

（六）公文涉及其他地区或者部门职权范围内的事项，起草单位必须征求相关地区或者部门意见，力求达成一致。

（七）机关负责人应当主持、指导重要公文起草工作。

第二十条　公文文稿签发前，应当由发文机关办公厅（室）进行审核。审核的重点是：

（一）行文理由是否充分，行文依据是否准确。

（二）内容是否符合国家法律法规和党的路线方针政策；是否完整准确体现发文机关意图；是否同现行有关公文相衔接；所提政策措施和办法是否切实可行。

（三）涉及有关地区或者部门职权范围内的事项是否经过充分协商并达成一致意见。

（四）文种是否正确，格式是否规范；人名、地名、时间、数字、段落顺序、引文等是否准确；文字、数字、计量单位和标点符号等用法是否规范。

（五）其他内容是否符合公文起草的有关要求。

需要发文机关审议的重要公文文稿，审议前由发文机关办公厅（室）进行初核。

第二十一条　经审核不宜发文的公文文稿，应当退回起草单位并说明理由；符合发文条件但内容需作进一步研究和修改的，由起草单位修改后重新报送。

第二十二条　公文应当经本机关负责人审批签发。重要公文和上行文由机关主要负责人签发。党委、政府的办公厅（室）根据党委、政府授权制发的公文，由受权机关主要负责人签发或者按照有关规定签发。签发人签发公文，应当签署意见、姓名和完整日期；圈阅或者签名的，视为同意。联合发文由所有联署机关的负责人会签。

第六章　公文办理

第二十三条　公文办理包括收文办理、发文办理和整理归档。

第二十四条　收文办理主要程序是：

（一）签收。对收到的公文应当逐件清点，核对无误后签字或者盖章，并注明签收时间。

（二）登记。对公文的主要信息和办理情况应当详细记载。

（三）初审。对收到的公文应当进行初审。初审的重点是：是否应当由本机关办理，是否符合行文规则，文种、格式是否符合要求，涉及其他地区或者部门职权范围内的事项是否已经协商、会签，是否符合公文起草的其他要求。经初审不符合规定的公文，应当及时退回来文单位并说明理由。

（四）承办。阅知性公文应当根据公文内容、要求和工作需要确定范围后分送。批办性公文应当提出拟办意见报本机关负责人批示或者转有关部门办理；需要两个以上部门办理的，应当明确主办部门。紧急公文应当明确办理时限。承办部门对交办的公文应当及时办理，有明确办理时限要求的应当在规定时限内办理完毕。

（五）传阅。根据领导批示和工作需要将公文及时送传阅对象阅知或者批示。办理公文传阅应当随时掌握公文去向，不得漏传、误传、延误。

（六）催办。及时了解掌握公文的办理进展情况，督促承办部门按期办结。紧急公文或者重要公文应当由专人负责催办。

（七）答复。公文的办理结果应当及时答复来文单位，并根据需要告知相关单位。

第二十五条　发文办理主要程序是：

（一）复核。已经发文机关负责人签批的公文，印发前应当对公文的审批手续、内容、文种、格式等进行复核；需作实质性修改的，应当报原签批人复审。

（二）登记。对复核后的公文，应当确定发文字号、分送范围和印制份数并详细记载。

（三）印制。公文印制必须确保质量和时效。涉密公文应当在符合保密要求的场所印制。

（四）核发。公文印制完毕，应当对公文的文字、格式和印刷质量进行检查后分发。

第二十六条　涉密公文应当通过机要交通、邮政机要通信、城市机要文件交换站或者收发件机关机要收发人员进行传递，通过密码电报或者符合国家保密规定的计算机信息系统进行传输。

第二十七条　需要归档的公文及有关材料，应当根据有关档案法律法规以及机关档案管理规定，及时收集齐全、整理归档。两个以上机关联合办理的公文，原件由主办机关归档，相关机关保存复制件。机关负责人兼任其他机关职务的，在履行所兼职务过程中形成的公文，由其兼职机关归档。

第七章　公文管理

第二十八条　各级党政机关应当建立健全本机关公文管理制度，确保管理严格规范，充分发挥公文效用。

第二十九条　党政机关公文由文秘部门或者专人统一管理。设立党委（党组）的县级以上单位应当建立机要保密室和机要阅文室，并按照有关保密规定配备工作人员和必要的安全保密设施设备。

第三十条　公文确定密级前，应当按照拟定的密级先行采取保密措施。确定密级后，应当按照所定密级严格管理。绝密级公文应当由专人管理。

公文的密级需要变更或者解除的，由原确定密级的机关或者其上级机关决定。

第三十一条　公文的印发传达范围应当按照发文机关的要求执行；需要变更的，应当经发文机关批准。

涉密公文公开发布前应当履行解密程序。公开发布的时间、形式和渠道，由发文机关确定。

经批准公开发布的公文，同发文机关正式印发的公文具有同等效力。

第三十二条　复制、汇编机密级、秘密级公文，应当符合有关规定并经本机关负责人批准。绝密级公文一般不得复制、汇编，确有工作需要的，应当经发文机关或者其上级机关批准。

复制、汇编的公文视同原件管理。复制件应当加盖复制机关戳记。翻印件应当注明翻印的机关名称、日期。汇编本的密级按照编入公文的最高密级标注。

第三十三条　公文的撤销和废止，由发文机关、上级机关或者权力机关根据职权范围和有关法律法规决定。公文被撤销的，视为自始无效；公文被废止的，视为自废止之日起失效。

第三十四条　涉密公文应当按照发文机关的要求和有关规定进行清退或者销毁。

第三十五条　不具备归档和保存价值的公文，经批准后可以销毁。销毁涉密公文必须严格按照有关规定履行审批登记手续，确保不丢失、不漏销。个人不得私自销毁、留存涉密公文。

第三十六条　机关合并时，全部公文应当随之合并管理；机关撤销时，需要归档的公文经整理后按照有关规定移交档案管理部门。

工作人员离岗离职时，所在机关应当督促其将暂存、借用的公文按照有关规定移交、清退。

第三十七条　新设立的机关应当向本级党委、政府的办公厅（室）提出发文立户申请。经审查符合条件的，列为发文单位，机关合并或者撤销时，相应进行调整。

第八章　附　则

第三十八条　党政机关公文含电子公文。电子公文处理工作的具体办法另行制定。

第三十九条　法规、规章方面的公文，依照有关规定处理。外事方面的公文，依照外事主管部门的有关规定处理。

第四十条　其他机关和单位的公文处理工作，可以参照本条例执行。

第四十一条　本条例由中共中央办公厅、国务院办公厅负责解释。

第四十二条　本条例自 2012 年 7 月 1 日起施行。1996 年 5 月 3 日中共中央办公厅发布的《中国共产党机关公文处理条例》和 2000 年 8 月 24 日国务院发布的《国家行政机关公文处理办法》停止执行。

附录 C　标点符号用法（GB/T 15834—2011）

1　范围

本标准规定了现代汉语标点符号的用法。

本标准适用于汉语的书面语（包括汉语和外语混合排版时的汉语部分）。

2　术语和定义

下列术语和定义适用于本文件。

2.1

标点符号 punctuation

辅助文字记录语言的符号，是书面语的有机组成部分，用来表示语句的停顿、语气以及标示某些成分（主要是词语）的特定性质和作用。

注：数学符号、货币符号、校勘符号、辞书符号、注音符号等特殊领域的专门符号不属于标点符号。

2.2

句子 sentence

前后都有较大停顿、带有一定的语气和语调、表达相对完整意义的语言单位。

2.3

复句 complex sentence

由两个或多个在意义上有密切关系的分句组成的语言单位，包括简单复句（内部只有一层语义关系）和多重复句（内部包含多层语义关系）。

2.4

分句 clause

复句内两个或多个前后有停顿、表达相对完整意义、不带有句末语气和语调、有的前面可添加关联词语的语言单位。

2.5

语段 expression

指语言片段，是对各种语言单位（如词、短语、句子、复句等）不做特别区分时的统称。

3　标点符号的种类

3.1　点号

点号的作用是点断，主要表示停顿和语气。分为句末点号和句内点号。

3.1.1　句末点号

用于句末的点号，表示句末停顿和句子的语气。包括句号、问号、叹号。

3.1.2　句内点号

用于句内的点号，表示句内各种不同性质的停顿。包括逗号、顿号、分号、冒号。

3.2　标号

标号的作用是标明，主要标示某些成分（主要是词语）的特定性质和作用。包括引号、括号、破折号、省略号、着重号、连接号、间隔号、书名号、专名号、分隔号。

4　标点符号的定义、形式和用法

4.1　句号

4.1.1　定义

句末点号的一种，主要表示句子的陈述语气。

4.1.2　形式

句号的形式是“。”。

4.1.3　基本用法

4.1.3.1　用于句子末尾，表示陈述语气。使用句号主要根据语段前后有较大停顿、带有陈述语气和语调，并不取决于句子的长短。

示例1：北京是中华人民共和国的首都。

示例2：（甲，咱们走着去吧？）乙：好。

4.1.3.2　有时也可表示较缓和的祈使语气和感叹语气。

示例1：请您稍等一下。

示例2：我不由地感到，这些普通劳动者也同样是很值得尊敬的。

4.2　问号

4.2.1　定义

句末点号的一种，主要表示句子的疑问语气。

4.2.2　形式

问号的形式是“？”。

4.2.3　基本用法

4.2.3.1　用于句子末尾，表示疑问语气（包括反问、设问等疑问类型）。使用问号主要根据语段前后有较大停顿、带有疑问语气和语调，并不取决于句子的长短。

示例1：你怎么还不回家去呢？

示例2：难道这些普通的战士不值得歌颂吗？

示例3：（一个外国人，不远万里来到中国，帮助中国的抗日战争。）这是什么精神？这是国际主义的精神。

4.2.3.2　选择问句中，通常只在最后一个选项的末尾用问号，各个选项之间一般用逗号隔开。当选项较短且选项之间几乎没有停顿时，选项之间可不用逗号。当选项较多或较长，或有意突出每个选项的独立性时，也可每个选项之后都用问号。

示例1：诗中记述的这场战争究竟是真实的历史描述，还是诗人的虚构？

示例2：这是巧合还是有意安排？

示例3：要一个什么样的结尾：现实主义的？传统的？大团圆的？荒诞的？民族形式的？有象征意义的？

示例4：（他看着我的作品称赞了我。）但到底是称赞我什么：是有几处画得好？还是什么都敢画？抑或只是一种对于失败者的无可奈何的安慰？我不得而知。

示例5：这一切都是由客观的条件造成的？还是由行为的惯性造成的？

4.2.3.3　在多个问句连用或表达疑问语气加重时，可叠用问号。通常应先单用，再叠用，最多叠用三个问号。在没有异常强烈的情感表达需要时不宜叠用问号。

示例：这就是你的做法吗？你这个总经理是怎么当的？？你怎么竟敢这样欺骗消费者？？？

4.2.3.4　问号也有标号的用法，即用于句内，表示存疑或不详。

示例1；马致远（1250？—1321），大都人，元代戏曲家、散曲家。

示例2：钟嵘（？——518），颍川长社人，南朝梁代文学批评家。

示例3：出现这样的文字错误，说明作者（编者？校者？）很不认真。

4.3　叹号

4.3.1　定义

句末点号的一种，主要表示句子的感叹语气。

4.3.2　形式

叹号的形式是“！”。

4.3.3　基本用法

4.3.3.1　用于句子末尾，主要表示感叹语气，有时也可表示强烈的祈使语气、反问语气等。使用叹号主要根据语段前后有较大停顿、带有感叹语气和语调或带有强烈的祈使、反问语气和语调，并不取决于句子的长短。

示例1：才一年不见，这孩子都长这么高啦！

示例2：你给我住嘴！

示例3：谁知道他今天是怎么搞的！

4.3.3.2　用于拟声词后，表示声音短促或突然。

示例1：咔嚓！一道闪电划破了夜空。

示例2：咚！咚咚！突然传来一阵急促的敲门声。

4.3.3.3　表示声音巨大或声音不断加大时，可叠用叹号；表达强烈语气时，也可叠用叹号，最多叠用三个叹号。在没有异常强烈的情感表达需要时不宜叠用叹号。

示例1：轰!! 在这天崩地塌的声音中，女娲猛然醒来。

示例2：我要揭露！我要控诉!! 我要以死抗争!!!

4.3.3.4　当句子包含疑问、感叹两种语气且都比较强烈时（如带有强烈感情的反问句和带有惊愕语气的疑问句），可在问号后再加叹号（问号、叹号各一）。

示例1：这么点困难就能把我们吓倒吗?!

示例2：他连这些最起码的常识都不懂，还敢说自己是高科技人才?!

4.4　逗号

4.4.1　定义

句内点号的一种，表示句子或语段内部的一般性停顿。

4.4.2　形式

逗号的形式是“，”。

4.4.3　基本用法

4.4.3.1　复句内各分句之间的停顿，除了有时用分号（见4.6.3.1），一般都用逗号。

示例1：不是人们的意识决定人们的存在，而是人们的社会存在决定人们的意识。

示例2：学历史使人更明智，学文学使人更聪慧，学数学使人更精细，学考古使人更深沉。

示例3：要是不相信我们的理论能反映现实，要是不相信我们的世界有内在和谐，那就不可能有科学。

4.4.3.2　用于下列各种语法位置：

a）较长的主语之后。

示例1：苏州园林建筑各种门窗的精美设计和雕镂功夫，都令人叹为观止。

b）句首的状语之后。

示例2：在苍茫的大海上，狂风卷集着乌云。

c）较长的宾语之前。

示例3：有的考古工作者认为，南方古猿生存于上新世至更新世的初期和中期。

d）带句内语气词的主语（或其他成分）之后，或带句内语气词的并列成分之间。

示例4：他呢，倒是很乐意地、全神贯注地干起来了。

示例5：（那是个没有月亮的夜晚。）可是整个村子——白房顶啦，白树木啦，雪堆啦，全看得见。

e）较长的主语中间、谓语中间或宾语中间。

示例6：母亲沉痛的诉说，以及亲眼见到的事实，都启发了我幼年时期追求真理的思想。

示例7：那姑娘头戴一顶草帽，身穿一条绿色的裙子，腰间还系着一根橙色的腰带。

示例8：必须懂得，对于文化传统，既不能不分青红皂白统统抛弃，也不能不管精华糟粕全盘继承。

f）前置的谓语之后或后置的状语、定语之前。

示例9：真美啊，这条蜿蜒的林间小路。

示例10：她吃力地站了起来，慢慢地。

示例11：我只是一个人，孤孤单单的。

4.4.3.3　用于下列各种停顿处：

a）复指成分或插说成分前后。

示例1：老张，就是原来的办公室主任，上星期已经调走了。

示例2：车，不用说，当然是头等。

b）语气缓和的感叹语、称谓语或呼唤语之后。

示例3：哎哟，这儿，快给我揉揉。

示例4：大娘，您到哪儿去啊？

示例5：喂，你是哪个单位的？

c）某些序次语（“第”字头、“其”字头及“首先”类序次语）之后。

示例6：为什么许多人都有长不大的感觉呢？原因有三：第一，父母总认为自己比孩子成熟；第二，父母总要以自己的标准来衡量孩子；第三，父母出于爱心而总不想让孩子在成长的过程中走弯路。

示例7：《玄秘塔碑》所以成为书法的范本，不外乎以下几方面的因素：其一，具有楷书点画、构体的典范性；其二，承上启下，成为唐楷的极致；其三，字如其人，爱人及字，柳公权高尚的书品、人品为后人所崇仰。

示例8：下面从三个方面讲讲语言的污染问题：首先，是特殊语言环境中的语言污染问题；其次，是滥用缩略语引起的语言污染问题；再次，是空话和废话引起的语言污染问题。

4.5　顿号

4.5.1　定义

句内点号的一种，表示语段中并列词语之间或某些序次语之后的停顿。

4.5.2　形式

顿号的形式是“、”。

4.5.3　基本用法

4.5.3.1　用于并列词语之间。

示例1：这里有自由、民主、平等、开放的风气和氛围。

示例 2：造型科学、技艺精湛、气韵生动，是盛唐石雕的特色。

4. 5. 3. 2　用于需要停顿的重复词语之间。

示例：他几次三番、几次三番地辩解着。

4. 5. 3. 3　用于某些序次语（不带括号的汉字数字或“天干地支”类序次语）之后。

示例 1：我准备讲两个问题：一、逻辑学是什么？二、怎样学好逻辑学？

示例 2：风格的具体内容主要有以下四点：甲、题材；乙、用字；丙、表达；丁、色彩。

4. 5. 3. 4　相邻或相近两数字连用表示概数通常不用顿号。若相邻两数字连用为缩略形式，宜用顿号。

示例 1：飞机在 6000 米高空水平飞行时，只能看到两侧八九公里和前方一二十公里范围内的地面。

示例 2：这种凶猛的动物常常三五成群地外出觅食和活动。

示例 3：农业是国民经济的基础，也是二、三产业的基础。

4. 5. 3. 5　标有引号的并列成分之间、标有书名号的并列成分之间通常不用顿号。若有其他成分插在并列的引号之间或并列的书名号之间（如引语或书名号之后还有括注），宜用顿号。

示例 1：“日”“月”构成“明”字。

示例 2：店里挂着“顾客就是上帝”“质量就是生命”等横幅。

示例 3：《红楼梦》《三国演义》《西游记》《水浒传》，是我国长篇小说的四大名著。

示例 4：李白的“白发三千丈”（《秋浦歌》）、“朝如青丝暮成雪”（《将进酒》）都是脍炙人口的诗句。

示例 5：办公室里订有《人民日报》（海外版）、《光明日报》和《时代周刊》等报刊。

4. 6　分号

4. 6. 1　定义

句内点号的一种，表示复句内部并列关系分句之间的停顿，以及非并列关系的多重复句中第一层分句之间的停顿。

4. 6. 2　形式

分号的形式是“；”。

4. 6. 3　基本用法

4. 6. 3. 1　表示复句内部并列关系的分句（尤其当分句内部还有逗号时）之间的停顿。

示例 1：语言文字的学习，就理解方面说，是得到一种知识；就运用方面说，是养成一种习惯。

示例 2：内容有分量，尽管文章短小，也是有分量的，内容没有分量，即使写得再长也没有用。

4. 6. 3. 2　表示非并列关系的多重复句中第一层分句（主要是选择、转折等关系）之间的停顿。

示例 1：人还没看见，已经先听见歌声了；或者人已经转过山头望不见了，歌声还余音袅袅。

示例 2：尽管人民革命的力量在开始时总是弱小的，所以总是受压的；但是由于革命的力量代表历史发展的方向，因此本质上又是不可战胜的。

示例3：不管一个人如何伟大，也总是生活在一定的环境和条件下；因此，个人的见解总难免带有某种局限性。

示例4：昨天夜里下了一场雨，以为可以凉快些；谁知没有凉快下来，反而更热了。

4.6.3.3　用于分项列举的各项之间。

示例：特聘教授的岗位职责为：一、讲授本学科的主干基础课程；二、主持本学科的重大科研项目；三、领导本学科的学术队伍建设；四、带领本学科赶超或保持世界先进水平。

4.7　冒号

4.7.1　定义

句内点号的一种，表示语段中提示下文或总结上文的停顿。

4.7.2　形式

冒号的形式是"："。

4.7.3　基本用法

4.7.3.1　用于总说性或提示性词语（如"说""例如""证明"等）之后，表示提示下文。

示例1：北京紫禁城有四座城门：午门、神武门、东华门和西华门。

示例2：她高兴地说："咱们去好好庆祝一下吧！"

示例3：小王笑着点了点头："我就是这么想的。"

示例4：这一事实证明：人能创造环境，环境同样也能创造人。

4.7.3.2　表示总结上文。

示例：张华上了大学，李萍进了技校，我当了工人：我们都有美好的前途。

4.7.3.3　用在需要说明的词语之后，表示注释和说明。

示例1：（本市将举办首届大型书市。）主办单位：市文化局；承办单位：市图书进出口公司；时间：8月15日－20日；地点：市体育馆观众休息厅。

示例2：（做阅读理解题有两个办法。）办法之一：先读题干，再读原文，带着问题有针对性地读课文。办法之二：直接读原文，读完再做题，减少先入为主的干扰。

4.7.3.4　用于书信、讲话稿中称谓语或称呼语之后。

示例1：广平先生：……

示例2：同志们、朋友们：……

4.7.3.5　一个句子内部一般不应套用冒号。在列举式或条文式表述中，如不得不套用冒号时，宜另起段落来显示各个层次。

示例：第十条　遗产按照下列顺序继承：

第一顺序：配偶、子女、父母。

第二顺序：兄弟姐妹、祖父母、外祖父母。

4.8　引号

4.8.1　定义

标号的一种，标示语段中直接引用的内容或需要特别指出的成分。

4.8.2　形式

引号的形式有双引号"“”"和单引号"‘’"两种。左侧的为前引号，右侧的为后引号。

4.8.3　基本用法

4.8.3.1　标示语段中直接引用的内容。

示例：李白诗中就有“白发三千丈”这样极尽夸张的语句。

4.8.3.2　标示需要着重论述或强调的内容。

示例：这里所谓的“文”，并不是指文字，而是指文采。

4.8.3.3　标示语段中具有特殊含义而需要特别指出的成分，如别称、简称、反语等。

示例1：电视被称作“第九艺术”。

示例2：人类学上常把古人化石统称为尼安德特人，简称“尼人”。

示例3：有几个“慈祥”的老板把捡来的菜叶用盐浸浸就算作工友的菜肴。

4.8.3.4　当引号中还需要使用引号时，外面一层用双引号，里面一层用单引号。

示例：他问：“老师，‘七月流火’是什么意思?”

4.8.3.5　独立成段的引文如果只有一段，段首和段尾都用引号；不止一段时，每段开头仅用前引号，只在最后一段末尾用后引号。

示例：我曾在报纸上看到有人这样谈幸福：

“幸福是知道自己喜欢什么和不喜欢什么。……”

“幸福是知道自己擅长什么和不擅长什么。……”

“幸福是在正确的时间做了正确的选择。……”

4.8.3.6　在书写带月、日的事件、节日或其他特定意义的短语（含简称）时，通常只标引其中的月和日；需要突出和强调该事件或节日本身时，也可连同事件或节日一起标引。

示例1：“5 · 12”汶川大地震

示例2：“五四”以来的话剧，是我国戏剧中的新形式。

示例3：纪念“五四运动”90周年

4.9　括号

4.9.1　定义

标号的一种，标示语段中的注释内容、补充说明或其他特定意义的语句。

4.9.2　形式

括号的主要形式是圆括号“（　）”，其他形式还有方括号“［　］”、六角括号“〔　〕”和方头括号“【　】”等。

4.9.3　基本用法

4.9.3.1　标示下列各种情况，均用圆括号：

a）标示注释内容或补充说明。

示例1：我校拥有特级教师（含已退休的）17人。

示例2：我们不但善于破坏一个旧世界，我们还将善于建设一个新世界！（热烈鼓掌）

b）标示订正或补加的文字。

示例3：信纸上用稚嫩的字体写着：“阿夷（姨），你好!”。

示例4：该建筑公司负责的建设工程全部达到优良工程（的标准）。

c）标示序次语。

示例5：语言有三个要素：（1）声音；（2）结构；（3）意义。

示例6：思想有三个条件：（一）事理；（二）心理；（三）伦理。

d）标示引语的出处。

示例7：他说得好："未画之前，不立一格；既画之后，不留一格。"（《板桥集·题画》）

e）标示汉语拼音注音。

示例8："的（de）"这个字在现代汉语中最常用。

4.9.3.2 标示作者国籍或所属朝代时，可用方括号或六角括号。

示例1：［英］赫胥黎《进化论与伦理学》

示例2：［唐］杜甫著

4.9.3.3 报刊标示电讯、报道的开头，可用方头括号。

示例：【新华社南京消息】

4.9.3.4 标示公文发文字号中的发文年份时，可用六角括号。

示例：国发〔2011〕3号文件

4.9.3.5 标示被注释的词语时，可用六角括号或方头括号。

示例1：〔奇观〕奇伟的景象。

示例2：【爱因斯坦】物理学家。生于德国，1933年因受纳粹政权迫害，移居美国。

4.9.3.6 除科技书刊中的数学、逻辑公式外，所有括号（特别是同一形式的括号）应尽量避免套用。必须套用括号时，宜采用不同的括号形式配合使用。

示例；〔茸（róng）毛〕很细很细的毛。

4.10 破折号

4.10.1 定义

标号的一种，标示语段中某些成分的注释、补充说明或语音、意义的变化。

4.10.2 形式

破折号的形式是"——"。

4.10.3 基本用法

4.10.3.1 标示注释内容或补充说明（也可用括号，见4.9.3.1；二者的区别另见B.1.7）。

示例1：一个矮小而结实的日本中年人——内山老板走了过来。

示例2：我一直坚持读书，想借此唤起弟妹对生活的希望——无论环境多么困难。

4.10.3.2 标示插入语（也可用逗号，见4.4.3.3）。

示例：这简直就是——说得不客气点——无耻的勾当！

4.10.3.3 标示总结上文或提示下文（也可用冒号，见4.7.3.1、4.7.3.2）。

示例1：坚强，纯洁，严于律己，客观公正——这一切都难得地集中在一个人身上。

示例2：画家开始娓娓道来——

数年前的一个寒冬，……

4.10.3.4 标示话题的转换。

示例："好香的干菜，——听到风声了吗？"赵七爷低声说道。

4.10.3.5 标示声音的延长。

示例："嘎——"传过来一声水禽被惊动的鸣叫。

4.10.3.6　标示话语的中断或间隔。

示例1：“班长他牺——”小马话没说完就大哭起来。

示例2，“亲爱的妈妈，你不知道我多爱您。—还有你，我的孩子！”

4.10.3.7　标示引出对话。

示例：——你长大后想成为科学家吗？

——当然想了！

4.10.3.8　标示事项列举分承。

示例：根据研究对象的不同，环境物理学分为以下五个分支学科：

——环境声学；

——环境光学；

——环境热学；

——环境电磁学；

——环境空气动力学。

4.10.3.9　用于副标题之前。

示例：飞向太平洋

——我国新型号运载火箭发射目击记

4.10.3.10　用于引文、注文后，标示作者、出处或注释者。

示例1：先天下之忧而忧，后天下之乐而乐。

——范仲淹

示例2：乐浪海中有倭人，分为百余国。

——《汉书》

示例3：很多人写好信后把信笺折成方胜形，我看大可不必。（方胜，指古代妇女戴的方形首饰，用彩绸等制作，由两个斜方部分叠合而成。——编者注）

4.11　省略号

4.11.1　定义

标号的一种，标示语段中某些内容的省略及意义的断续等。

4.11.2　形式

省略号的形式是“……”。

4.11.3　基本用法

4.11.3.1　标示引文的省略。

示例：我们齐声朗诵起来：“……俱往矣，数风流人物，还看今朝。”

4.11.3.2　标示列举或重复词语的省略。

示例1：对政治的敏感，对生活的敏感，对性格的敏感，……这都是作家必须要有的素质。

示例2：他气得连声说：“好，好……算我没说。”

4.11.3.3　标示语意未尽。

示例1：在人迹罕至的深山密林里，假如突然看见一缕炊烟，……

示例2：你这样干，未免太……！

4.11.3.4　标示说话时断断续续。

示例：她磕磕巴巴地说："可是……太太……我不知道……你一定是认错了"

4.11.3.5　标示对话中的沉默不语。

示例："还没结婚吧？"

"……"他飞红了脸，更加忸怩起来。

4.11.3.6　标示特定的成分虚缺。

示例：只要……就……

4.11.3.7　在标示诗行、段落的省略时，可连用两个省略号（即相当于十二连点）。

示例1：从隔壁房间传来缓缓而抑扬顿挫的吟咏声——

床前明月光，疑是地上霜。

…………

示例2：该刊根据工作质量、上稿数量、参与程度等方面的表现，评选出了高校十佳记者站。还根据发稿数量、提供新闻线索情况以及对刊物的关注度等，评选出了十佳通讯员。

…………

4.12　着重号

4.12.1　定义

标号的一种，标示语段中某些重要的或需要指明的文字。

4.12.2　形式

着重号的形式是"."标注在相应文字的下方。

4.12.3　基本用法

4.12.3.1　标示语段中重要的文字。

示例1：诗人需要表现，而不是证明。

示例2：下面对本文的理解，不正确的一项是：……

4.12.3.2　标示语段中需要指明的文字。

示例：下边加点的字，除了在词中的读法外，还有哪些读法？

着急　子弹　强调

4.13　连接号

4.13.1　定义

标号的一种，标示某些相关联成分之间的连接。

4.13.2　形式

连接号的形式有短横线"-"、一字线"—"和浪纹线"～"三种。

4.13.3　基本用法

4.13.3.1　标示下列各种情况，均用短横线：

a）化合物的名称或表格、插图的编号。

示例1：3-戊酮为无色液体，对眼及皮肤有强烈刺激性。

示例2：参见下页表2-8、表2-9。

b）连接号码，包括门牌号码、电话号码，以及用阿拉伯数字表示年月日等。

示例3：安宁里东路26号院3-2-11室

示例4：联系电话：010-88842603

示例5：2011-02-15

c）在复合名词中起连接作用。

示例6：吐鲁番-哈密盆地

d）某些产品的名称和型号。

示例7：WZ-10 直升机具有复杂天气和夜间作战的能力。

e）汉语拼音、外来语内部的分合。

示例8：shuōshuō-xiàoxiào（说说笑笑）

示例9：盎格鲁-撒克逊人

示例10：让-雅克·卢梭（“让-雅克”为双名）

示例11：皮埃尔·孟戴斯-弗朗斯（“孟戴斯-弗朗斯”为复姓）

4.13.3.2　标示下列各种情况，一般用一字线，有时也可用浪纹线；

a）标示相关项目（如时间、地域等）的起止。

示例1：沈括（1031—1095），宋朝人。

示例2：2011 年 2 月 3 日—10 日

示例3：北京—上海特别旅客快车

b）标示数值范围（由阿拉伯数字或汉字数字构成）的起止。

示例4：25 ~ 30 g

示例5：第五 ~ 八课

4.14　间隔号

4.14.1　定义

标号的一种，标示某些相关联成分之间的分界。

4.14.2　形式

间隔号的形式是“·”。

4.14.3　基本用法

4.14.3.1　标示外国人名或少数民族人名内部的分界。

示例1：克里丝蒂娜·罗塞蒂

示例2：阿依古丽．买买提

4.14.3.2　标示书名与篇（章、卷）名之间的分界。

示例;《淮南子·本经训》

4.14.3.3　标示词牌、曲牌、诗体名等和题名之间的分界。

示例1:《沁园春·雪》

示例2:《天净沙·秋思》

示例3:《七律·冬云》

4.14.3.4　用在构成标题或栏目名称的并列词语之间。

示例:《天·地·人》

4.14.3.5　以月、日为标志的事件或节日，用汉字数字表示时，只在一、十一和十二月后用间隔号；当直接用阿拉伯数字表示时，月、日之间均用间隔号（半角字符）。

示例1:“九一八”事变“五四”运动

示例2:“一·二八”事变“一二·九”运动

示例3:“3·15”消费者权益日“9·11”恐怖袭击事件

4.15　书名号

4.15.1　定义

标号的一种，标示语段中出现的各种作品的名称。

4.15.2　形式

书名号的形式有双书名号“《 》”和单书名号“< >”两种。

4.15.3　基本用法

4.15.3.1　标示书名、卷名、篇名、刊物名、报纸名、文件名等。

示例1:《红楼梦》(书名)

示例2:《史记·项羽本纪》(卷名)

示例3:《论雷峰塔的倒掉》(篇名)

示例4:《每周关注》(刊物名)

示例5:《人民日报》(报纸名)

示例6:《全国农村工作会议纪要》(文件名)

4.15.3.2　标示电影、电视、音乐、诗歌、雕塑等各类用文字、声音、图像等表现的作品的名称。

示例1:《渔光曲》(电影名)

示例2:《追梦录》(电视剧名)

示例3:《勿忘我》(歌曲名)

示例4:《沁园春·雪》(诗词名)

示例5:《东方欲晓》(雕塑名)

示例6:《光与影》(电视节目名)

示例7:《社会广角镜》(栏目名)

示例8:《庄子研究文献数据库》(光盘名)

示例9:《植物生理学系列挂图》(图片名)

4.15.3.3　标示全中文或中文在名称中占主导地位的软件名。

示例：科研人员正在研制《电脑卫士》杀毒软件。

4.15.3.4　标示作品名的简称。

示例：我读了《念青唐古拉山脉纪行》一文（以下简称《念》），收获很大。

4.15.3.5　当书名号中还需要书名号时，里面一层用单书名号，外面一层用双书名号。

示例:《教育部关于提请审议<高等教育自学考试试行办法>的报告》

4.16　专名号

4.16.1　定义

标号的一种，标示古籍和某些文史类著作中出现的特定类专有名词。

4.16.2　形式

专名号的形式是一条直线，标注在相应文字的下方。

4.16.3　基本用法

4.16.3.1　标示古籍、古籍引文或某些文史类著作中出现的专有名词，主要包括人名、地名、国名、民族名、朝代名、年号、宗教名、官署名、组织名等。

示例1：孙坚人马被刘表率军围得水泄不通。(人名)

示例2：于是聚集冀、青、幽、并四州兵马七十多万准备决一死战。（地名）

示例3：当时乌孙及西域各国都向汉派遣了使节。（国名、朝代名）

示例4：从咸宁二年到太康十年，匈奴、鲜卑、乌桓等族人徒居塞内。（年号、民族名）

4.16.3.2　现代汉语文本中的上述专有名词，以及古籍和现代文本中的单位名、官职名、事件名、会议名、书名等不应使用专名号。必须使用标号标示时，宜使用其他相应标号（如引号、书名号等）。

4.17　分隔号

4.17.1　定义

标号的一种，标示诗行、节拍及某些相关文字的分隔。

4.17.2　形式

分隔号的形式是“/”。

4.17.3　基本用法

4.17.3.1　诗歌接排时分隔诗行（也可使用逗号和分号，见4.4.3.1/4.6.3.1）。

示例：春眠不觉晓/处处闻啼鸟/夜来风雨声/花落知多少。

4.17.3.2　标示诗文中的音节节拍。

示例：横眉/冷对/千夫指，俯首/甘为/孺子牛。

4.17.3.3　分隔供选择或可转换的两项，表示“或”。

示例：动词短语中除了作为主体成分的述语动词之外，还包括述语动词所带的宾语和/或补语。

4.17.3.4　分隔组成一对的两项，表示“和”。

示例1：13/14次特别快车

示例2. 羽毛球女双决赛中国组合杜婧/于洋两局完胜韩国名将李孝贞/李敬元。

4.17.3.5　分隔层级或类别。

示例：我国的行政区划分为：省（直辖市、自治区）/省辖市（地级市）/县（县级市、区、自治州）/乡（镇）/村（居委会）。

5　标点符号的位置和书写形式

5.1　横排文稿标点符号的位置和书写形式

5.1.1　句号、逗号、顿号、分号、冒号均置于相应文字之后，占一个字位置，居左下，不出现在一行之首。

5.1.2　问号、叹号均置于相应文字之后，占一个字位置，居左，不出现在一行之首。两个问号（或叹号）叠用时，占一个字位置；三个问号（或叹号）叠用时，占两个字位置；问号和叹号连用时，占一个字位置。

5.1.3　引号、括号、书名号中的两部分标在相应项目的两端，各占一个字位置。其中前一半不出现在一行之末，后一半不出现在一行之首。

5.1.4　破折号标在相应项目之间，占两个字位置，上下居中，不能中间断开分处上行之末和下行之首。

5.1.5　省略号占两个字位置，两个省略号连用时占四个字位置并须单独占一行。省略号不能中间断开分处上行之末和下行之首。

5.1.6　连接号中的短横线比汉字“一”略短，占半个字位置；一字线比汉字“一”略长，占一个字位置；浪纹线占一个字位置。连接号上下居中，不出现在一行之首。

5.1.7　间隔号标在需要隔开的项目之间，占半个字位置，上下居中，不出现在一行之首。

5.1.8　着重号和专名号标在相应文字的下边。

5.1.9　分隔号占半个字位置，不出现在一行之首或一行之末。

5.1.10　标点符号排在一行末尾时，若为全角字符则应占半角字符的宽度（即半个字位置），以使视觉效果更美观。

5.1.11　在实际编辑出版工作中，为排版美观、方便阅读等需要，或为避免某一小节最后一个汉字转行或出现在另外一页开头等情况（浪费版面及视觉效果差），可适当压缩标点符号所占用的空间。

5.2　竖排文稿标点符号的位置和书写形式

5.2.1　句号、问号、叹号、逗号、顿号、分号和冒号均置于相应文字之下偏右。

5.2.2　破折号、省略号、连接号、间隔号和分隔号置于相应文字之下居中，上下方向排列。

5.2.3　引号改用双引号“﹃”“﹄”和单引号“﹁”“﹂”，括号改用“︵”“︶”，标在相应项目的上下。

5.2.4　竖排文稿中使用浪线式书名号“________”，标在相应文字的左侧。

5.2.5　着重号标在相应文字的右侧，专名号标在相应文字的左侧。

5.2.6　横排文稿中关于某些标点不能居行首或行末的要求，同样适用于竖排文稿。

附录 D　普通话水平测试相关内容

普通话水平测试题（1）

一、读单音节字词（100 个音节，共 10 分，限时 3.5 分钟）

蹦　耍　德　扰　直　返　凝　秋　淡　丝　炯　粗　袄　瓮　癣　儿　履　告　筒　猫　囊　驯　辱　碟　栓　来　顶　墩　忙　哀　霎　果　憋　捺　装　群　精　唇　亮　馆　符　肉　梯　船　溺　北　剖　民　邀　旷　暖　快　酒　除　缺　杂　搜　税　脾　锋　日　贼　孔　哲　许　尘　谓　忍　填　颇　残　涧　穷　歪　雅　捉　凑　怎　虾　冷　躬　莫　虽　绢　挖　伙　聘　英　条　笨　敛　墙　岳　黑　巨　访　自　毁　郑　浑

二、读多音节词语（100 个音节，共 20 分，限时 2.5 分钟）

损坏　昆虫　兴奋　恶劣　挂帅　针鼻儿　排斥　采取　利索　荒谬　少女　电磁波　愿望　恰当　若干　加塞儿　浪费　苦衷　降低　夜晚　小熊儿　存留　上午　按钮　佛教　新娘　逗乐儿　全面　包括　不用　培养　编纂　扎实　推测　吵嘴　均匀　收成　然而　满口　怪异　听话　大学生　发作　侵略　钢铁　孩子　光荣　前仆后继

三、朗读短文（400 个音节，共 30 分，限时 4 分钟）

一位访美中国女作家，在纽约遇到一位卖花的老太太。老太太穿着破旧，身体虚弱，但脸上的神情却是那样祥和兴奋。女作家挑了一朵花说：“看起来，你很高兴。”老太太面带微笑地说：“是的，一切都这么美好，我为什么不高兴呢?”“对烦恼，你倒真能看得开。”

女作家又说了一句。没料到，老太太的回答更令女作家大吃一惊："耶稣在星期五被钉上十字架时，是全世界最糟糕的一天，可三天后就是复活节。所以，当我遇到不幸时，就会等待三天，这样一切就恢复正常了。""等待三天"，多么富于哲理的话语，多么乐观的生活方式。它把烦恼和痛苦抛下，全力去收获快乐。沈从文在"文革"期间，陷入了非人的境地。可他毫不在意，他在咸宁时给他的表侄、画家黄永玉写信说："这里的荷花真好，你若来……"身陷苦难却仍为荷花的盛开欣喜赞叹不已，这是一种趋于澄明的境界，一种旷达洒脱的胸襟，一种面临磨难坦荡从容的气度，一种对于生活童子般的热爱和对美好事物无限向往的生命情感。

由此可见，影响一个人快乐的，有时并不是困境及磨难，而是一个人的心态。如果把自己浸泡在积极、乐观、向上的心态中，快乐必然会占据你的每一天。

四、命题说话（请在下列话题中任选一个，共40分，限时3分钟）

1. 难忘的旅行

2. 谈谈卫生与健康

普通话水平测试题（2）

一、读单音节字词（100个音节，共10分，限时3.5分钟）

卧 鸟 纱 悔 掠 酉 终 撤 甩 蓄 秧 四 仍 叫 台 婶 贼 耕 半 掐 布 癣 翁 弱 刷 允 床 改 逃 春 驳 纯 导 虽 棒 伍 知 末 枪 蹦 港 评 犬 课 淮 炯 循 纺 拴 李 赛 捡 梯 呕 绳 揭 陇 搓 二 棉 桩 皿 宋 狭 内 啃 字 环 州 秒 抛 代 关 停 祛 德 孙 旧 崔 凝 烈 倪 荆 擒 案 砸 垮 焚 帝 聊 颠 涌 牛 汝 粤 篇 竹 草 迟 泛

二、读多音节词语（100个音节，共20分，限时2.5分钟）

参考 船长 艺术家 聪明 她们 红军 煤炭 工厂 发烧 嘟囔 黄瓜 效率 别针儿 责怪 大娘 喷洒 保温 产品 佛学 童话 男女 做活儿 缘故 谬论 穷困 今日 完整 决定 斜坡 疲倦 爱国 能量 英雄 口罩儿 让位 叶子 封锁 核算 而且 转脸 人群 飞快 牙签 丢掉 往来 罪恶 首饰 此起彼伏

三、朗读短文（400个音节，共30分，限时4分钟）

在繁华的巴黎大街的路旁，站着一个衣衫褴褛、头发斑白、双目失明的老人。他不像其他乞丐那样伸手向过路行人乞讨，而是在身旁立一块木牌，上面写着："我什么也看不见！"街上过往的行人很多，看了木牌上的字都无动于衷，有的还淡淡一笑，便姗姗而去了。

这天中午，法国著名诗人让·彼浩勒也经过这里。他看看木牌上的字，问盲老人："老人家，今天上午有人给你钱吗？"

盲老人叹息着回答："我，我什么也没有得到。"说着，脸上的神情非常悲伤。

让·彼浩勒听了，拿起笔悄悄地在那行字的前面添上了"春天到了，可是"几个字，就匆匆地离开了。

晚上，让·彼浩勒又经过这里，问那个盲老人下午的情况。盲老人笑着回答说："先生，不知为什么，下午给我钱的人多极了！"让·彼浩勒听了，摸着胡子满意地笑了。

"春天到了，可是我什么也看不见！"这富有诗意的语言，产生这么大的作用，就在于它有非常浓厚的感情色彩。是的，春天是美好的，那蓝天白云，那绿树红花，那莺歌燕舞，那流水人家，怎么不叫人陶醉呢？但这良辰美景，对于一个双目失明的人来说，只是一片漆黑。当人们想到这个盲老人，一生中竟连万紫千红的春天都不曾看到，怎能不对他产生同情之心呢？

四、命题说话（请在下列话题中任选一个，共40分，限时3分钟）

1. 我尊敬的人

2. 谈谈服饰

普通话水平测试题（3）

一、读单音节字词（100个音节，共10分，限时3.5分钟）

哑 铸 染 亭 后 挽 敬 疮 游 乖 仲 君 凑 稳 掐 酱 椰 铂 峰 账 焦 碰 暖 扑 龙 碍 离 鸟 瘸 密 承 滨 盒 专 此 艘 雪 肥 薰 硫 宣 表 嫡 迁 套 滇 砌 藻 刷 坏 虽 滚 杂 倦 垦 屈 所 惯 实 扯 栽 额 屡 弓 拿 物 粉 葵 躺 肉 铁 日 帆 萌 寡 猫 窘 内 雄 伞 蛙 葬 夸 戴 罗 并 摧 狂 饱 魄 而 沈 贤 润 麻 养 盘 自 您 虎

二、读多音节词语（100个音节，共20分，限时2.5分钟）

勾画 刚才 松软 半截 穷人 吵嘴 乒乓球 少女 篡夺 牛顿 沉默 富翁 傻子 持续 佛像 被窝儿 全部 乳汁 对照 家伙 灭亡 连绵 小腿 原则 外国 戏法儿 侵略 咏叹 愉快 撒谎 下来 昆虫 意思 声明 患者 未曾 感慨 老头儿 群体 红娘 觉得 排演 赞美 运输 抓紧 儿童 症状 机灵 昂首

三、朗读短文（400个音节，共30分，限时4分钟）

高兴，这是一种具体的被看得到摸得着的事物所唤起的情绪。它是心理的，更是生理的。它容易来也容易去，谁也不应该对它视而不见失之交臂，谁也不应该总是做那些使自己不高兴也使旁人不高兴的事。让我们说一件最容易做也最令人高兴的事吧，尊重你自己，也尊重别人，这是每一个人的权利，我还要说这是每一个人的义务。

快乐，它是一种富有概括性的生存状态、工作状态。它几乎是先验的，它来自生命本身的活力，来自宇宙、地球和人间的吸引，它是世界的丰富、绚丽、阔大、悠久的体现。快乐还是一种力量，是埋在地下的根脉。消灭一个人的快乐比挖掘掉一棵大树的根要难得多。

欢欣，这是一种青春的、诗意的情感。它来自面向着未来伸开双臂奔跑的冲力，它来自一种轻松而又神秘、朦胧而又隐秘的激动，它是激情即将到来的预兆，它又是大雨过后的比下雨还要美妙得多也久远得多的回味……

喜悦，它是一种带有形而上色彩的修养的境界。与其说它是一种情绪，不如说它是一种智慧、一种超拔、一种悲天悯人的宽容和理解，一种饱经沧桑的充实和自信，一种光明的理性，一种坚定的成熟，一种战胜了烦恼和庸俗的清明澄澈。它是一潭清水，它是一抹朝霞，它是无边的平原，它是沉默的地平线。多一点儿、再多一点儿喜悦吧，它是翅膀，也是归巢。它是一杯美酒，也是一朵永远开不败的莲花。

四、命题说话（请在下列话题中任选一个，共40分，限时3分钟）

1. 我喜欢的节日

2. 我喜爱的动物（或植物）

普通话水平测试题（4）

一、读单音节字词（100个音节，共10分，限时3.5分钟）

老 腮 洽 恩 曹 刷 恒 踪 夏 拨 闽 建 娶 捉 肥 病 苦 扬 外 子 糠 嫌 略 耳 颇 陈 袜 体 爱 戳 蒋 贼 迅 鳖 日 举 叼 述 习 窦 枝 裙 睬 宾 瑟 仍 苑 推 皱 感 咂 手 汪 寡 浓 羽 雄 劝 丰 幻 滕 盏 怀 广 烦 若 掌 鹿 曰 磁 积 篾 隋 关 嘱 耐 麻 诵 惹 挥 领 瓢 久 兰 靠 团 窘 谜 滚 方 盆 妙 屯 丢 偿 宴 嘴 栓 宝 捏

二、读多音节词语（100个音节，共20分，限时2.5分钟）

电压 火候 争论 拥有 难怪 被窝儿 维持 跨度 谬误 贫穷 资格 媒人 规律 钢铁 情况 客气 军阀 名称 教师 缺少 从而 好歹 乡村 佛寺 合作社 新娘 上层 跳高儿 东欧 撇开 选拔 妇女 小瓮儿 云端 头脑 决定性 温柔 诊所 疲倦 水灾 蒜瓣儿 昂然 状态 处理 临终 专家 凉快 潜移默化

三、朗读短文（400个音节，共30分，限时4分钟）

很久以前，在一个漆黑的秋天的夜晚，我泛舟在西伯利亚一条阴森森的河上。船到一个转弯处，只见前面黑黢黢的山峰下面一星火光蓦地一闪。

火光又明又亮，好像就在眼前…… “好啦，谢天谢地!” 我高兴地说，“马上就到过夜的地方啦!” 船夫扭头朝身后的火光望了一眼，又不以为然地划桨起来。“远着呢!”

我不相信他的话，因为火光冲破朦胧的夜色，明明就在那儿闪烁。不过船夫是对的，事实上，火光的确还远着呢。

这些黑夜的火光的特点是：驱散黑暗，闪闪发亮，近在眼前，令人神往。乍一看，再划几下就到了……其实却还远着呢！…

我们在漆黑如墨的河上又划了很久。一个个峡谷和悬崖，迎面驶来，又向后移去，仿佛消失在茫茫的远方，而火光却依然停在前头，闪闪发亮，令人神往——依然是这么近，又依然是那么远 ……

现在，无论是这条被悬崖峭壁的阴影笼罩的漆黑的河流，还是那一星明亮的火光，都经常浮现在我的脑际，在这以前和在这以后，曾有许多火光，似乎近在咫尺，不止使我一人心驰神往。可是生活之河却仍然在那阴森森的两岸之间流着，而火光也依旧非常遥远。因此，必须加劲划桨……然而，火光啊……毕竟……毕竟就在前头！……

四、命题说话（请在下列话题中任选一个，共40分，限时3分钟）

1. 我喜爱的职业

2. 我的家乡（或熟悉的地方）

普通话水平测试题（5）

一、读单音节字词（100个音节，共10分，限时3.5分钟）

券 允 凡 笋 拎 雪 负 搜 最 禾 谬 帮 灭 郭 绒 窃 许 刁 虫 恨 零 些 字 清 法 炉 绢 夺 产 词 扔 浴 擦 桃 闭 支 楼 姜 甩 雄 窄 驳 炯 旁 歪 蹦 偏 辱 方 条 嫁 鸟 盘 扯 纳 短 昂 镁 您 袜 押 贼 蜂 袄 团 逗 雷 够 脊 筐 讼 伸 稿 破 遣 廓 袭 跃 酌 光 凝 眯 怒 香 史 搔 僻 艇 刷 往 钧 孔 殿 水 而 改 宽 魂 蹭 枕

二、读多音节词语（100 个音节，共 20 分，限时 2.5 分钟）

沙漠　主人翁　去年　红娘　似乎　平民　群落　穷苦　肚脐儿　设备　旋转　接洽　包涵　干脆　日益　障碍　测量　婴儿　开玩笑　铁索　脑子　配偶　作怪　伤员　利用　打垮　痛快　略微　邮戳儿　创造　票据　苍白　沸腾　佛经　酒盅儿　坚持　整个　霜冻　分成　先生　绿化　角色　温柔　导体　扇面儿　宾馆　循环　下跌　困难

三、朗读短文（400 个音节，共 30 分，限时 4 分钟）

那是力争上游的一种树，笔直的干，笔直的枝。它的干呢，通常是丈把高，像是加以人工似的，一丈以内，绝无旁枝；它所有的丫枝呢，一律向上，而且紧紧靠拢，也像是加以人工似的，成为一束，绝无横斜逸出；它的宽大的叶子也是片片向上，几乎没有斜生的，更不用说倒垂了；它的皮，光滑而有银色的晕圈，微微泛出淡青色。这是虽在北方的风雪的压迫下却保持着倔强挺立的一种树！哪怕只有碗来粗细罢，它却努力向上发展，高到丈许，两丈，参天耸立，不折不挠，对抗着西北风。

这就是白杨树，西北极普通的一种树，然而决不是平凡的树！

它没有婆娑的姿态，没有屈曲盘旋的虬枝，也许你要说它不美丽，——如果美是专指“婆娑”或“横斜逸出”之类而言，那么，白杨树算不得树中的好女子；但是它却伟岸，正直，朴质，严肃，也不缺乏温和，更不用提它的坚强不屈与挺拔，它是树中的伟丈夫！当你在积雪初融的高原上走过，看见平坦的大地上傲然挺立这么一株或一排白杨树，难道你就只觉得树只是树，难道你就不想到它的朴质，严肃，坚强不屈，至少也象征了北方的农民；难道你竟一点儿也不联想到，在敌后的广大土地上，到处有坚强不屈，就像这白杨树一样傲然挺立的守卫他们家乡的哨兵！难道你又不更远一点想到这样枝枝叶叶靠紧团结，力求上进的白杨树，宛然象征了今天在华北平原纵横决荡，用血写出新中国历史的那种精神和意志。

四、命题说话（请在下列话题中任选一个，共 40 分，限时 3 分钟）

1. 我知道的风俗

2. 我和体育

普通话水平测试题（6）

一、读单音节字词（100 个音节，共 10 分，限时 3.5 分钟）

蛇　洼　构　产　败　抿　耗　隔　软　无　册　痴　月　旁　乖　内　癣　恰　袄　香　抖　腊　许　陪　脚　题　翁　鼻　跨　诀　态　栓　气　茧　方　痕　捅　之　臀　江　砸　狱　霞　腮　自　窘　嫩　镭　反　梭　彩　珠　炒　窝　要　坑　拟　遍　群　孔　疗　椎　堵　霖　捐　死　槐　墓　搓　扭　疮　儿　蔫　用　偶　冰　婆　邓　允　怯　捧　刘　铁　挥　吮　鸣　罪　逢　对　公　让　貂　磬　然　装　虫　摸　靠　蚕　面

二、读多音节词语（100 个音节，共 20 分，限时 2.5 分钟）

规矩　作家　核算　战略　增强　谩骂　细菌　篡改　火锅儿　履行　魅力　英雄　穷尽　飞船　动画片　丧失　钟表　衰弱　拳头　红娘　佛法　腐朽　医院　政委　确定　从此　天鹅　因而　贫困　脖颈儿　尿素　节日　有趣　爽朗　来往　认真　稳当　寻找　热爱　分裂　葡萄糖　报酬　黑暗　门口儿　拍子　不快　吹奏　典雅　大褂儿

三、读短文（400 个音节，共 30 分，限时 4 分钟）

有这样一个故事。有人问：世界上什么东西的气力最大？回答纷纭得很，有的说

“象”，有的说“狮”，有人开玩笑似的说：是“金刚”，金刚有多少气力，当然大家全不知道。

结果，这一切答案完全不对，世界上气力最大的，是植物的种子。一粒种子所可以显现出来的力，简直是超越一切。

人的头盖骨，结合得非常致密与坚固，生理学家和解剖学者用尽了一切的方法，要把它完整地分出来，都没有这种力气。后来忽然有人发明了一个方法，就是把一些植物的种子放在要剖析的头盖骨里，给它以温度与湿度，使它发芽。一发芽，这些种子便以可怕的力量，将一切机械力所不能分开的骨骼，完整地分开了。植物种子的力量之大，如此如此。

这，也许特殊了一点儿，常人不容易理解。那么，你看见过笋的成长过程吗？你看见过被压在瓦砾和石块下面的一棵小草的生长吗？它为着向往阳光，为着达成它的生之意志，不管上面的石块如何重，石与石之间如何狭，它必定要曲曲折折地，但是顽强不屈地透到地面上来。它的根往土壤钻，它的芽往地面挺，这是一种不可抗拒的力，阻止它的石块，结果也被它掀翻，一粒种子的力量之大，如此如此。

没有一个人将小草叫做“大力士”，但是它的力量之大，的确是世界无比。这种力是一般人看不见的生命力。只要生命存在，这种力就要显现。上面的石块，丝毫不足以阻挡。因为它是一种“长期抗战”的力；有弹性，能屈伸的力；有韧性，不达目的不止的力。

四、命题说话（任选一个，共40分，限时3分钟）

1. 我喜欢的明星（或其他知名人士）

2. 我向往的地方

普通话水平测试题（7）

一、读单音节字词（100个音节，共10分，限时3.5分钟）

眠 表 煤 劣 恩 乃 丢 按 曰 烫 取 洲 水 盒 犬 射 砍 鬓 姚
滩 甩 动 囊 浸 卵 困 钾 顾 雅 愣 槽 座 吻 升 德 喘 疲 三 巡
叮 墙 次 团 捏 贼 广 荣 癣 仪 怕 朽 菊 缩 柔 丝 迷 纷 卒 欠
蒸 梁 崔 怎 榻 宠 君 苦 怀 翁 纸 齐 挂 斜 登 袍 闰 绝 拍 炯
缫 莫 桶 拙 嫩 刚 扯 报 马 吠 刷 环 仿 日 汪 用 诸 罢 岭 播
二

二、读多音节词语（100个音节，共20分，限时2.5分钟）

为了 森林 篡改 夸张 华贵 手绢儿 舞女 侵略 创造性 翱翔 描述 下降
撇开 佛典 猫头鹰 完备 快艇 叛变 灰色 皎洁 功能 状元 然而 彼此 恰如
培育 丰硕 酒盅儿 红火 迫使 油田 群体 上课 贫穷 牛顿 撒谎 胸脯 程序
翅膀 农村 在这儿 外力 大娘 底子 命运 爱国 展览 刀刃儿 缺乏

三、朗读短文（400个音节，共30分，限时4分钟）

不管我的梦想能否成为事实，说出来总是好玩儿的：

春天，我将要住在杭州。二十年前，旧历的二月初，在西湖我看见了嫩柳与菜花，碧浪与翠竹。由我看到的那点儿春光，已经可以断定，杭州的春天必定会教人整天生活在诗与图画之中。所以，春天我的家应当是在杭州。

夏天，我想青城山应当算作最理想的地方。在那里，我虽然只住过十天，可是它的幽静已拴住了我的心灵。在我所看见过的山水中，只有这里没有使我失望。到处都是绿，目之所及，那片淡而光润的绿色都在轻轻地颤动，仿佛要流入空中与心中似的。这个绿色会像音乐，涤清了心中的万虑。

秋天一定要住北平。天堂是什么样子，我不知道，但是从我的生活经验去判断，北平之秋便是天堂。论天气，不冷不热。论吃的，苹果、梨、柿子、枣儿、葡萄，都每样有若干种。论花草，菊花种类之多，花式之奇，可以甲天下。西山有红叶可见，北海可以划船——虽然荷花已残，荷叶可还有一片清香。衣食住行，在北平的秋天，是没有一项不使人满意的。

冬天，我还没有打好主意，成都或者相当的合适，虽然并不怎样和暖，可是为了水仙，素心蜡梅，各色的茶花，仿佛就受一点儿寒冷，也颇值得去了。昆明的花也多，而且天气比成都好，可是旧书铺与精美而便宜的小吃远不及成都那么好。好吧，就暂这么规定：冬天不住成都便住昆明吧。

在抗战中，我没能发国难财。我想，抗战胜利以后，我必能阔起来。那时候，假若飞机减价，一二百元就能买一架的话，我就自备一架，择黄道吉日慢慢地飞行。

四、命题说话（请在下列话题中任选一个，共40分，限时3分钟）

1. 我喜爱的书刊

2. 谈谈对环境保护的认识

普通话水平测试题（8）

一、读单音节字词（100个音节，共10分，限时3.5分钟）

墙　换　戳　告　蹄　庄　陕　控　娃　段　锥　百　瞥　逆　添　壤　究　群　法　残　揩　末　厅　裂　宣　耳　瞎　瘦　温　揍　硼　晚　察　吞　持　比　昧　孙　日　脖　总　徐　粗　随　奉　汝　劝　黑　定　皆　谬　夺　享　杂　捞　滑　死　德　坏　此　瞧　女　冻　鸟　及　奶　罐　砂　扯　逛　粉　狼　抄　锦　绳　窘　驻　撅　或　揉　冢　悦　连　新　牙　藕　蕴　贴　吾　永　歪　迸　篇　尝　坎　鳌　筛　本　绫　勉

二、读多音节词语（100个音节，共20分，限时2.5分钟）

背后　特别　冲刷　战略　农民　胆固醇　馒头　浅显　加速　所有制　疲倦　标准　佛教　红娘　飞船　恰好　夸张　配套　扎实　藏身　快乐　双方　明确　军队　未来　四周　挨个儿　英雄　跳蚤　力量　胡同儿　蜗牛　昂贵　仍然　原因　底子　难怪　小鞋儿　麻醉　篡改　穷人　富翁　雨点儿　遵循　何况　上层　陡坡　轻而易举

三、朗读短文（400个音节，共30分，限时4分钟）

一天，爸爸下班回到家已经很晚了，他很累也有点儿烦，他发现五岁的儿子靠在门旁正等着他。

“爸，我可以问您一个问题吗？”“什么问题？”“爸，您一小时可以赚多少钱？”“这与你无关，你为什么问这个问题？”父亲生气地说。“我只是想知道，请告诉我，您一小时赚多少钱？”小孩儿哀求道。“假如你一定要知道的话，我一小时赚二十美金。”“哦，”小孩儿低下了头，接着又说，“爸，可以借我十美金吗？”父亲发怒了：“如果你只是要借钱去买毫无意义的玩具的话，给我回到你的房间睡觉去。好好想想为什么你会那么自私。我每天辛苦工作，没时间和你玩儿小孩子的游戏。”小孩儿默默地回到自己的房间关上门。父亲坐下来还在生气。后来，他平静下来了。心想他可能对孩子太凶了——或许孩子真的很想买什么东西，再说他平时很少要过钱。父亲走进孩子的房间：“你睡了吗？”“爸，还没有，我还醒着。”

孩子回答。“我刚才可能对你太凶了，”父亲说，“我不应该发那么大的火儿——这是你要的十美金。”“爸，谢谢您。”孩子高兴地从枕头下拿出一些被弄皱的钞票，慢慢地数着。

“为什么你已经有钱了还要？”父亲不解地问。

“因为原来不够，但现在凑够了。”孩子回答：“爸我现在有二十美金了，我可以向您买一个小时的时间吗？明天请早一点儿回家—— 我想和您一起吃晚餐。”

四、命题说话（请在下列话题中任选一个，共40分，限时3分钟）

1. 我的愿望（或理想）

2. 我喜爱的文学（或其他）艺术形式

普通话水平测试题（9）

一、读单音节字词（100个音节，共10分，限时3.5分钟）

亏 阅 典 儿 馨 寡 裙 黑 藤 佩 陵 字 层 日 忙 软 抠 腐 囚 她 醒 凑 除 钵 防 摸 扭 毛 俊 投 象 拖 洒 膘 告 沧 袋 丙 锐 耍 环 筛 捧 碎 癖 腔 选 农 居 砸 吃 甲 四 迎 费 淤 我 歌 拣 淮 某 棕 违 爽 瞥 旺 僧 磷 炯 摔 道 杯 决 帐 鼓 债 粗 但 女 延 问 离 钓 犬 闹 苗 诊 猎 染 澈 肯 塘 沾 癌 洽 庵 笨 胸 准 光

二、读多音节词语（100个音节，共20分，限时2.5分钟）

快乐 丢人 小瓮儿 含量 村庄 开花 灯泡儿 红娘 特色 荒谬 而且 定额 观赏 部分 侵略 捐税 收缩 鬼脸 趋势 拐弯儿 内容 若干 爆发 原材料 创办 抓紧 盛怒 运用 美景 面子 压迫 必需品 佛学 一直 启程 棒槌 山峰 罪孽 刺激 无穷 打听 通讯 木偶 昆虫 天下 做活儿 跨度 就算 构造

三、朗读短文（400个音节，共30分，限时4分钟）

在达瑞八岁的时候，有一天他想去看电影。因为没有钱，他想是向爸妈要钱，还是自己挣钱。最后他选择了后者。他自己调制了一种汽水，向过路的行人出售。可那时正是寒冷的冬天，没有人买，只有两个人例外——他的爸爸和妈妈。

他偶然有一个和非常成功的商人谈话的机会。当他对商人讲述了自己的“破产史”后，商人给了他两个重要的建议：一是尝试为别人解决一个难题；二是把精力集中在你知道的、你会的和你拥有的东西上。

这两个建议很关键。因为对于一个八岁的孩子而言，他不会做的事情很多。于是他穿过大街小巷，不停地思考：人们会有什么难题，他又如何利用这个机会？

一天，吃早饭时父亲让达瑞去取报纸。美国的送报员总是把报纸从花园篱笆的一个特制的管子里塞进来。假如你想穿着睡衣舒舒服服地吃早饭和看报纸，就必须离开温暖的房间，冒着寒风，到花园去取。虽然路短，但十分麻烦。

当达瑞为父亲取报纸的时候，一个主意诞生了。当天他就按响邻居的门铃，对他们说，每个月只需付给他一美元，他就每天早上把报纸塞到他们的房门底下。大多数人都同意了，很快他有了七十多个顾客。一个月后，当他拿到自己赚的钱时，觉得自己简直是飞上了天。

很快他又有了新的机会，他让他的顾客每天把垃圾袋放在门前，然后由他早上运到垃圾桶里，每个月加一美元。之后他还想出了许多孩子赚钱的办法，并把它集结成书，书名为《儿童挣钱的二百五十个主意》。为此，达瑞十二岁时就成了畅销书作家，十五岁有了自己的谈话节目，十七岁就拥有了几百万美元。

四、命题说话（请在下列话题中任选一个，共40分，限时3分钟）

1. 谈谈社会公德（或职业道德）

2. 我喜欢的明星（或其他知名人士）

普通话水平测试题（10）

一、读单音节字词（100个音节，共10分，限时3.5分钟）

电　远　日　韦　仄　尖　黄　塌　眉　艘　临　赚　池　憎　饶　促　丝　国　伞
床　觅　丢　裙　匾　庞　恩　俘　拢　醉　劳　肉　萌　倦　准　内　熏　仰　抬　袜
您　黯　虫　篾　朽　糟　并　枪　蠢　羹　不　激　牌　瓜　粤　而　梳　你　块　雄
另　巴　让　条　攥　硫　鸟　瘸　磕　统　驱　我　跤　苟　章　景　瞎　海　搭　女
饭　许　黑　抵　摹　炒　跌　蕊　神　哑　签　甩　蹿　坠　恐　破　磁　圣　法　授
炯

二、读多音节词语（100个音节，共20分，限时2.5分钟）

贵宾　奶粉　刀背儿　一律　状况　爆炸　存款　盎然　选举　柴火　加入　封锁　咏叹调　放松　热闹　佛像　逃走　亏损　军事　影子　权利　玩耍　怀念　铺盖　奇怪　钢铁　小偷儿　将来　主人翁　进化　聪明　运行　无穷　偶尔　扇面儿　政治　传播　培育　恰当　牛皮　咖啡　谬论　唱歌儿　词汇　虐待　综合　战略　轻描淡写

三、朗读短文（400个音节，共30分，限时4分钟）

夕阳落山不久，西方的天空，还燃烧着一片橘红色的晚霞。大海，也被这霞光染成了红色，而且比天空的景色更要壮观。因为它是活动的，每当一排排波浪涌起的时候，那映照在浪峰上的霞光，又红又亮，简直就像一片片霍霍燃烧着的火焰，闪烁着，消失了。而后面的一排，又闪烁着，滚动着，涌了过来。

天空的霞光渐渐地淡下去了，深红的颜色变成了绯红，绯红又变为浅红。最后，当这一切红光都消失了的时候，那突然显得高而远了的天空，则呈现出一片肃穆的神色。最早出现的启明星，在这蓝色的天幕上闪烁起来了。它是那么大，那么亮，整个广漠的天幕上只有它在那里放射着令人注目的光辉，活像一盏悬挂在高空的明灯。

夜色加浓，苍空中的“明灯”越来越多了。而城市各处的真的灯火也次第亮了起来，尤其是围绕在海港周围山坡上的那一片灯光，从半空倒映在乌蓝的海面上，随着波浪，晃动着，闪烁着，像一串流动着的珍珠，和那一片片密布在苍穹里的星斗互相辉映，煞是好看。

在这幽美的夜色中，我踏着软绵绵的沙滩，沿着海边，慢慢地向前走去。海水，轻轻地抚摸着细软的沙滩，发出温柔的唰唰声。晚来的海风，清新而又凉爽。我的心里，有着说不出的兴奋和愉快。

夜风轻飘飘地吹拂着，空气中飘荡着一种大海和田禾相混合的香味儿，柔软的沙滩上还残留着白天太阳炙晒的余温。那些在各个工作岗位上劳动了一天的人们，三三两两地来到这软绵绵的沙滩上，他们浴着凉爽的海风，望着那缀满了星星的夜空，尽情地说笑，尽情地休憩。

四、命题说话（请在下列话题中任选一个，共40分，限时3分钟）

1. 难忘的旅行

2. 我喜爱的书刊

普通话水平测试说话题目

1. 我的愿望（或理想）
2. 我的学习生活
3. 我最尊敬的人
4. 我喜爱的动物（或植物）
5. 童年的记忆
6. 我喜爱的职业
7. 难忘的旅行
8. 我的朋友
9. 我喜爱的文学（或其他）艺术形式
10. 谈谈卫生与健康
11. 我的业余生活
12. 我喜欢的季节（或天气）
13. 学习普通话的体会
14. 谈谈服饰
15. 我的假日生活
16. 我的成长之路
17. 谈谈科技发展与社会生活
18. 我知道的风俗
19. 我和体育
20. 我的家乡（或熟悉的地方）
21. 谈谈美食
22. 我喜欢的节日
23. 我所在的集体（学校、机关、公司等）
24. 谈谈社会公德（或职业道德）
25. 谈谈个人修养
26. 我喜欢的明星（或其他知名人士）
27. 我喜爱的书刊
28. 谈谈对环境保护的认识
29. 我向往的地方
30. 购物（消费）的感受

作品 1 号　我的愿望

也许由于受家庭的影响吧！我从小就喜欢老师这个职业，从小就有了长大后当一名光荣的人民教师的愿望。初中毕业那年，我毫不犹豫地在志愿表上填下：“中师”两个字。我的老师为我感到惋惜！他说：“考个重点高中以后就是个大学生了，以你目前的潜力是没问题的。嗯！可惜啊！”可是当教师的母亲和大哥却大力支持我报中师。他们都对我这样说：“人生的价值在于贡献，无论是科学家，高级干部，和教师都一样是贡献，贡献是不分职业高低的！”

我很感谢母亲和大哥对我的大力支持。我怀着当教师的愿望努力学习，拼搏！终于通过黑色的七月，顺利地踏进了师范学校的大门。

我知道当一名好教师并不是一件容易的事情。在师范学校里我刻苦地练习基本功。“三笔字”是我的弱项，特别是粉笔字。一写出来不是站不稳就是弱不禁风。我意识到当一个教师如果写不好粉笔字就不能写好板书，就会误人子弟。我便坚持天天抽空练习写粉笔字。抓粉笔的三个指头不知什么时候竟结了茧，我的粉笔字也渐渐地像点样了。

如今我就要毕业了，再过几个月我就以教师的身份在讲台上手执教鞭向学生传播知识。我的愿望实现了。蓦然回首往事：原来走过许多曲折坎坷的路！原来我对教师这个职业竟是那样的痴情！我的愿望实现了！

作品 2 号　我的学习生活

我的学习生活是多姿多彩的，它给我带来无穷的乐趣。

在课堂上的学习，是有老师跟我们一起进行的。课堂气氛非常活跃，给我的学习生活增添了色彩。

除了课堂上的学习之外，在课外时间我的学习生活也是丰富多彩的，比如在宿舍，宿舍既是休息的地方，也是读书的好场所，尤其是午休前的时间。每天吃完午饭，同室舍友一个个像变戏法般翻出各种各样的书来读，有图书馆借来的，有书屋租来的，有自己花钱买的，可谓来源之广。这些书中，有教人如何维护自尊的《简·爱》，有描述项羽夺权争霸的《西楚霸王》，有展现一代女皇风采的《武则天》……世界名著固然精彩，包罗万象的杂志也令人爱不释手，我们看属于自己的《女友》，看描写我们的《金色年华》，还看已经与我们擦肩而过的《少男少女》，心情不佳时去寻觅《知音》，与人交往受挫时找《做人与处世》，在《大众电影》中目睹心中偶像的风采，在《科幻世界》中创造未来。

一本好书在手，一切烦恼都抛于脑后，因为有书，午休看，晚睡也看，曾无数次打手电筒躲在被窝里看，甚至不惜冒险点起蜡烛也要看，经常因此而遭到宿舍检查人员三番五次的敲门警告。读了一本好书，总是希望有人与你分享。每天晚上的"卧谈"时间我们谈得最多的也是书。我们评中国四大名著的文学价值，论柯林斯的成名之作《白衣女人》，辩《黄埔将帅》，析《红与黑》在文学上的地位…… 连作品中的主人公也要评头论足一番。我们谈吴三桂，评林黛玉、薛宝钗，赞武则天，骂慈禧太后，我们各抒己见，侃侃而谈，神采飞扬。古语说：书中自有黄金屋，书中自有颜如玉。但我们读书既不求黄金屋，也不为颜如玉，我们求的是知识，一种在课堂上学不到的知识，用它来开拓我们的视野，武装我们的头脑，充实我们的精神世界。

作品 3 号　我最尊敬的人

从小到大，在我接触的人中，我最尊敬的人就是我的爸爸。

爸爸给我的整个感觉就是严肃、认真，不过他才不是那种老板着脸，别人不敢靠近的人，有时爸爸也爱笑，笑得比谁都开心，活像个小孩子，天真无邪。我尊敬爸爸，欣赏爸爸为人处事的那份执着、稳定，还有极负责任的态度。

爸爸是一乡之长，可算是个父母官。平时大事小事都得找他，如果是工作中的正事，爸爸肯定会卖力地完成，但如果是些私人的琐事，爸爸会坚决拒绝的。为什么这样说呢？下面请听我给你说两件事。

第一件事，记得是去年冬天的一个晚上，我和家里人准备了一桌丰盛的晚餐，正等爸爸回来，因为那天是爸爸的生日。一会儿，爸爸回来了，刚坐下来，突然又站了起来，他只说了一句话"你们先吃"，就出门了。后来才知道，原来那天在分发五保户救济品时，差了一份没发。爸爸突然想到，今晚天气会很冷，就连饭都没有吃就出去了。

还有一件事，我的姑丈因为赌博被派出所抓了，家里人让爸爸出面说情，爸爸听了，气极了，他说："我这人最恨的就是赌博，既然是给派出所抓了，该怎么惩罚就怎么惩罚。"爸爸就是这样一个人，从不利用权力为家人办事。

爸爸对我们姐妹要求很严格。他常常给我们讲一些革命英雄、伟人、名人的故事，教育我们要向他们学习，长大了成为对社会有用的人。

作品 4 号　我最喜爱的动物

猫是我最喜爱的一种小动物，我喜爱猫的原因不单只是因为它长得可爱，常逗人欢喜给生活带来乐趣。而且更大程度上是因为它是一名出色的捕鼠能手。

猫和虎同属一科，它们的长相相同。尽管大小悬殊，但猫却具有虎的种种优点。强健的四肢使它有极快的奔跑速度。脚上的爪子使它不但能在平地上疾走如飞，而且能沿墙壁上房，爬树跳，追捕老鼠。脚底下的肉垫，使它走起路来悄然无声，能偷偷地接近老鼠，轻而易举地把它抓住。

猫还具有一些虎所不能与之相比的优点：猫的眼睛可神了，即使在伸手不见五指的黑夜里，也能看清楚东西，再狡猾的老鼠也逃不过它的眼睛。它的耳朵非常灵活，能够随意转向声音的来处，只要有声音，哪怕是极小的，它也能及时分辩。猫的胡须很长，感觉十分灵敏，能够测量各种洞口的大小。这样一来，老鼠一旦遇见了猫，便注定是难逃了。

猫只有在夜晚才显得特别精神。夜晚是猫进行捕鼠的最好时机。白天，它会找个暖和的地方睡大觉，无忧无虑，什么事也不过问。有时它很贪玩，出去一天一夜也不回家，可是，它听到老鼠的一点响动后，又多么尽职，它屏息凝视，一等就是几个钟头，非把老鼠等出来不可！

我家有了猫之后，晚上再也听不到老鼠偷食的吱吱声，再也不怕老鼠会咬坏或打坏家中的物品，每晚都可以睡上一个安稳的觉。

猫有时特好玩，你在桌上静静地看书或作业时，它会悄悄地来到你的脚边钻来钻去，也喵喵地不停叫几下，有时还会爬到书桌的另一面，扑在那里眯着双眼，静静地陪着你阅读书本，你每每会伸出手来，抚它一下，猫很可爱也懂得人性。

多可爱的小猫啊！

作品 5 号　童年的记忆

每当看着活泼可爱、天真无邪的小孩从我身边蹦蹦跳跳经过时，总会勾起我对童年往事的回忆。我的童年是快乐而又幸福的。那时候的我和许多土生土长的乡下孩子一样，是那么的贪玩、调皮和捣蛋。捉迷藏、过家家、上山采蘑菇、爬树捣鸟窝、下河摸鱼虾。这些可都是我们小孩最喜欢玩的事。特别是下河捉鱼，这是我们最拿手的本领。一有空，我们就呼朋引伴向村边的那条小河奔去。大伙跑到河边时，连小裤管也顾不上挽起来，就争先恐后地纷纷跳进河里去了。其实这条小河严格来讲根本不是河，只是两块水田之间宽约一米的小水沟吧！水不深，只没到膝盖，水清澈见底，可以看到一小群一小群的小鱼游来游去。我们下水后，就在水里跑来跑去，两个小脚丫拍打着水面，“扑通扑通”的，水花乱溅，我们乐得哈哈大笑，不久，原来清澈的水已被我们搞得浑浊不清，甚至连水底的淤泥也翻上来了。这样一来，那些原本还在逍遥自在游玩的小鱼就被迫把头浮出水面呼吸，而我们呢？一看到那些小鱼就飞快地伸出小手把它们迅速地从水中捧起来，放进事先就准备好的盛有水的小塑料桶里。这些可怜却又可爱的鱼儿只能乖乖地在桶里游来游去了。

每一次，我们都是采用这种方法，先把鱼儿搞得晕头转向，再来个浑水摸鱼，于是几乎每次都能满载而归。但回到家总免不了挨大人责骂一顿，为什么呢？因为每次捉鱼回来，总搞得浑身上下湿漉漉的，衣服上、脸上、甚至头发上都沾上泥浆，活像一个小泥人。

小时候经常会挨大人责骂，但丝毫没有挫伤我们去玩的积极性。因为小孩贪玩和顽皮的天性已占据了我们幼小的心灵。那条小河，成了我记忆中童年的乐园。

回忆总是美好的。虽然属于我的童年已离我远去，但童年那段无忧无虑、快乐无比的日子在我记忆中将永不褪色。童年的往事，依旧散发着迷人的芬芳。

作品 6 号　我的职业

我现在是三年级的学生，再过几个月我就要毕业了，一想到自己将要成为一名受人尊敬的人民教师，我的内心就会感到很激动，因为我打心眼里喜欢教师这个职业，热爱教师这个职业。

社会上的人对教师这一职业看法不一，有人认为，教师是太阳底下最光辉的职业，也有人认为教师这一职业是最没有前途、最差劲的一种职业，我的一位同班同学就曾对我说过她毕业后不会选择当教师，她认为教师这个职业既平淡无奇，又枯燥无味。我不同意同学的观点。我觉得，教师是一种富于挑战性的工作，人们常说："教师要给学生一滴水，自己要有一桶水。"在社会飞速发展的今天，学生思想活跃，视野广阔，想得宽，想得深，也想得杂，涉及的问题五花八门，常常超越他们的年龄，所以，做教师的必须掌握丰富的文化科学知识，要加倍努力学习，开拓自己的视野，不断完善自己，只有这样，才能够担负起教书育人的重任。所以说，教师并非是枯燥无味的，虽然我们面对的永远是那么熟悉的课本，但是，面对的学生却在不断变化，天天和那些充满童真的孩子们相处会使你感到无比的快乐，而且，当你看到一批批学生成长为国家建设的栋梁，那种满足和欣慰是不言而喻的。

我喜欢教师这个职业，我会为它献出自己的光和热。

作品 7 号　难忘的旅行

从小到大，外出旅行也有七八次了，我去过桂林的漓江和落满地，去过柳州的鱼峰山，去过南宁的清秀山，还去过灵山的六峰山等，其中，给我留下难忘印象的是去北海旅游。

记得上中师一年级的时候，经过班委会讨论通过，学校德育处批准，班主任组织我们全班同学去北海旅游。听说可以去北海旅游，同学们兴奋极了，特别是从来没有见过大海的我，更加激动不已。星期六一大早，我们预定的大客车准时开到了学校大门口，早已等在路边的同学们有秩序的上了车，班主任再一次强调了注意事项，汽车就出发了。一路上，同学们又说又笑，还唱起了歌，真像一群放飞的小鸟。我看着窗外的树木、稻田和房屋，觉得一切是那样的熟悉，又是那样的亲切。不知不觉中，一阵飞机的轰鸣声传来，啊，我们今天旅行的第一站——北海飞机场到了。

真不凑巧，我们到来之前，已经起飞了一架飞机，为了看到飞机的起飞，我们只好耐心地等待。飞机场的环境很美，绿树成荫，芳草如茵，繁花似锦，宏伟的候机楼，高高的指挥塔，前后好几公里的飞机跑道。我们边欣赏美景边等，终于看到了飞机的起飞，真是一饱眼福。

穿过美丽、整洁的北海市区，我们来到了旅游的第二站——银滩。进入大门，哇，人真多啊！这里人头攒动，银白柔软的沙滩上，几乎没有一块是空地。游客们有的躺着，有的坐着，也有站着的；有的在晒太阳，有的在聊天，有的在做沙雕，也有的在拍照。抬头往远处看，真美啊！这里海天一线，天是蓝的，海水也是蓝的，蓝蓝的天上飘着几朵白云，一架直升机在上空不断盘旋，跳伞员在表演跳伞。海面上，到处都是游泳者，戏水者。此时此刻，同学们也顾不得挽起裤腿，一个个跑到海边上去玩水，泼水打仗，我仿佛又回到了童年，和村里的小伙伴在村边的小溪里嬉戏，开心极了，遗憾的是，我们不能下海游泳，老师是从我们的安全着想。

晚上九点多，同学们带着一身的倦意，带着满心的欢喜，踏上了归途。这次北海之游，给我留下了非常难忘的印象。

作品 8 号　我的朋友

好朋友丽的个子不高，短头发，最引人注目的是她两眉之间的那粉红的美人痣。她是个性格开朗、活泼好动的女孩。

和丽相识是在初一时候，回想刚到中学那天，早到校的同学早已三三两两的结伴上街逛去了，宿舍里只有我和丽两个人。我在整理着我的行李，而丽呢？则是双手枕着头睡在床上，望着天花板，无所事事。两个人就这样默默地各干自己的事，大约过了十几分钟，丽首先忍不住地找话题了："这位同学，看你这么眼熟，好像在哪儿见过你，你家住在哪里?"待我说出我家的住址后，她像发现新大陆一样兴奋地叫了起来："我家住在某某某，你家离我家很近哩!"从那以后，我们成了形影不离的好朋友，不但吃饭回家总在一起，睡觉也要挤在同一张床睡。

现在，由于种种原因，初中毕业后她就不读了，进了一家公司工作，而我继续升学。可我们的友情并没有因此而变淡，反而更加深厚了，每次放假回家妈妈都会告诉我："丽昨天问我，你回来了没有，她叫你回到家后马上去她家。"而我的反应就是丢下行李，跑去她家住一两天，好好地跟她聊聊。希望我和丽的友谊地久天长，同时也希望丽在今后的人生道路上一切如意。

作品 9 号　我喜爱的体育运动

我喜爱的体育运动是什么呢？在为数甚众的体育运动中，我选择的是篮球。

个头不高的我喜欢上篮球是在一个偶然的机会中碰上的。那是初中二年级时，同学们打球因缺少一名队员，便邀请我参加，我答应了。在这之前我连篮球是圆的、扁的都不知道。不过，说也奇怪，那次打篮球我连连投中，我和同学们玩得非常高兴！由那次的投球开始，我就真正地喜欢上了篮球这项体育运动。

在以后的日子中，我渐渐地知道了有关篮球这项体育运动的知识。比如说，篮球运动是以投篮为中心、以得分多少决定胜负的集体竞赛性的运动。还有什么是三步上篮啊、打手犯规啊、三分球啊，投篮最好用压腕的方法等等一些有关篮球方面的知识。另外，我还知道篮球是在 1891 年由美国的一名体育教师根据民间流传的"投进篮子的球"的游戏发明的。

因为我对篮球运动的喜爱，使我又懂了许多以前我从未知道、从未体验过的事情。另外有一点是最重要的，我知道：人要心胸开阔，与人相处要学会忍耐，学会关心他人，因为人是生活在集体中的。

作品 10 号　谈谈卫生与健康

看过这样一则少儿读本：说的是一只小猪，不愿意洗脸、洗澡，吃东西之前也不洗手，所以苍蝇蚊子都愿意来找它玩儿，而其他的小动物则不愿意理它，称它为小脏猪。

小脏猪的遭遇是必然的。因为很多人都明白这样一个道理：不讲卫生不仅会影响环境，还会引发各种各样的疾病。我们常说，饭前洗手，饭后漱口，指的就是养成讲卫生的好习惯是有利于健康的。当然并不是所有的人都能做到这一点。

我们说卫生与健康之间的关系紧密相连。"卫生"的词义之一就是指"维护或增进健康"，换言之，不讲卫生就是不维护或不增进健康。吃东西之前不洗手，手上的细菌吃到肚里，会引起腹泻、肠炎，对健康的危害是不言而喻的。随地乱扔垃圾，随地大小便，会引来苍蝇蚊子，这些传播疾病的害虫对人类的健康危害很大。要保证健康，首先一点就是要保证环境的清洁，只有环境清洁了，才会避免很多传染源，使得个人卫生的维护真正有效，最终达到维护或增进健康的目的。因此，讲卫生不仅是指个人的，还包括环境的。

当然，讲卫生不仅仅是指讲清洁，也还包括其他很多方面，比如用眼卫生。我们读书、看报、玩电脑都会用到眼睛。如果离得太近，用眼时间过长，不注意休息，都会影响到眼睛的健康，造成视力下降，影响我们的生活和学习。所以，我们在工作和学习的过程中，要经常注意用眼卫生，常做眼保健操，注意用眼一小时就休息十分钟，保证了休息时间，就可保证眼睛的健康。既然讲卫生这么重要，那么我们每个人都要从自身做起，讲好个人卫生，同时维护好环境卫生，从而使得健康与我们常相伴，快乐与我们常相随！因为健康就是快乐的源泉！

作品 11 号　我的业余生活

抛开书山题海重压的学习生活，我在读书之余喜欢做的事情很多很多，譬如给朋友写写信，与他们谈谈生活的苦与乐，特别是当我有什么烦恼闷闷不乐时，写信便是我最乐于去做的事情了，把一切不快乐的事情都罗列在信上，这样等到写完一封信，一切的烦恼，也烟消云散了。当然，像这样的信，大多数都不会寄出，这样做只不过是为了发泄罢了。如果条件允许呢，也喜欢与同学、朋友去游山玩水，但由于受条件限制，去玩也只能去近的地方。假日里，一顶太阳帽，一辆自行车，三五个人，可以快乐地玩上一整天。几个要好的朋友都不是读师范的，她们见到我，便左一个“张老师”、右一个“张老师”地叫个不停，惹得旁人还真以为我是她们的老师呢。

平时除了喜欢写信、游山玩水外，我还喜欢种花，一把烂泥，一个烂盆子，我也会种上花，家里种活的几盆花功劳全归于我。远离家乡，上了师范，我也常想念我的花，常常在家信中附上一句：记得帮我给花浇水。花呢，也给家人照料得很好。别人说一朵美丽的花，要凭精心浇灌而得，我认为这句话并不全对，因为我最喜欢的太阳花就不必精心浇灌，却照样能开出美丽的花来。初种太阳花，只需把苗种植入盆内，浇上一点水，保证花苗能活就可以，其他的可以不用操心，因为无论天气怎样干旱，它都不会向死神屈服。太阳花结籽，不必收藏，它自己落在盆内的土壤中。冬去春来，自会破土而出，由此，周而复始，它的生命之火，永不熄灭。还有那菊花，水仙花……它们也同样的美。

写信、游山玩水、养花都是我平时爱干的事情，它们给我的生活带来了很大的乐趣，使我每天过得很充实，当然，除了这些，我也经常看一些书，学一些在学校里所学不到的东西。

作品 12 号　我喜欢的季节

一年四季，春夏秋冬，各有所长都有人爱。我最喜欢的季节是春季。还记得朱自清的文章《春》吗？开头的几段是我最喜爱的：盼望着，盼望着，东风来了，春天的脚步近了。一切都像刚睡醒的样子，欣欣然张开了眼。山朗润起来了，水涨起来了，太阳的脸红起来了。小草偷偷地从土里钻出来，嫩嫩的，绿绿的。园子里，田野里，瞧去，一大片一大片满是的。坐着，躺着，打两个滚，踢几脚球，赛几趟跑，捉几回迷藏。风轻悄悄的，草绵软软的。桃树、杏树、梨树，你不让我，我不让你，都开满了花赶趟儿。红的像火，粉的像霞，白的像雪。花里带着甜味，闭了眼，树上仿佛已经满是桃儿、杏儿、梨儿。花下成千成百的蜜蜂嗡嗡地闹着，大小的蝴蝶飞来飞去。野花遍地是：杂样儿，有名字的，没名字的，散在花丛里，像眼睛，像星星，还眨呀眨的。它所形容的，便是我心中春天的模样。俗话常说：一年之计在于春；新春新迹象。所以，春天就应该有和其他几个季节不一样的东西。春天没有冬天那么冷，也没有夏天那么热。可能你会说，春天和秋天的暖和程度差不多吧？是的，可能是差不多的，但是你不觉得它们的颜色是不一样的吗？秋天是黄澄澄的颜色，大概是马上要迎来冬天了，所以秋天便想方设法地要留住一点夏天的尾巴，想让冬天不那么冷。而春天的颜色是绿的、蓝的、透明的三个颜色的混合，有时你会觉得它是湖水的颜色，有时你会觉得它是天空的颜色，有时你会觉得它是树的颜色。说不准的，因为它时而淡，时而浓，让你很难琢磨。

这几年北方的春天添了另外一道风景，以前冬天会刮西北风，如今春天也会刮风，而且东南西北是不定的。以前冬天会下雪，如今春天会下沙。以前冬天推开门是白雪皑皑，如今春天打开门会是黄沙漫天。是的，我所说的这道风景就是沙尘暴，这是前些年不曾见过的，不管气象学家怎么说，我觉得这是“满城尽戴黄金甲”的另一副春的面目。

春天快来了，还是出来舒活舒活筋骨吧。

作品 13 号　学习普通话的体会

没来师范前，总认为普通话是很好说的，只要把家乡话变换一下就行了，有什么难的？可是一到师范才知道，说普通话并不是我想象得那么容易。

记得刚到师范的时候，自己不敢和同学说话，因为自己说的普通话别人一句也听不懂。所以我只有沉默，不懂得以后该怎么办。

到二年级的时候。上级有文件规定，从我们这一届的学生开始要拿到普通话水平测试相当等级证书才能毕业，我真正认真学讲普通话就从这一天开始了。

要学会说普通话，必须从拼音 b、p、m、f 学起。每天早读的时候我就在教室练，不懂的就问同学，可是由于自己基础差，学起来特别艰难，有时为了读准一个拼音，经常练到嘴巴痛，舌头发硬。刚开始学发鼻韵母，自己根本一点都不懂，找不到发音的要领，我就虚心地问其他同学，有时候问多了，她们也不耐烦，所以只有自己艰难地学着。经过这样不断地努力，我的普通话水平终于有了很大的提高。

学说普通话的过程，有苦也有乐。苦的是自己对着那些音节，怎样读也读不准；乐的是自己说的普通话不再是别人一句也听不懂了。现在，我可以在公开场合和其他同学一起高声谈论天下大事了。学习普通话，使我又恢复了本来的自信，找回了我自己，我不再是个沉默的人。

作品 14 号　谈谈服饰

如今的服饰千变万化，风格各异。而我今天要谈的是服饰的“饰”，而且是头等大饰，就是我们头上的帽子。姑且先不论帽子的审美功能，实际上帽子也有其实用性。冬天，帽子为你的头部保暖；夏天，帽子为你遮阴；风起时，帽子使你不致被吹乱头发；下雨时，帽子为你保持干爽。我知道有一种草帽：那就是最好的、最地道的、可以折叠的、天价的巴拿马草帽。其实，巴拿马草帽并非来自巴拿马，而是厄瓜多尔丘陵地带的居民用托奎拉草茎，借助手工编织而成的。据说，手编巴拿马草帽还得在晚间比较凉爽的时候。之所以会出现这样一个误导大家的名字，是因为巴拿马运河的工人常戴这种帽子。大概对他们而言，帽子只要基本功能不缺、手工粗糙一点也无妨，将就能用就可以了。但实际上，巴拿马草帽总共可以细分为二十个等级。

你需要举起这顶帽子对着光看看，那些圆圈越密，表明织得越紧，价格自然也越高。现在继续上我的草帽课。巴拿马草帽中最好的产品，出自基督山这个小镇。而基督山人最骄傲的，乃是他们的“极品”帽。制成一顶这样的帽子要足足花去他们三个月的时间。若是好好地以礼待之，这帽子用上 20 年也不嫌长。

检验一顶帽子是不是巴拿马草帽最好的办法就是折一折。真正顶级的巴拿马草帽有许多迷死人的特点，其中之一便是它的柔韧性之好，令人震惊。你可以把它打个对折，再卷成一个细小的圆锥体，小得足以从结婚戒指里穿过。虽然你也许并不愿意在聚会时表演这招即兴魔术，但是，你完全可以把巴拿马草帽塞进一个空心管里，带着它四处旅行。而以后当你展开帽子时，也绝不会留下一丝折叠过的痕迹。你只需轻轻一抖，你的帽子立刻回复原状，绝不起皱。真是不可思议，就这么简单。

作品15号　我的假日生活

上个星期六，我们班全体同学趁这个假日去春游，地点是合浦星岛湖。

早上八点钟从学校出发，到目的地的时候已是九点了，因为同学们都带了很多东西，所以先选定一个地方进行烧烤。长这么大，可以说是第一次烧烤，所以觉得非常新鲜。把肉串在烧烤叉上，涂抹点烧烤汁到肉上，再撒点辣椒粉，经过一小段时间火炭的烧烤，肉终于熟了，嘀！真香哩！一尝，味道不错，第一串成功了，接着第二串，第三串，直到我们七个人把那袋肉啊、腊肠啊、鸡尖啊、火腿肠之类的东西烤完了，吃完了那些烤肉，我已经饱胀得差不多了。不过，第一次这样的烧烤还真棒哩！

接着我们乘船去《水浒传》的拍摄景点。乘船的感觉真好，我长这么大第一次乘船，所以感觉很新鲜。在船上大家都很高兴，行船中很多同学都照了相。不知不觉就到了景点，下了船大家也不顾那门票费是多少，买了票就往里走。因为大家都迫不及待地想参观一下《水浒传》拍摄景点的景观。确实不错，在景点我们几个人都拍了很多照片。集合的时间到了，我们大家都有点游兴未尽的感觉。

回到集合地点，老师检查了人数。我们坐上公共汽车踏上了回校的路程。同学们在车上谈论着刚才的景点，显得很兴奋。有的说："星岛湖的水碧透了，简直可以跟梅雨潭的绿林比美了！"有的说："星岛湖风太柔了，吹拂得让人心醉！"有的说："星岛湖的山色青翠，满眼的绿，真让人觉得舒心！"同学们一个个在抒发内心的感受，真像是一个个诗人。

"听你们这么说，下回还值得再游一趟。"坐在一旁的班主任说道。"好啊，好啊，老师说话算数。"汽车了充满了同学们的欢呼声，笑声传得很远很远。

这真是一个愉快的假日！

作品16号　我的成长之路

我的成长之路平坦中不乏坎坷，平静中也带着波浪，或悲或喜，一路走来，都成了甜蜜的回忆。

当我还是个孩童的时候，我就很爱哭，妈妈走到哪里都要抱着我，不然我就会号啕大哭。当然这些都是妈妈后来告诉我的，我都不记得了。长大一些我上了幼儿园，开始不那么爱哭，一直到初中，我的学习成绩都很好，在班里，我是受人关注的班干部，在家里，我是爸爸妈妈引以为豪的好孩子。可是偏偏每次重大的考试，我都会出纰漏。我的作文一向还好，每次的作文老师都会拿来当作范文在班里朗读。而且我也经常在报纸上发表文章。可是小学升初中的考试，我的作文竟然写跑题了。只因为我没有看清题目，把题目要求看错了。好在其他几门考试都是超常发挥，总算是有惊无险。

在我的成长之路上，发生过许多不大不小的笑话。小的时候，我是短发，因为妈妈觉得小女孩不应该太臭美了，要把心思放在学习上。也因为我那时不会自己扎辫子，妈妈又懒得帮我弄，所以我的头发一直是和男生一样短的。曾试图反抗过，但是最终都是以失败告终的。但是女孩子都是爱美的，小时候我经常头戴着纱巾，身上披着床单扮仙女，有一次正好被手拿相机的爸爸撞到，于是我家的相册里总有一张仙女下凡的傻姑娘的照片。

另外，我小时候常常摔跤。每次出去玩，回家的时候就像刚打完平原游击战一样，摔得全身是伤。不想在三岁那年，我竟然从三楼的阳台上摔了下去。听妈妈说，我掉在了一楼的小院里的长凳上的六盆仙人掌的中间的空隙中。真是菩萨保佑，没有被扎成刺猬。然后，我就理所应当地住进了医院。事后我常在想：三岁的时候从三楼掉下来，那么四岁就应该从四楼掉下来，以此类推，等我 80 岁的时候，就应该爬到世贸大厦顶上往下跳了。

成长路上有欢笑也有辛酸，妈妈的批评，考试的失败，和朋友闹别扭，当时看来那些事情对我来说都是十分严重的，但是现在我相信一句话：上帝关上一扇门，必定会打开一扇窗。

作品 17 号　谈谈科技发展与社会生活

不管人们有没有意识到，科学技术已经深深地影响着我们的日常生活，在经济社会发展中扮演着不可或缺的角色。尤其是 21 世纪以来，科学技术，尤其是计算机网络技术、电子信息技术的飞速发展，使得手机、电脑那些昂贵的奢侈品步入寻常百姓的家庭，成为我们生活的必需品。想象一下，如果没有手机，我们如何随心所欲地与亲人保持联系呢；如果没有网络，我们又如何与远在异国他乡的朋友谈天论地呢；如果没有高清晰的电视技术，我们又如何享受华丽的好莱坞电影呢？当然，我们也必须承认，科学技术在一定程度上也改变着我们的生活方式，改变着我们的文化。现在，更多的年轻人接受了电子商务，远程教育等时尚的生活方式，甚至于网恋也成为现在的一种潮流。

正是因为科学技术具有如此的重要性，我们的国家领导人也在多种场合提出大力发展科学技术。邓小平同志曾经指出，科学技术是第一生产力，从而确立了科学技术的重要地位，把发展科技作为我国的一项基本国策，增大了对科技发展的资金投入，改善了科技发展的硬环境和软环境，从而使得我国在改革开放以后取得了很大的进步，步入了科技强国之林。但是，我们也应该清醒地认识到，我们与发达国家比如美国、德国、法国等还有着很大的差距，很多技术都受限于发达国家。所以，我们更应该奋起直追，迎头赶上。

作为当今社会的一员，我们不仅应该认识到科学技术的重要性，还应该努力学习科学技术，用科学技术来武装我们的头脑，具有献身科学的勇气和决心，具有用科学技术来发展全人类的博大胸怀。更重要的是，我们还应当教育我们的后代，要热爱科学，尊重科学！因为科技改变生活。

作品 18 号　我知道的风俗

风俗习惯在全世界范围内是各种各样的，各个国家的风俗习惯在一定程度上，显示了一个国家人民的生活态度。在中国，每年的不同时间，都会有不同的节日，而且根据人们各自的民族，以及宗教信仰的不同，大家庆祝的节日也有所不同。比如，回民是要过开斋节的，而汉族人民是没有这个节日的。其实，在国外也有许多和我们不一样的节日，如圣诞节、情人节等等。但是随着地球村的形成，这些节日也渐渐地融入我们的文化之中。我今天想说一说另一个国外节日，感恩节。

十一月的第四个星期四是感恩节。感恩节的来源可以追溯到一六二零年的美国。当时一批英国的清教徒为摆脱宗教迫害，搭乘一艘“五月花”号小船离开英国驶向美洲，他们希望在美洲能找到一个可以按照自己的方式膜拜上帝的地方。他们中途在海上遭遇了狂风暴雨，迷失了方向，最后在马萨诸塞的普利茅斯登陆。当时正是隆冬时节，他们衣食不保，一百名乘客只剩下五十名，后来在一名叫斯科托的印第安人的帮助下，他们学会了种庄稼、捕鱼等等，熬过了寒冷的冬天并获得了丰收。清教徒在新驻地生活一年后，希望能有个自己的节日。于是普利茅斯殖民地的总督布雷福德决定把一六二一年十二月十三日作为感谢上帝日，这就是最早的感恩节，庆祝活动持续了三天。在随后的年代里他们经常庆祝感恩节，有时一年两次，有时隔年举行。一八六三年十月三日林肯总统发布感恩节声明，从此感恩节成为在十一月最后一个星期四庆祝的全国性节日。

感恩节的内容从开始到现在几乎没有变化，这一天各个教派的教堂都向上帝的慷慨恩赐表示感谢。感恩节是一个家庭聚会的节日，其正餐在全国各地都是一样的，主食是各种火鸡。体育运动从一开始便是感恩节的风俗。游行也是感恩节的一项重要活动。随着社会的进步与发展，感恩节的宗教色彩渐渐变淡了，它已经成了家庭团聚、重叙旧情的机会，也是圣诞节的序幕。

作品 19 号　我和体育

说实在的，我从小就不怎么喜欢体育。上学时，我各科成绩都不错，唯独我的体育成绩一直在及格线上挣扎。我最不喜欢上的就是体育课，所以每次要上课的时候，我都会盼着下雨。这样就可以在教室里上自习了。可偏偏学校提出“德智体全面发展”的口号。体育成绩不好就不能当三好学生。所以，我为此付出了很多辛苦。我的体质不算弱，但不知道为什么体育就不能达到优秀。我最怕跳远与长跑，我一直觉得自己的身高还没有一米八呢，跳远怎么能跳一米八呢。于是打心底里就非常羡慕那些轻而易举在体育方面拿高分的人！我知道他们努力过，但我付出的也不比他们少，但是成效却微乎其微。

尽管如此，体育还是给我带来了许多乐趣。小学的时候，我竟然是全校唯一的女体育委员，而且还被选进了校队练习长跑，虽然我只练习了一个月。今年的世界杯，让我对足球产生了兴趣。因为宿舍里的女生们都是一些忠实的伪球迷，世界杯期间大家三句话离不开某某足球明星。为了大家说话时，我可以不再听得一头雾水，所以我便补习了一下足球知识。弄清了“角球”“越位”等一些术语，也大概了解了各国球队的明星球员。后来有人提议大家晚上一起去食堂看直播，为了能占到一个好位子，我们下了课就直奔食堂，选一个收看的最佳位置。因为球赛要到晚上八点以后才开始，所以我们就把课本也搬到了食堂。在等待的时候，大家就一起看书。晚上，看球的人很多，把食堂围得是水泄不通，大家的情绪也十分高涨，每每有进球，还会鼓掌欢呼。气氛很好，我很喜欢。

这就是我和体育，苦恼与快乐是相伴而来的。不过现在好了，我已经彻底摆脱了体育课，真正可以从一个观看者的角度去看待它了。体育精神是好的，但是我还是信奉：生命在于静止。

作品 20 号　我的家乡

贺知章在《回乡偶书》中写道：

少小离家老大回，
乡音无改鬓毛衰。
儿童相见不相识，
笑问客从何处来。

对家乡的留恋是每一个中国人潜藏在内心深处不灭的火种，总在夜深人静的时候回想那儿时的清纯与天真。也许是因为家乡曾经承载过自己最伟大的理想和最真诚的友谊，也许是因为家乡有自己割舍不断的如同对母亲的一种天生的依恋，对家乡的情感总是所有情感当中最热烈也最让人心痛的一种。

我的家乡在西南部的一个小山区。最让我生出对它历史的崇敬感的，是远在二千多年前的那一场血腥的战役。西部的强国秦国与赵国在此决一死战。那个无能而又自大的赵括用四十万赵军的生命把他和一个成语“纸上谈兵”永远地留在了历史的耻辱柱上。我觉得这是中国所有的成语当中血腥味最浓重的一个，每次在文中用到它，我的眼前总会出现四十万人在渐渐没过脖子的黄土中呻吟的惨状。

至今，我家乡的人在田里耕作之时，还时不时地从血黄的土壤中挖出二千多年前的兵器，或剑，或戈，或戟，每每这时，总有人站在山巅，任枯寂的眼光穿越漫漫的青气，穿越时空的界限，耳中呼啸而过的山风仿佛就是声声的呐喊与厮杀。

这里的山多，两面的青山把这个小山村紧紧地卷裹着。山并不高，却蜿蜒着横亘了数十里。山下一片开阔地，正是两国交兵的好去处。地灵便人杰。出生在这里的人们，也自然地沾染了祖上的英武之气，男人们个个英勇武猛，掷地有声，是铮铮的汉子，女人们也英姿飒爽，充满了干练的精气。

我就是受了它熏陶而出来的它的女儿，我的家乡。

作品 21 号　谈谈美食

我今天要说的美食，是如今身价很高的鱼子酱。和诸多古代珍馐不一样，鱼子酱历经沧桑，如今依然与我们同在。当然，并不是与我们多数人同在。有许多美其名曰鱼子酱的东西，严格说来，根本算不得是鱼子酱。严格地说，只有鲟鱼的鱼卵才有资格做成鱼子酱。其中最知名的便要属大白鲟和闪光鲟两种了，它们分别是鲟鱼里最大和最小的两种鱼。大白鲟身长 15 英尺（1 英尺≈0. 3048 米），重量超过 1000 磅（1 磅≈0. 4536 千克）。而它的鱼卵可以占到体重的 20% 以上。大白鲟的鱼卵是最大的一种，孕育的时间也很长。雌鱼需要费时 20 年才能成熟到可以产卵。闪光鲟的重量大约只有 50 磅，7 年就能长成，所产的卵则是最小的。鱼子酱的品尝师通过嗅、尝、看、指尖触摸的方式，按照鱼卵的大小、色泽、软硬度、聚散密度和气味来评定等级，最后做出所有程序中最重要的一个决定：得放多少盐，才能把鱼卵腌制成鱼子酱，同时，盐味又不至于把它的味道和口感二者微妙的组合给掩盖了。品质最好的鱼卵，用的盐要最少，不超过鱼卵分量的 5%；这种鱼子酱可以叫作“马洛索”鱼子酱。鱼子酱在备料、上菜时的程序之复杂，往往会让你觉得荒唐可笑。其实，吃鱼子酱最好的方法也是最简单的吃法：就是直接入口。如果把鱼子酱装盘吃，盘子先要冰镇一下。如果你想直接就着罐头吃，那就把它放在一堆碎冰里面。但是，鱼子酱走完人生旅途的最后一段送进嘴里的运输工具，你就别无选择了，只能是一把汤匙。

鱼子酱对于爱美的女性来说是一个非常好的食品。因为每盎司（1 盎司≈0. 0283495 千克）鱼子酱才 74 个卡路里，你得花上好几万美元才胖得起来。鱼子酱还兼有解酒剂、保肝剂的好名声呢。鱼子酱里含有四十七种矿物质和维生素，唯一美中不足的便是钠的含量稍高了一些，否则，鱼子酱就是一道完美无瑕的佳肴了。但是，这有什么好在乎的呢！没有什么是十全十美的。

作品 22 号　我喜欢的节日

中国的传统节日很多，春节、元宵节、中秋节、端午节、重阳节等等。我最喜欢的应当要数春节了。春节是中国最热闹的节日。到了这天，大家张灯结彩，互相祝福着来年的好运。我是个爱美的女孩，到了这天，我便可以穿上巴望了许久的漂亮衣服，然后和家人走访亲戚朋友。贴对联是每家都要做的事情，将大大的“福”字倒过来贴，就预示着福到了。到了晚上，到处一片爆竹声声，看着五彩缤纷的烟火和各种各样稀奇古怪的花灯，心中也是一片灿烂。还有中央电视台大型春节联欢晚会，一家人围在电视机旁，嗑着瓜子，欣赏着精彩的节目，其乐融融。

过春节也称过年，过了年便长大一岁了。新年新气象，大家都盼着来年有更好的兆头。另外，过年的时候还可以逛庙会。到了大年初一，就要很早起来冲茶换盏，做斋菜，拜天神、土神，然后一家人吃斋菜，吃过后，人们就从四面八方潮水般涌上街头，同时各大公园也举行各种庆祝活动，晚上还有半小时的烟花会演。

到了大年初二就开年，开年同样是像团年饭一样，要做很多菜，吃过了开年饭之后再去亲友处拜年。随着生活水平的提高，越来越多的家庭选择上酒楼或酒店吃团年饭和开年饭，免去自己动手做饭的麻烦。

还有，我还喜欢过的是中秋节。我也是个馋嘴的丫头，各种馅做的月饼总是让我流口水，到了晚上，一轮又大又圆的皓月挂在空中，和家人坐在月下，品着月饼，谈论着总也说不腻的嫦娥奔月的故事，是一件多么幸福的事啊！有一年的中秋，吃着月饼看着月亮的时候，我突然想到了一个问题，人们常常在说月亮上有嫦娥和玉兔，看月亮时也可以看到月亮表面有一个兔子模样的影子，而且从传说中我们也知道了兔子在月亮上是做捣药的工作的。那么，兔子究竟捣的是什么药呢？后来，我查阅了许多书籍，终于在《台湾岁时记》这本书里，找到了答案，原来那只兔子是有名字的，叫作石臼，它捣的药，人吃了之后可以飞上天。瞧，这过节不仅可以使人心情舒畅，而且还可以增长知识呢。

作品23号　我所在的集体

我所在的班集体是一个充满活力、团结互助、温暖快乐的大家庭。

我们班同学大多数来自农村，一样的装束，一样的朴素，一样的乡村风俗，使得我们在一起生活、学习相处得很融洽。没有高贵贫贱之分，有的只是平等、互助、友爱。

我们的班集体是团结的，学校每学期都分年级开展体育比赛活动。有篮球赛、排球赛、足球赛、羽毛球赛等。无论是哪项比赛，只要有我们班参加的，都会看到我们班男女同学在赛场旁观看，做啦啦队，队员们出来休息时，马上会有同学递给一杯矿泉水，递上擦汗的毛巾。正因为场外同学的团结一致，鼓舞了赛场里的队员们。每次比赛，我们班的男女队总会获得奖状。男同学还多次得了篮球赛的冠军。当然，取得比赛的胜利，很大程度上取决于队员们的球技，但如果不能团结一致，赛场内的队员们彼此矛盾，不互相配合，胜利的结果能得到吗？所以，班级团结的力量是巨大的，而我们班的团结友好是取得每次胜利的一个保障。

团结、和谐、友爱的班级风气，还让每位同学的心里都感到踏实、温暖。哪位同学有自己不能解决的问题，他（她）首先想到的是班集体，找同学们帮助共同解决。哪位同学有了困难首先向他（她）伸出支持之手的是我们自己班的同学。哪位同学的成绩落后了，班里的同学就组织大家帮他（她）把学习赶上。总之，我们班是一个充满活力、团结、互爱、互助、温暖快乐的大家庭。

作品24号　谈谈社会公德

自古以来，诚信已作为美德以及人际交往中最基本的原则由父辈传给子辈，由老师传给学生，由社会传给大众。诚信一词已成为当今社会出现频率最高的词语之一，但是人们的诚信细胞却越来越少。在中国文化史上，孔子把“信”提到了“民无信不立”的高度，整个中国传统文化也认为诚信是“进德修业之本”“立人之道”和“立政之本”。

它是人际交往的最基本原则，它要求在人际交往中要做“言必信、行必果”。在市场经济条件下，诚信不仅是人际交往中的美德，更是一笔宝贵的资源，影响到人际交往的方方面面。

在人与人的交往沟通过程中，能让双方的交往顺利进行的最好方法就是用心解释。将“诚信之心”转化为语言与行动，我们将会赢得每一个人。诚信增加了安全感，减少了压抑和提防，让人们自由地分享情感和梦想；诚信使人们愿意为其他人奉献；诚信表达了一种信心，这种信心使人们更容易坚信其他人的能力；诚信还可以化解人际交往中的矛盾，矛盾双方以诚相待、互相信任，冲突就被认为是误解。双方都会在自我反思的过程中宽容对方，并在往后的交往中以行动展示自己的真心。

由以上的种种可以看出，讲诚信的人没有敌人。讲诚信的好习惯应从小培养，而大学生即将踏入社会，更应在学习生活等各个方面注意做到诚信。例如，在考试过程中，应诚实作答，不作弊；在体育比赛中，凭自己的真实实力与他人竞争，不为胜利使用任何不正当的手段，如贿赂裁判、服用违禁药品等等；在同学交往中，做到以诚相待，答应别人的事就一定做到，不然就不要随便“信誓旦旦”地许下承诺，更不要为了一己私利而欺骗他人、隐瞒事实真相……诚信永远是不落伍的美德，是交往中永恒的准则。

作品 25 号　谈谈个人修养

常有人愤愤不平：为什么教师除了清高就只能清贫。我要说，要耐不住清贫和寂寞，你一开始就错了——你不应该选择从事教育事业。既然你选择了教师，你就别无选择地担负着教书育人、传承文明的神圣责任。在今天特定的历史时期，培养振兴中华的下一代的重任也历史性地落在了你的肩上，你依然别无选择。你的一言一行都会对孩子产生潜移默化的影响。我们要提高自身修养，别无选择。没有良好的修养，不是一个好老师。长期以来流行着一种说法，就是把师生关系比做“一桶水”和“一碗水”，现在很多人觉得不妥。是的，吃老本是会坐吃山空、误人子弟的。所以有人认为教师应该是“自来水”。我看也不妥。水是不会自来的，必须要你一点一滴地积累。所谓“台上一分钟，台下十年功”，教师的底蕴除了学习积累别无他法。“泰山不择细壤故能就其高，大海不择细流故能就其深。”所以，我认为教师应该是永不枯竭、永不腐臭的“活水”。

“只有当教师的知识视野比学校教学大纲宽广得无可比拟的时候，教师才能成为教育过程的真正的能手、艺术家和诗人”。举一反三，举重若轻，信手拈来，几乎无所不知的老师才会让学生肃然起敬。无所不知是不可能的但我们应该时刻准备着，不断地进修学习。热爱学生，为人师表，不仅是一种职业道德，也是一种修养。教师只有爱学生，才会爱岗敬业，忠于职守，才会了解学生、接近学生，赢得学生的尊敬、信任与爱戴。

作品 26 号　我尊敬的人（喜欢的知名人物）

我尊敬的一位政治人物是阿拉法特，他是一个传奇人物，又是一个极富争议的政治家。一九二九年八月四日，阿拉法特出生在耶路撒冷一个阿拉伯商人的家庭。也许这个出生日、这个出生地就已经注定阿拉法特的命运将和这个时代、这个地区的悲欢离合紧密地连在一起。

在他一九六四年到中国来请求毛泽东主席为巴勒斯坦的事业提供支援之前，中东地区已经经历了十几年的血雨腥风。而这时，阿拉法特本人也已经由开罗大学工程系的一名学生，由科威特的一位百万富翁变成了一个彻头彻尾的革命者。阿拉法特和他的战友们相信阿拉伯是强大的，他们相信要夺回失去的土地靠的只有是武力，是他们手中的枪。于是，他们成立了巴解组织，这个组织的誓言是，以武力夺回巴基斯坦的土地。

阿拉法特从一开始就属于巴勒斯坦事业。他属于巴勒斯坦这个被蹂躏、被剥夺权利和土地，心中充满着仇恨的民族。然而，阿拉法特又是矛盾的。经过了几十年的血雨腥风，他发现，他所信奉的枪杆子不仅没有帮助他夺回一寸土地，相反，战争、爆炸和恐怖袭击却使他离自己的土地越来越远，也使他声名狼藉。后来他开始改变策略。他将目光投向了和平的手段。一九七四年，阿拉法特来到纽约参加了那一年的联合国大会。在联合国的讲台上，阿拉法特第一次用他那嘹亮的嗓音向全世界表明了他的和平意愿。

如今阿拉法特已死，中东将很难再有他那样，掌握全部权利和威信，拥有整个民族的人物。阿拉法特是一个理想主义的英雄。从他举起枪到放下枪，再到举起枪，这中间有太多的理想主义成分。虽然阿拉法特与拉宾联手获得了 1994 年诺贝尔和平奖，但至今巴以也没有和平。理想主义崇尚英雄，而现实主义则需要博弈。

在阿翁身后，巴以之间将更多地从理想主义的建国观念，进入现实主义的权利博弈。这意味着理想主义年代终结了。

作品 27 号　我最喜爱的书刊

遭遇了重重诱惑之后，虽然那套“普罗旺斯”系列丛书在 JoYo 的售价没有降到我的心理价位，但是我还是一口气把它们全部买下来了。海蓝蓝劝我说：“买吧买吧，那是精神食粮!”好吧，精神是喂饱了，可是肚皮呢，咕咕叫个不停，特别是在看到书中介绍的法国大餐时，那抱怨声更是变本加厉。为了弥补肉体上的缺失，我将一道道作者书中描述的美食一一念给她听，并不时地用手擦下嘴角以免有透明液体涌出。

本书作者：彼德·梅尔。如何介绍他呢？用一种最富中国政治色彩的说辞，我可以将他定义为一位剥削压迫英国工人阶级、并从他们身上榨取了大量剩余价值，以满足自己贪图享乐、骄奢淫逸生活的 40 多岁的英国中年男性。关于他的年龄我是从本系列第二本书《永远的普罗旺斯》中推测出来的。当然如今作者可不是这般年纪了，但是我要说的是第一本《普罗旺斯的一年》的写作时代。

这也就是让我郁闷的一点，梅尔先生的第一本书出版于 1989 年，20 世纪 80 年代，我出生的年代。当我将这一事实告诉海蓝蓝时，她感慨地说，那个时候她家还没有电视机呢。相形之下，梅尔先生却在选购皮尔·卡丹的马桶，花一年的时间来装修那间他花了 100 万法郎购买的田间别墅。所以整本书给我的感觉就是时空错乱，我由始至终都认为那是在描写 20 世纪 90 年代末的法国乡村，但是偏偏在书的最后一页让我在英文堆里找到了 1989 这四个充满刺激性的阿拉伯数字。都是生活在一个地球上的人类，生活质量怎么就差别那么大呢!

我最在意的差别是面包。梅尔先生在书中特意介绍了一间面包店，由此引申出面包的 N 种吃法。而对于我这个挣扎在贫困线以下的穷学生来说，一片切片面包如果能加上一片上海某奶制品厂产的奶酪和一根河南某肉联厂产的即食火腿，就已经是很奢侈了。更不要提 N 种吃法的了，而梅尔先生形容切片面包是如同嚼蜡。文章看下来，我只能以自己尝试过馒头和大饼的 N 种吃法来聊表安慰。

但不管怎么说，书还是好书，可以在某个下午备一杯白开水和一瓶辣椒酱，来仔细阅读。在读到忘情时，可以将适量辣椒酱倒入杯中，搅拌，使它与水充分融合。一杯自制白兰地就做好了。

作品 28 号　谈谈对环境保护的认识

工业的发展给人类带来了生活上和经济上的突飞猛进，使人们不再咀嚼昔日生活的苦涩。然而，也许美的东西都要留下些惆怅让人去想。人们不难看到，那高耸的烟囱恰如《天方夜谭》中的“魔瓶”，肆无忌惮地吐着滚滚浓烟，笼罩着整个天空，而机器运转的巨大声响该是自然界优美的旋律中最不和谐的一个强音，充斥人的耳朵，废水、废渣与废气连同产品一起出厂，于是，花草失去了光泽，河水不再清澈，花香为烟雾冲淡，小鸟的叫声被噪音淹没，健康的身体变得瘦弱，愉快的心情变得烦躁！

废气使净洁的大气层变得焦头烂额，万劫不复，抑郁更是一把寒光闪闪的利刀，在圣洁的自然界划下血淋淋的伤口，废气增多导致了酸雨的普遍。物种衰减不说，仅仅二氧化碳增多产生的温室效应就会使全球每年平均气温增高 2 ~ 3 摄氏度，因此，科学家无不悲哀地预言：地球温度升高，将使海水膨胀和冰山消融，从而造成海面上升，将使居住在距海岸线 60 公里内占 1/3 的人口受到威胁，许多城市和港口将遭受灭顶之灾，而氟氯烃气体增多，将使地球的保护伞，能够吸收紫外线的臭氧层遭到严重破坏，其危害也许无法想象。

20 年前，联合国在瑞典首都斯德哥尔摩召开会议，专门对环境保护问题发表了《人类宣言》，提出了一个响遍全世界的口号：“地球只有一个”，这不仅是历史和现实对人类的告诫，而且是人类面对肢体残缺的大自然发出的理性的呼喊！

“自然是伟大的，人类是伟大的，然而充满了崇高精神的人类活动，乃是伟大之中尤其伟大者。”然而人类在征服和改造构建自己文明伟大的同时，也不要忘了人类作为地球作为自然界的一部分所负的责任……让保护环境，争取世界和平成为人类拥护的热点，携起手来保护人们唯一的家园！

作品 29 号　我向往的地方

我向往的地方是 2008 年的北京，我希望能在 2008 年到北京亲眼看见奥运的风采。记得 2001 年 7 月 13 日那个令人难忘的夜晚，当国际奥委会主席萨马兰奇宣布“2008，BEIJING”的时候，北京沸腾了，中国沸腾了，多少年的梦想在那一瞬间实现了，多少中国人陶醉在这美妙的时刻，于是从那时起，我就热切地期盼着北京 2008 年奥运会的到来，并在心里暗暗许下心愿：北京 2008，我一定要亲临现场做英语志愿者，为来自世界各地的客人服务。

为了能够实现这个梦想，这些年我一直默默地努力着，我拼命学习英语，到处找机会练习口语，比如去英语角、参加口语培训班，听英语新闻等等，平时在街上，一见到老外，我就会机不可失地狂奔上去，恳请他们聊上几句英语，他们也都很热情，都愿意花点儿时间陪我聊上好一阵子。总之，为了学好英语，为了赶上北京 2008 年奥运会，我竭尽全力，付出了一切，以实现我心中的梦想。

北京 2008，你等着我吧，到时我一定会以最饱满的精神状态，以最流利的英语向五湖四海的人们介绍北京，介绍中国，介绍博大精深的中华文明，让世界了解北京，了解奥运，了解中国。

作品 30 号　购物（消费）的感受

近来，网上购物被炒得热火朝天，作为有着八年网龄的我来说当然也不会落后。我通过搜索引擎随机找到了一家知名的购物网站，注册成了会员。网站上出售的东西很多，有图书、家用电器、音像制品、日常用品、服装，甚至连食品都有。

相比一些盲目的消费者来说，我还算是比较有理智的那种。家用电器消费太高，而且质量没有保证；日常用品如化妆品之类的我又害怕买到假货；服装要亲自试了才能决定要不要买，而网站是不能提供这种服务的。食品，按平邮的方式恐怕寄到手上也快过期了。所以比较之下，只有图书和音像制品是可以放心从网站上购买的，而且网上的价格优惠，同样一本书比在书店里要便宜一半的费用。

我首先从网上买的是一套《哈利波特》，一共四本。当时还采取了保守的送货方式，要求货到付款。大约等了一个星期，书送到了。我也开始对网上购书产生了浓厚的兴趣，每当知道有新书出版的时候，我就会先在网上看看书评。如果是自己感兴趣的，我就会把它放进网站上的暂存架中，等到书的价格降到了我可以接受的价格时，我就会把它买下来。而且买得多了，还可以享受折上折的优惠。如今我的书架已被书塞得满满的，怕是要另添新书架了。

说了这么多，其实网上购物也有它不尽如人意的地方，比如说，有时候你要的东西会暂时缺货，你不得不等上几天，等到终于有货了，你会发现它的价格也变高了。有时候寄来的书的书页有破损，或是不干净，寄来的光盘包装盒已经碎掉了，或是光盘本身有一些问题，无法播放。这时如果想要退货，就是一件十分麻烦的事情。首先要联系网站的客服，然后把要退货的商品寄回去，并且要付上东西寄回来的邮资。之后必须要有十足的耐心等待它再次回到你的手中，因为大多数时候这个过程是十分漫长的。

这就是我对新时代新的购物方式的感受，虽然有一些不满，但是毕竟电子商务在我国还是刚刚起步，如果没有人们的支持，它不会很快地发展起来的。我很高兴自己可以成为它的第一批拥护者。

参 考 文 献

[1] 白文勇．新编应用文写作［M］．上海：上海交通大学出版社，2015.
[2] 白文勇．新编应用文写作实训［M］．上海：上海交通大学出版社，2015.
[3] 卢勇．应用文写作与口语表达［M］．北京：航空工业出版社，2010.
[4] 佚名．陆侃如巧答［J］．华人时刊，1999（04）：43.
[5] 风青杨．如何让客户对你产生好感［J］．北方牧业，2010（23）：32.
[6] 毕一鸣．艺术语言与表达方法［M］．南京：南京师范大学出版社，2009.
[7] 傅红英．大学生口语交际实用教程［M］．南京：南京大学出版社，2014.
[8] 李莹．卡耐基口才艺术［M］．北京：地震出版社，2009.
[9] 刘书琴．公关口才特训［M］．广州：暨南大学出版社，2005.
[10] 刘欣．沟通技巧-中国人的交际智慧［M］．沈阳：万卷出版公司，2009.
[11] 石言．说话的技巧［M］．北京：西苑出版社，2006.
[12] 史迪文．世界上最会说话的人［M］．北京：北京邮电大学出版社，2005.
[13] 张先亮．语言交际艺术［M］．北京：科学出版社，2000.
[14] 赵雪梅，刘项．语言艺术训练［M］．北京：清华大学出版社，2012.
[15] 费蔚．小学口语交际理论与示例［M］．北京：人民教育出版社，2009.
[16] 刘仁增．口语交际的特点及其训练．［J］小学教学研究，2001（2）：2-3.
[17] 魏伟峰．口才演讲经典［M］．海口：南海出版社，2007.
[18] 汪福祥．奥妙的人体语言［M］．北京：中国青年出版社，1988.
[19] 李英丽．浅谈如何在中职语文教学中提高学生的口语交际能力［J］．新课程学习：下，2012（7）：10.
[20] 刘玥．浅谈中职语文教学中学生口语交际能力的培养［J］．职业，2011（5）：52.